Crepúsculo
e a Filosofia

Vampiros, vegetarianos e a busca pela imortalidade

Conforme Novo Acordo Orto...

CB007039

Coordenação de: William Irwin
Coletânea de: Rebecca Housel e J. Jeremy Wisnewski

Crepúsculo
e a Filosofia

Vampiros, vegetarianos e a
busca pela imortalidade

Tradução:
Ana Verbena

MADRAS®

Publicado originalmente em inglês sob o título *Twilight and Philosophy – Vampires, Vegetarians, and the Pursuit of Immortality*, por John Wiley & Sons, Inc.
© 2009, John Wiley & Sons, Inc.
Direitos de edição e tradução para o Brasil.
Tradução autorizada do inglês.
© 2010, Madras Editora Ltda.

Editor:
Wagner Veneziani Costa

Produção e Capa:
Equipe Técnica Madras

Tradução:
Ana Verbena

Revisão:
Bianca Rocha
Flávia Ramalhete

Dados Internacionais de Catalogação na Publicação (CIP)
(Câmara Brasileira do Livro, SP, Brasil)

Housel, Rebecca
Crepúsculo e a filosofia: vampiros,vegetarianos e a busca pela imortalidade/Rebecca Housel e J. Jeremy Wisnewski; tradução Ana Verbena. – São Paulo: Madras, 2010.
Título original: Twilight and philosophy.
Bibliografia.

ISBN 978-85-370-0567-5

1. Imortalidade na literatura 2. Imortalidade (Filosofia)
3. Meyer, Stephenie. Crepúsculo
4. Meyer, Stephenie – Filosofia
5. Vampiros na literatura I. Wisnewski, J. Jeremy. II. Título.
    10-01243   CDD-813

Índices para catálogo sistemático:
1. Literatura norte-americana 813

Todos os direitos desta edição, em língua portuguesa, reservados pela

MADRAS EDITORA LTDA.
Rua Paulo Gonçalves, 88 – Santana
CEP: 02403-020 – São Paulo/SP
Caixa Postal: 12183 — CEP: 02013-970
Tel.: (11) 2281-5555– Fax: (11) 2959-3090
www.madras.com.br

Aos fãs de **Crepúsculo**
de todas as idades, vivos ou mortos.

Agradecimentos

A esses humanos sobrenaturais sem os quais a gente não conseguiria viver

Jeremy e Rebecca gostariam de agradecer coletivamente aos colaboradores deste livro por seus esforços extraordinários, à equipe da Wiley, que deu vida ao projeto, incluindo Connie Santisteban e Lisa Burstiner, e, é claro, ao editor da série, William Irwin, por seus incríveis instintos editoriais, assim como por seu vigor filosófico e conhecimento da cultura pop – vocês têm certeza de que não vieram do clã Cullen?

Jeremy agradece à sua equipe pela disposição em aguentar as intermináveis besteiras que ele fala e sua persistente obsessão. Obrigado a Dorothy e Audrey. (Ele também gostaria de agradecer ao novo filho, Lucian Xavier Wisnewski, só porque achou legal a ideia de agradecer o menino no livro – é um começo auspicioso.) Jeremy também agradece a Meg Lonergan pela paciência dela na revisão e sua tolerância a hábitos estranhos. Ela tem ajudado bastante nos últimos anos.

Rebecca expressa profunda apreciação por Laura Smith-Savoca e Jenny Geissler por comprarem com antecedência os bilhetes da pré-estreia de *Crepúsculo* e por chegarem cedo ao cinema, esperando pacientemente na fila, ao lado das garotas adolescentes e pré-adolescentes... tudo isso para que Rebecca pudesse ver o filme no dia da estreia – que experiência! Ela também agradece a Stephenie Meyer por criar o universo de *Crepúsculo*, a Stephen King, por ser uma inspiração literária e a J. K. Rowling, por ajudar a ampliar as possibilidades do gênero literário voltado ao público adolescente e de jovens adultos. Abigail Myers também merece menção de honra junto a Derek Harrison, Ethan Schwartz, Jaime Freedman e Marguerite Schwartz. Obrigado a Mary Conley-Thomas e Eva Schwartz-Barson por serem mulheres inspiradoras que instilam um amor pelas histórias em todos os seus netos e bisnetos. E, por fim, mas não menos importante: Gary, Bob e Bell, por *tudo* o que vocês três fazem!

Índice

Introdução

Sabedoria do além

Freud uma vez afirmou que o amor e a morte são as forças que movem a humanidade. Já que a gente se apaixonou pelos mortos-vivos de *Crepúsculo*, podemos dizer a mesma coisa com relação a essa história vampiresca. *Crepúsculo* confronta o amor e a morte, e muito mais coisas, de uma forma que facilita um estranho reconhecimento – o de que os mortos são de fato inteligentes e às vezes são conhecedores das questões do coração, mesmo que aquele coração não bata. A estranha beleza de *Crepúsculo* está nisso, mais do que em qualquer outro tema: todos nos deparamos com a morte, e todos desejamos amar. Esses dois fatos – um profundamente desagradável e o outro bem agradável – são evidentes na saga. O resultado é uma ótima leitura, e, como você vai ver, há também ótimas oportunidades filosóficas.

A morte está em todos os lugares. Está entre duas sílabas, esperando para arrancar de você o último suspiro. É uma força como nenhuma outra: inevitável, inefável e absoluta – ao menos para os meros mortais. A morte é cativante. Ela assombra. O pensamento de que, de alguma forma, a morte não nos possa dominar encanta a mente até que nos vemos atraídos incessantemente à esperança de que consigamos escapar ao nosso destino – ao sermos transformados em vampiros imortais, ou encontrarmos um além; ou através da "cura" científica da morte. Quase nada é tão poderoso quanto o pensamento sobre a morte, e provavelmente poucas coisas nos motivam da forma como a nossa mortalidade o faz.

Exceto, talvez, pelo amor. O filósofo existencialista Albert Camus (1913-1960) afirmou uma vez que a única questão filosófica verdadeira era matar ou não matar a si mesmo, frente a um mundo tão absurdo. O escritor Tom Robbins acredita ser possível responder a essa pergunta com uma mais básica: você é capaz de amar? Pois o amor, Robbins propõe, é a única coisa que faz valer a pena viver. Permite que vejamos coisas que sem ele nunca conseguiríamos ver. Dá forma às nossas percepções do mundo e permite que estejamos abertos a experiências profundas e significativas. E pode transformar uma cidadezinha do interior do estado de Washington, EUA, em um mundo de maravilhas.

No mundo de *Crepúsculo*, a morte não é inevitável, e a forma mais pura de amor parece ter sido encontrada. Tal mundo não só permite a exploração da condição humana através de nossos medos mais sombrios e profundos, mas também de nossas esperanças mais sublimes. Também *exige* que exploremos nossa condição – e não há companhia melhor para essa investigação do que a filosofia.

Crepúsculo é repleto de amor e de morte, assim como uma variedade de outros tópicos centrais à forma como compreendemos a nós mesmos e exploramos o mundo. As questões filosóficas permeiam as páginas dos livros da saga. Bella e Edward espelham nossos maiores medos e esperanças – tudo que pode dar certo em nossas vidas, e tudo o que pode dar errado. Eles são a condição humana em letras garrafais, ali expostos para nossa reflexão e escrutínio.

Talvez surpreendentemente tenhamos muito que aprender com os mortos-vivos e com a forma como se relacionam com os vivos – nós, nossas experiências e nossos relacionamentos com outras pessoas. A intenção deste livro é ajudá-lo justamente com isso, propondo questões do tipo: qual a natureza do Amor? Será a morte algo a ser temido? Como devem as feministas reagir a Bella Swan? Existe alguma obrigação moral de ser vegetariano? Como é vivenciar o mundo como um vampiro? O que significa ser uma pessoa? Até onde vai nossa liberdade?

Forks, em Washington, é uma cidade pequena; infelizmente, as mentes também podem ser pequenas. Mas a filosofia tem jeitos de abri-las: permite que vejamos o que não tínhamos visto antes para que possamos explorar questões que de outra forma não investigaríamos. Nesse quesito, só a literatura consegue ir ao nível da filosofia, tornando o exame de *Crepúsculo* o lugar perfeito para um encontro entre literatura e filosofia.

Então, seja você um fã de Edward Cullen ou Jacob Black, acredite que Bella é uma tola ou uma romântica, ou vegetariana ou carnívora, continue lendo! Você apreciará os capítulos sobre tudo, desde por que amamos os vampiros até se Edward Cullen é um herói byroniano, além do Tao de Jacob e muito mais.

Parte Um

Crepúsculo

1

Você tem um cheiro que dá vontade de comer: o amor, a loucura e sua relação com a comida

GEORGE A. DUNN

Há sempre alguma loucura no amor.
Mas há também sempre alguma razão na loucura.
Friedrich Nietzsche[1]

Edward Cullen está em maus lençóis. A nova aluna sentada perto dele na aula de biologia tem um jeito e (para tornar as coisas ainda piores) um *cheiro* saborosos. Na verdade, em pouco mais de um século assombrando a Terra, Edward jamais inalara uma fragrância tão intoxicante. Suas narinas delirantes tomaram de assalto o cérebro, e sua sanidade está a ponto de se tornar uma fraca memória, com toda aquela autocontrição cavalheiresca que ele se esforçou tão arduamente para cultivar. Ele só consegue pensar em tudo o que gostaria de fazer com essa garota assim que conseguisse ficar a sós com ela – e em como fará para armar a situação. Ofuscado e pego de surpresa por esse ímpeto de fome, ele consegue recobrar o controle de si por tempo suficiente para disparar pela porta e sair dirigindo até o Alaska, onde alguns dias no ar gelado das montanhas cumprem a função de um longo banho frio para trazê-lo de volta à sobriedade e esfriar os ânimos.

---

1. *Thus Spoke Zarathustra: A Book for Everyone and Nobody*, trad. para o inglês por Graham Parkes (New York: Oxford University Press, 2005), p. 36. [N.T.: Há várias traduções dessa obra para o português, com o título *Assim Falou Zaratustra*.]

A filosofia requer dedicação destemida à verdade, então sejamos completamente honestos uns com os outros logo de início: quem dentre nós já não teve experiência parecida? Não que você tenha sentido *exatamente* o mesmo que Edward com relação àquele pedaço de mau caminho sentado perto de você na aula de biologia (ou qualquer aula que fosse). Ainda bem que não! Mas não há uma alma entre nós que não simpatize um pouco com o que o coitado está passando. Quem nunca foi pego de surpresa por um desejo que chega com força tão avassaladora que se torna quase impossível ignorar sua presença e, menos ainda, resistir ser arrastado por ele? Protestem o quanto quiserem, mas acho que vocês sabem exatamente do que estou falando. Entretanto, àqueles que insistem em negar que já perderam a noção por causa de um desejo repentino, só posso dizer que não são candidatos promissores ao estudo da filosofia – ao menos não de acordo com o filósofo grego Platão (428- 48 a.C.), que vamos conhecer daqui a pouco.

"Desculpe a analogia com comida" – qual é o seu prazer?

À primeira vista, a experiência de Edward parece ser algo completamente único aos membros de sua espécie, uma vez que é atiçado pelo cheiro do sangue de Bella Swan e não há nada figurativo em seu desejo de consumi-la. "Desculpe a analogia com comida", ele diz a Bella quando, em uma desajeitada tentativa de explicar seu comportamento rude no dia em que se conhecem, acaba comparando-a a um sorvete.[2] É claro que, para a maioria de nós, isso não seria mais que uma analogia. O "pedaço de mau caminho" na carteira ao lado na aula de biologia não era *de fato* um "pedaço de comida", e você não teve *literalmente* vontade de morder pessoa tão apetitosa. Mas há algo um tanto malicioso quando Edward menciona sua referência à comida como sendo uma "analogia", pois ele realmente queria transformar Bella em uma refeição.

A experiência de Edward não é de todo estranha a nós: os desejos eróticos e românticos de fato parecem ter algo em comum com a fome física. E quem poderia duvidar que essa analogia com a comida – a forma como um vampiro se alimenta de sua vítima servindo de metáfora à conquista amorosa – responde por grande parte da eroticidade na ficção vampiresca? O que mais poderia ser? Não há nada inerentemente sexy em se ter centenas de anos de idade (ou mesmo nos tenros 118 anos de Edward) e a temperatura corporal de um cadáver. Mas existe algo de inegavelmente erótico e íntimo com relação à forma como um vampiro se alimenta, sem

---

2. Stephenie Meyer, *Twilight* [Crepúsculo] (New York: Little, Brown and Company, 2005), p. 267. [N. T.: Existe uma tradução para o português da série *Crepúsculo*, feita pela Editora Intrínseca; entretanto, preferimos manter a referência às páginas dos livros em sua versão original, em inglês.]

contar seu sedutor magnetismo animal, pelo qual atrai suas vítimas sem esforço, rendendo-se à vontade e ao pescoço delas. É claro que na saga *Crepúsculo* é Bella quem tenta incessantemente quebrar a ferrenha resistência de Edward. Mas o garoto Cullen é um sanguessuga peculiarmente íntegro.

Seja como for, não é por acaso que a linguagem culinária oferece uma riqueza de metáforas perfeitas para descrever nossa experiência com outro universo aparentemente diferente: o do sexo e do romance. Isso sem dúvida está relacionado ao fato de que comer é um dos prazeres mais intensos da vida. Nós nos esbaldamos com a aparência, o aroma e o gosto de nossa comida. Nossos músculos envolvem-se com agrado nas sensuais atividades de morder, mastigar e engolir cada saboroso pedaço. Assim que reduzimos nossa comida a uma pasta e a empurramos esôfago abaixo, nosso satisfeito estômago nos compensa através da química cerebral, que irradia um sentimento de profunda satisfação para o resto do corpo. Cada estágio do processo traz uma forma diferente de prazer; portanto, não é à toa que comer, assim como beber, associa-se fortemente à alegria. Para os recém-nascidos, tantos humanos quanto vampiros, o prazer sensual de alimentar-se proporciona a primeira experiência prazerosa, alçando o ato de comer à posição de um dos principais paradigmas da profunda felicidade carnal. E, por uma feliz coincidência, comer é também a principal atividade por meio da qual o impulso alegre da vitalidade é mantido. Comemos em obediência aos comandos da natureza, e ela nos recompensa ao fazer da alimentação um prazer genuíno. Nosso apetite sexual também é assim – as necessidades da natureza são o nosso deleite. Tanto a fome quanto o desejo erótico demonstram que a força biológica encontra um poderoso aliado na atração exercida pelo prazer.

Mas a analogia não é perfeita, obviamente. A atividade de comer acaba destruindo o objeto de nosso enlevo – ou ao menos põe fim à sua existência como uma entidade de existência independente, transformando-a em parte de nossa própria carne. Amantes, entretanto, nunca literalmente se tornam um só, por mais que se aproximem. Apesar disso, o mundo está cheio de pessoas que exploram outras da mesma forma como mandamos para dentro nossas refeições, com tanta consideração pelo bem-estar de seus parceiros quanto um leão pelo cordeirinho.

Mas, mesmo que sigamos o cavalheiresco exemplo de Edward – o leão que se apaixona pelo cordeirinho – e reconheçamos que o ser amado tem necessidades e interesses próprios que limitam a satisfação de nossos desejos, permanece verdade que toda forma de prazer sensual assemelha-se aos prazeres da alimentação.[3] O deleite é sempre uma questão de beber e encher-se de sensações que são essencialmente privadas e solitárias em sua natureza, mesmo quando a fonte é a atividade compartilhada do fazer

---

3. Ibid., p. 274.

amor. Além do mais, podemos ser levados por tal turbilhão de prazer que nada além de nosso deleite naquele momento parece importar. Mesmo o educado Edward é obrigado a admitir que seu anseio pela companhia de Bella é essencialmente egoísta, motivado por um desejo de se banquetear da beleza e da fragrância dela, uma ceia voluptuosa pela qual ele está disposto a arriscar mortalmente a vida de sua amada.[4]

"O que eu sabia ser o *certo*... e o que eu *queria*"

A capa do primeiro livro da saga *Crepúsculo* mostra duas mãos estendidas segurando uma brilhante maçã vermelha, remetendo a outra conexão famosa entre o alimentar e o amoroso que está profundamente enraizada na mente ocidental. A maioria de nós está familiarizada com a história da Queda da Humanidade, encontrada no Gênese, primeiro livro da Bíblia, em que é narrado como o primeiro homem e a primeira mulher perderam sua inocência infantil original e foram expulsos do paraíso por desobedecerem ao mandamento divino de não comer o fruto da árvore do conhecimento do bem e do mal (Gênese 2:17). A Bíblia, claro, nunca identifica explicitamente o fruto proibido como sendo uma maçã. Mas talvez porque maçãs aparecessem na mitologia grega, frequentemente como catalisadores do desejo e da discórdia, alguém deve ter inferido que uma maçã seria o culpado mais provável na história do Gênese, e a ideia pegou.[5] A Bíblia também nunca implica diretamente o desejo como fator da Queda. Mas isso não impediu que muitos teólogos do início do Cristianismo insistissem que o conhecimento do bem e do mal trazido pelo fruto proibido teria a ver com conhecimento carnal, interpretação que se apoia na repentina descoberta por Adão e Eva de sua nudez, após provarem do fruto[6]. Como resultado, desde então o desejo proibido tem sido associado a dar uma bela mordida em uma maçã suculenta.

Quando teólogos cristãos medievais, como Tomás de Aquino (1224-1274), consideraram a maçã, acreditavam que ela nos alertava para os perigos do que denominavam *concupiscentia*, ou "concupiscência". Era a palavra que usavam para o movimento perfeitamente natural e espontâneo do desejo em direção a coisas prazerosas, como comida e sexo. Não há nada inerentemente mau com relação a esses objetos de desejo. Na verdade, Aquino defendia-os como bons e necessários, mas – e essa é

---

4. Ibid., p. 266.
5. Por exemplo, quando Paris de Troia julgou o concurso de beleza entre três deusas, Afrodite, Hera e Atena, declarou Afrodite vencedora e concedeu a ela uma maçã dourada. As outras deusas não souberam perder e incitaram a Guerra de Troia, que destruiu a cidade. Considere também o papel das maçãs nos mitos de Atalanta e do Jardim das Hespérides.
6. Ver Elaine Pagels, *Adam and Eve and the Serpent: Sex and Politics in Early Christianity* (New York: Vintage Books, 1989), p. 27-28.

uma qualificação essencial – apenas se os buscamos não só para o prazer, mas, segundo ele, para os propósitos para os quais haviam sido criados por Deus, como nutrir o corpo e reproduzir a espécie. Quando permitimos que operem fora das amarras da consciência e da razão, desejos concupiscentes atiçam pecados como luxúria e gula. Aquino classificava a concupiscência como forma de amor, mas ele a distinguia da afeição amigável, considerando que o objeto da concupiscência é amado, não porque vá receber algo de bom, mas sim porque poderá ser possuído.[7] Nosso desejo de comer é concupiscente, pois estamos interessados apenas nos nutrientes e no aproveitamento que teremos para nós mesmos. Desejos eróticos também são concupiscentes, uma vez que têm como objetivo o nosso próprio prazer.

Desejos concupiscentes são poderosos, prazerosos e, na opinião de Aquino e outros moralistas cristãos, nada além de problema quando passam a dominar a personalidade. Eles não apenas nos inclinam a formas imoderadas e danosas de autoindulgência, mas quando começamos a ver as outras pessoas exclusivamente através das lentes da concupiscência, acabamos reduzindo-as a meros objetos a serem consumidos ou aproveitados. E é bem assim que somos vistos por vampiros fora do clã Cullen. A descrição "Refeições ambulantes" para se referir aos humanos é a preferida de Spike, personagem de *Buffy* – outro vampiro que adora analogias alimentares.[8] Para uma imagem assustadora sobre como Aquino poderia ter imaginado uma pura e incontrolável concupiscência ambulante, basta considerar os vampiros recém-nascidos mostrados em *Eclipse*. Eles são, nas palavras de Edward, "sedentos de sangue, selvagens, incontroláveis".[9] Se esses apetites frenéticos e amorais à solta são o que o desejo tende a se tornar quando não é supervisionado por nossa natureza racional superior, então temos mesmo que defender as barricadas da razão.

Edward viu-se às voltas com essas barricadas uma noite, no quarto de Bella. Naquele mesmo dia, mais cedo, havia descoberto que Mike Newton poderia ser um rival em potencial, e o sentimento resultante de ciúmes inflamou seu desejo por Bella a ponto de parecer uma boa ideia invadir a casa dela. Naquela noite ele realizou a primeira de uma série de incursões ao quarto da amada para espiá-la em seu sono. Mais tarde, ele explicou a Bella o que lhe passara pela cabeça na primeira noite: "Lutei a noite inteira, enquanto via você dormir, no abismo entre o que eu sabia ser *certo*, moral, ético e aquilo que eu *queria*. Eu sabia que se continuasse a ignorá-la como deveria, ou se fosse embora e ficasse longe por alguns anos, até que você se fosse, você algum dia diria sim a Mike, ou a alguém como ele".[10]

---

7. *The Summa Theologica of St. Thomas Aquinas, Volume One*, trad. para o inglês pelos Padres da Província Dominicana Inglesa (Paris: Christian Classics, 1981), p. 299 (Pt. 1, Q. 60, Art. 3).
8. *Buffy the Vampire Slayer*, "Becoming (Parte 2)", episódio 222.
9. Stephenie Meyer, *Eclipse* [Eclipse] (New York: Little, Brown and Company, 2007), p. 26.
10. *Twilight*, p. 303.

Todos sabemos que não seria Mike Newton – nem ninguém parecido com ele – que ganharia o coração de Bella caso Edward não houvesse aparecido. Mas, por mais errado que Edward estivesse com relação a seus concorrentes, sua excruciante luta interna era bem real. Tomás de Aquino teria sem dúvida descrito a situação como uma batalha entre concupiscência ("o que eu *queria*") e consciência ("o que eu sabia ser o *certo*"). O tremendo poder da concupiscência é demonstrado quando Bella, em seu sono, balbucia o nome de Edward, e isso é o suficiente para convencê-lo a jogar de lado a consciência e ir atrás da maçã.

O vampiro Sócrates

Depois de toda essa conversa sobre apetites descontrolados que nos induzem a atos estúpidos e errados, estamos finalmente prontos para conhecer Platão, um dos grandes filósofos de todos os tempos, para ponderarmos o problema do desejo. Um dos grandes temas recorrentes da filosofia de Platão é o fenômeno que os gregos chamam de *erós*, palavra com sentido que em parte se sobrepõe a *concupiscentia*, em latim, mas carrega uma conotação ainda mais forte de irracionalidade. *Erós* é a palavra em grego para o desejo passional, que é tipicamente, mas não necessariamente, sexual em sua natureza, além de ser associado frequentemente à loucura. Por exemplo: quando o historiador grego Tucídides (460-395 a.C.) descreveu o desejo por um império além-mar que tomou os cidadãos de Atenas quando passaram a ambicionar a conquista da ilha da Sicília, ele se referiu a isso como o *erós* daquele povo, sugerindo que essa paixão excessiva prejudicou o bom-senso e conduziu a uma derrota desastrosa nas mãos dos espartanos na Guerra do Peloponeso.[11]

Podemos comparar a incauta expedição dos atenienses com outra amostra (particularmente horrenda) de *erós* presente na saga *Crepúsculo*: a determinada obsessão de James em caçar e matar Bella, que também o tenta ao comportamento descontrolado pelo qual ele contempla sua própria ruína. Mais frequentemente, *erós* relacionava-se ao amor passional ou à intensa luxúria. Mas, conforme mostram os exemplos de Edward, Bella, Jacob Black, Leah Clearwater e outros habitantes constantemente infelizes de Forks e La Push, mesmo as formas aparentemente mais benignas de *erós* podem bagunçar a mente e virar as emoções de ponta-cabeça.

Não era à toa que alguns pensadores gregos encaravam *erós* como ameaça. Com a importância que os filósofos dão à razão, e com a reputação de *erós* como força da irracionalidade, seria de se esperar que Platão estaria dentre os que nos dizem para tomar cuidado com *erós* e não deixar

11. Ver *The Landmark Thucydides: A Comprehensive Guide to the Peloponnesian War*, ed. por Robert B. Strassler e trad. por Richard Crawley (New York: Touchstone Books, 1998), p. 373 (6.24.3).

que tome sequer um centímetro de nossas almas. Mas *au contraire*! Platão, apesar de nunca negar que *erôs* pudesse ser uma forma de loucura, tinha a visão surpreendente de que a loucura não era necessariamente uma coisa ruim, mesmo afirmando que a melhor de todas as coisas vem até nós através da loucura, considerando que a loucura é um presente divino.[12] Platão atribuiu essas palavras a Sócrates (470-399 a.C.), um colega filósofo que muitos acreditavam ter mais do que um leve toque de loucura. Platão aparecia como o principal interlocutor de Sócrates (ou parceiro de conversas) em alguns dos mais de trinta diálogos filosóficos a ele atribuídos. Em vários desses diálogos – principalmente em *Fedro* e *Simpósio* –, o amor passional é um dos principais tópicos de conversação, embora *erôs* apareça como tema adjacente em vários outros escritos da obra de Platão, refletindo sua convicção de que qualquer experiência assim tão avassaladora e universal deve ter algo a revelar sobre a condição humana.

Platão parece ter se interessado por *erôs* por causa de Sócrates, a quem atribuía, em um diálogo, a afirmação de que "de nada sei, a não ser *das coisas do amor*" – em grego, *ta erôtica*.[13] Grande parte dos livros sobre a filosofia na Antiguidade dizem que Sócrates era professor ou mentor de Platão, mas na verdade sua relação parece ter se fundamentado em algo muito mais profundo, mais misterioso e, talvez, mais erótico. Seria mais verdadeiro chamar a Sócrates de *il suo cantante*, o cantor de Platão, no sentido exato pretendido pelos Volturi ao descreverem Bella para Edward como *la tua cantante*.[14] As palavras de Sócrates eram música para Platão – e não apenas para este – da mesma forma como o sangue de Bella canta, em notas enfeitiçadoras, a Edward. Não que Platão e Sócrates dormissem juntos. Não há evidência de que Sócrates jamais tenha dormido com qualquer dos jovens que se juntavam aos montes à sua volta para ouvir suas discussões filosóficas, embora muitos deles possam tê-lo desejado. A esse respeito, ele parece ter sido tão casto como Edward antes dos votos de casamento. Quanto aos jovens admiradores de Sócrates, muitos devem ter se sentido exatamente como Bella, despertados do torpor de sua monótona existência pelo encontro com uma figura espetacularmente carismática, que a muitos deles parecia ser de outro mundo.

Um desses admiradores era o belo e inescrupuloso Alcebíades (450-404 a.C.), que, apesar de ser um dos homens mais proeminentes e desejáveis de toda Atenas, ficou completamente apaixonado por Sócrates. Platão

---

12. *Plato's Phaedrus* [Fedro, de Platão], trad. para o inglês por Stephen Scully (Newburyport, MA: Focus Philosophical Library, 2003), 24 (2444a). [N.T.: Há várias traduções dessa obra para o português.]

13. *The Dialogues of Plato, Volume Two: The Symposium* [Diálogos de Platão, Volume 2: Simpósio], trad. para o inglês por R. E. Allen (New Haven, CT: Yale University Press, 1993), p. 117 (177d) (ênfase acrescentada).

14. Ver Stephenie Meyer, *New Moon* [Lua Nova] (New York: Little, Brown and Company, 2006), p. 490.

descreve que, por Alcebíades se sentir tão enfeitiçado por Sócrates, acusou-o, face a face, de ser como o sátiro Mársias, uma criatura mítica que tocava flauta e cuja música, dizia-se, prenderia seus ouvintes num encanto. "A única coisa em que você difere dele", disse Alcebíades a Sócrates, "é que obtém o mesmo através da pura palavra, sem instrumentos."[15] Mas a comparação se aplica a mais do que a relação entre as palavras de Sócrates e a lendária flauta do sátiro. Todos concordavam que a aparência de Sócrates era memoravelmente, e até assustadoramente, parecida com a de um sátiro – o que significava que ele era feio pra diabo! Baixinho, barrigudo, pescoço grosso, olhos esbugalhados, nariz achatado, careca: nem o veneno vampírico poderia fazer muita coisa pela aparência dele. Mas, por mais feio que Sócrates fosse por fora, seus seguidores devotos estavam repletos de *erôs* pelo que acreditavam ser sua alma incomparavelmente bela.

Embora lhe faltasse a beleza e a graça externas de vampiros como os Cullen, Sócrates ainda assim lembrava a muitos um sanguessuga. Mesmo Søren Kierkegaard (1813-1855), filósofo do século XIX, que ouviu a flauta daquele sátiro através dos séculos, escreveu que Sócrates era, para seus admiradores, como "um vampiro que suga o sangue do amante e, dando-lhe uma sensação de frescor com o abanar de suas asas, acalenta-o até o sono chegar e o atormenta com sonhos inquietos".[16] Mas se Sócrates era um vampiro maligno, isso depende do ponto de vista. As famílias de alguns de seus seguidores – suas vítimas, se preferir – observavam alarmadas quando um dos membros do grupo de Sócrates expressavam seu desprezo por fatores como honra, dinheiro e poder político, ou por qualquer coisa que não fosse a busca filosófica pela sabedoria, que Sócrates defendia como sendo a única coisa que valia a pena. Mas isso é só o que *erôs* faz a uma pessoa. Tudo o que não está associado ao ser amado vira algo insignificante. Bella, depois de passar tanto tempo na companhia de imortais, não pôde evitar de achar o baile de formatura da escola uma banalidade humana, apesar da importância da festa para seus amigos humanos. Assim como ela, os amantes de Sócrates tendiam a perder o gosto pelas coisas mundanas, das quais acreditavam que haviam sido resgatados por Sócrates.[17]

Nas mentes de muitos respeitáveis atenienses, o estranho encanto que o vampiro Sócratres exercia sobre seus seguidores era prova suficiente de que *erôs* significava loucura. Mas, ao mesmo tempo, *erôs* persuadiu Platão a achar que Sócrates estava certo ao afirmar que algumas formas de loucura podem ser divinas.

---

15. *Dialogues of Plato*, p. 161-162 (215c -d, 216c).
16. *The Concept of Irony/Schelling Lecture Notes: Kierkegaard's Writings, Volume Two* [O Conceito de Ironia, Notas de uma Palestra: Os Escritos de Kierkegaard, Volume Dois], trad. para o inglês por Howard V. Hong e Edna H. Hong (Princeton, NJ: Princeton University Press, 1992), p. 49.
17. *Twilight*, p. 496.

Os cordeirinhos e os predadores que os adoram

Platão compôs um diálogo intitulado Fedro, nome de um jovem com quem Sócrates entrou em longo diálogo certo dia sobre o tema *erôs*. Fedro havia acabado de ler a Sócrates um discurso escrito pelo famoso orador Lísias (445-380 a.C.), que descreve o apaixonar-se como uma doença terrível que enfraquece o julgamento e faz com que suas vítimas se comportem de maneira vergonhosa. O amante é carente, controlador, magoa-se facilmente, faz elogios irrealistas aos méritos do ser amado e tende ao ressentimento quando a relação é terminada. Poderíamos acrescentar ainda que alguns seriam capazes de entrar na sua casa sem serem convidados para espiar você durante o sono, além de lerem as mentes de seus amigos, manterem você prisioneiro e arrastarem-no ao baile de formatura contra a sua vontade. Dores de cabeça e complicações são o melhor que se pode esperar de um relacionamento com alguém que o ama, de acordo com Lísias. Como consequencia, ele conclui que é necessário conceder os próprios favores [sexuais] mais a quem não se ama do que a quem se ama.[18] Seja mais racional ao se enroscar com alguém, para minimizar os riscos emocionais: prefira o sexo casual, em vez de ficar com algum doido perigoso apaixonado por você.

Fedro está impressionado com o discurso de Lísias, mas Sócrates o acha terrível não só por causa da conclusão moralmente dúbia, mas porque ele considera o texto mal-escrito e mal-argumentado. Após algumas provocações de Fedro, Sócrates relutantemente concorda em demonstrar como se poderia argumentar melhor sobre o mesmo tópico de forma mais clara, concisa e lógica. Assim, compõe o discurso de seu próprio rival, denunciando o amor logo de cara. O discurso dele começa de forma familiar a nós, distinguindo entre duas forças opostas existentes em todo ser humano, cada uma querendo tomar o controle.

> Uma é o nosso desejo inato por prazer, a outra é a opinião adquirida que busca o melhor. Às vezes as duas, aninhadas em nós, concordam entre si; outras vezes, brigam. Então de vez em quando uma, e às vezes a outra, ganha a briga. Quando a opinião correta da razão vence e nos leva à melhor atitude, a isso denominamos moderação. Mas, quando o desejo nos arrasta irracionalmente em direção ao prazer e nos domina, a isso denominamos excesso.[19]

O desejo irracional pelos prazeres da comida é a gula; o desejo irracional por vinho é a ebriedade; o desejo irracional pela beleza arrebatadora de alguém é o amor erótico. Assim como o glutão e o ébrio, o amante

18. *Plato's Phaedrus*, p. 2 (227c).
19. Ibid., p. 16 (237d – 238a).

aproxima-se do objeto de seu desejo como algo a ser consumido e aproveitado, sem se importar com qualquer dano que esteja causando à pessoa que está usando para o seu prazer. Parece familiar? O que dizer sobre isso? O amante é louco pelo ser amado, conclui Sócrates, da mesma forma que os "lobos adoram os cordeirinhos".[20]

Já ouvimos tudo isso antes – concupiscência e consciência, predadores e presas, a *analogia com a comida*. Pobre *erôs*, tão maldito! Será que alguém não poderia dizer algo simpático sobre as selvagens e abrasadoras paixões cegas? O próprio Sócrates cumpre esse papel, no fim.

Ele abruptamente interrompe seu discurso horrorizado com sua ofensa aos deuses – ele difamou *erôs*, um dos maiores presentes divinos – e se lança a um novo discurso. Arrependido de suas blasfêmias, ele agora oferece um hino a *erôs*, louvando-o como "loucura divina" através da qual as almas dos amantes brotam asas que podem conduzi-los a maiores alturas, mesmo ao céu, a morada dos deuses. Seu discurso louvando a *erôs* é obrigatório, hoje reconhecido como um clássico na literatura do amor, tanto por suas metáforas memoráveis quanto pelas sérias ideias filosóficas que comunica. Seu *insight* básico parece ser o de que, quando ama *corretamente* (falaremos mais sobre esse conceito), um mortal pode tornar-se a janela através da qual dimensões elevadas da realidade podem vir brilhar. Quando vemos um apaixonado babando por alguma criatura desajeitada, fraca e imperfeita, rendendo-lhe a adoração digna de um deus, poderíamos pensar que estamos testemunhando um ato de insanidade. O que não percebemos é que esse amante está possivelmente vislumbrando algo maior do que a nossa vista sóbria e sensata pode alcançar, algo que de fato é amável de forma incondicional.

"Outros tipos de fomes... que são estranhas a mim"

Nada disso parece muito científico. Mas Sócrates poderia responder que o amor é apenas uma daquelas experiências embasbacantes em que a razão científica no fim não consegue chegar. Isso, entretanto, não quer dizer que não se possa falar de forma inteligente e significativa sobre o tema. Onde o argumento e a análise estéril falham, como talvez devam falhar quando lidamos com algo tão desarrazoado como o amor, Sócrates recorre à criação de mitos.

Assim, ele nos convida a imaginar a alma como uma carruagem, conduzida por um carreteiro e puxada por dois cavalos alados, um dócil e bem-comportado, o outro, teimoso e difícil de controlar. Isso antes de obtermos nossos corpos físicos, em um tempo em que nossas almas moravam no céu, onde "se banqueteavam" e "nutriam-se" (analogias com comida, novamente)

---

20. Ibid., p. 20 (241d).

da visão indescritivelmente maravilhosa da absoluta perfeição espiritual e moral, que podia ser vislumbrada apenas de forma fraca e ensombrecida aqui na Terra.[21] Aqui embaixo, no reino físico, encontramos muitas coisas que parecem lutar pela perfeição, mas sem nunca alcançá-la de fato. Por exemplo: a *justiça* é uma virtude realizada apenas de forma imperfeita em algumas das nossas instituições; a *moderação* é algo que somos capazes de exercer apenas de forma ocasional e imperfeita, enquanto o *conhecimento* é algo que temos apenas na forma mais falível e imperfeita.

Ainda assim, é preciso que tenhamos alguma ideia do que seja a perfeição para que possamos reconhecer as tantas formas da imperfeição. O mito de Sócrates sugere que nossa ideia da perfeição é uma memória fraca de nossa existência nos céus, quando olhávamos e nos banqueteávamos das formas ideais da *justiça*, da *moderação*, do *conhecimento* e de outras realidades divinas que encontram defeituosa semelhança na terra. Estaríamos nos nutrindo das visões de perfeição hoje se não fosse por uma série de contratempos e erros grosseiros que fizeram com que perdêssemos nossas asas e caíssemos na Terra, onde agora somos prisioneiros de corpos desajeitados e necessitados, forçados a contar com sentidos insuficientes que nos distraem da memória da grandeza de que uma vez fomos próximos.

Sócrates explica que, em um mundo imperfeito como o nosso, poucas coisas podem servir para nos lembrar do brilhante espetáculo desses seres perfeitos que uma vez nutriram nossas almas. Mesmo com os sentidos agudos de um vampiro, ainda não teríamos capacidade de discernir traços de perfeição aqui nestes reinos inferiores, onde em grande parte apenas as coisas imperfeitas são visíveis. Como nota Sócrates: "Não há brilho aqui na terra nas imagens da justiça e da moderação e de outras coisas honráveis às almas".[22] As versões imperfeitas de *justiça* e *moderação* que encontramos aqui na Terra, desprovidas do esplendor de sua contraparte divina, não têm o poder de reavivar memórias da profunda satisfação e alegria que experimentamos no paraíso. Assim, essa alegria é esquecida – a menos que, e até que, nos apaixonemos. Pois há uma forma de perfeição que brilha de um jeito que nem nossos fracos sentidos mortais deixam de perceber: a *beleza*; especialmente a beleza que irradia de alguma criatura cuja mera presença é suficiente para inundar a alma de anseios eróticos e românticos.

No paraíso, a visão da *beleza* em estado bruto, contemplada em sua pura radiância eletrificante, era "o mais abençoado dos mistérios" que contemplávamos.[23] Mas, mesmo depois de nossa queda na Terra, "nós a compreendemos mais claramente por meio do mais claro de nossos sentidos,

---

21. Ibid., p. 28 (247d – e).
22. Ibid., p. 31 (250b).
23. Ibid., p. 31 (250b – c).

porque a visão é nosso sentido físico mais acurado".[24] Sócrates deveria provavelmente ter qualificado essa última afirmação, pois, se a visão é o sentido mais acurado para nós, seres humanos mortais, o sentido do olfato é o mais acurado para os vampiros. Não surpreende, então, que os poderosos desejos de Edward tenham sido despertados pelo *cheiro*, em vez da comum *visão*, da perfeição. Mas, independentemente de ser uma bela fragrância ou uma bela forma, a beleza tem a particularidade única de nos lembrar de uma alegria que está além deste mundo, e, portanto, além da mera satisfação carnal.

A alma, entretanto, é complexa – lembre-se daqueles dois cavalos, um obediente, o outro, indócil; nossa reação à visão (ou ao cheiro, no caso de Edward) da beleza terrena pode ser um emaranhado tortuoso de emoções conflitantes. Por outro lado, o cavalo bem-comportado se contém por seu senso de decência, que o impede de pular naquela linda criatura com a *aparência* (ou o *aroma*) de um pedaço do paraíso. Mas o cavalo desobediente não sente tais restrições. Entra em um frenesi e se lança para a frente, arrastando consigo o outro cavalo e o carreteiro, enquanto os força todo o tempo a "se relembrarem das delícias do sexo". Só quando eles veem "o rosto do ser amado, faiscante como um relâmpago", refrescando a memória da "própria beleza ao lado da moderação em cima de um pedestal sagrado", é que as partes mais obedientes da alma encontram força para resistir à luxúria enfurecida do cavalo desobediente.[25] Segundo a descrição de Sócrates, a batalha entre o cavalo indócil e as outras partes da alma pode ser longa e feia, mas, se termina com a subjugação do bicho enlouquecido, "a alma do amante segue seu querido com espanto e um sentimento de vergonha".[26]

O estranho mito desdobra um dos mistérios fundamentais do amor: a noção de que a reverência pelo ser amado como amostra da perfeição paradisíaca pode conviver com o desejo carnal mais flagrante. Amar da forma correta, segundo essa ideia, é simplesmente controlar o cavalo indócil do desejo carnal de forma que ele não nos roube o dom mais precioso do amor, que é a abertura de uma portinhola através da qual se pode ter um vislumbre da beleza transcendente. Edward entra em contato direto com essa tensão na alma. "Eu queria que você pudesse sentir a... complexidade... a confusão... que eu sinto", balbucia ele ao falar com Bella.[27] "Eu já contei, por outro lado, da fome – da sede – que tenho por você, deplorável criatura que eu sou. Acho que, até certo ponto, você é capaz de entender isso... Mas... Há outros tipos de fomes. Fomes que eu não compreendo, que são estranhas a mim".[28]

---

24. Ibid., (250d).
25. Ibid., p. 35-36 (254a – b).
26. Ibid., p. 36 (254e).
27. *Twilight*, p. 277.
28. Ibid., p. 277-278.

O desejo carnal é o desejo de banquetear os sentidos nos prazeres voluptuosos prometidos pela bela carne do ser amado, por sua forma, e, em alguns casos, por sua fragrância. Sabemos exatamente o que significa exprimir esse tipo de desejo. Mas a experiência de Edward de outras "fomes" mais misteriosas aponta para um outro banquete mais misterioso e para satisfações que nos alcançam através de canais que não são os dos sentidos. O mito de Sócrates proporciona uma linguagem para descrever esses tipos de satisfação – o banquete divino nas formas mais puras da perfeição espiritual e moral –, mas é uma linguagem poética e metafórica que não tira o encanto do mistério que é a experiência do amor.

Noite sem lua

Entretanto, há outro aspecto do mito de Sócrates que não devemos ignorar. Aquele caldeirão fervente de luxúria que Sócrates retrata como o cavalo desobediente é o principal fator que incita alguém a se aproximar do ser amado, em primeiro lugar! Sem o desejo concupiscente, esse encrenqueiro, ninguém se aproximaria o suficiente da beleza mortal para detectar nela indicações de algo mais elevado. Assim, nossas vidas seriam como a de Edward antes de sentir pela primeira vez o aroma de Bella – sãs, sóbrias e calmas. Nossas vidas seriam como uma "noite sem lua" com pequenos "pontos de luz e razão", mas nunca como meteoros disparando pelo céu, tirando-nos, com seu encanto, de nossa apática complacência, despertando em nós estranhas saudades.[29]

É provável que os moralistas tradicionais tenham razão quando avisam para tomarmos cuidado com nossos apetites carnais, especialmente se estes forem semelhantes ao de Edward. Mas o mito de Sócrates sugere que também devemos ser gratos a esses apetites. Edward sem dúvida sentiu o alívio de ter conseguido autocontrole suficiente para resistir àquela fome "deplorável" que quase jogou na lama e esmagou seu bom-senso e sua moral, naquele dia fatídico na aula de biologia. Mas, tendo derrotado a besta que queria consumir Bella ali mesmo, ele provavelmente ainda é grato a essa besta por estar ali no começo, chamando sua atenção para a garota que tinha um cheiro que dava vontade de comer.

---

29. *New Moon*, p. 515.

2

Morrendo de vontade: a ética vegetariana de *Crepúsculo*

Jean Kazez

Edward Cullen é o tipo de vampiro que toda mãe iria querer como genro, se a filha resolvesse namorar um vampiro. É particularmente reconfortante a forma como ele controla seus apetites. Bella Swan lhe parece deliciosa, em todos os sentidos, mas ele sabe o que lhe é ou não permitido fazer (especialmente considerando que a história é para o público adolescente). Por mais que adore o sangue humano, ele se abstém. Mas é preciso comer pelo menos alguma coisa, e um vampiro precisa se alimentar de sangue. Edward satisfaz suas necessidades nutricionais consumindo sangue animal, o que faz dele, em suas próprias palavras, um vegetariano (segundo os padrões vampíricos). Sangue animal é como *tofu*, para a família Cullen, mas eles preferem ter uma dieta sem sangue humano porque é a coisa certa a fazer.

É possível que os Cullen sejam adeptos das ideias ocidentais quanto ao lugar que os animais ocupam – a ideia de que os seres humanos são de uma categoria moral elevada, e a ideia de que os animais existem para servir aos propósitos humanos (ou algo do tipo). Mas a versão cinematográfica de *Crepúsculo* mostra um outro ponto de vista interessante quanto ao vegetarianismo vampírico de Edward, porque retrata Bella como vegetariana também – só que do tipo mais normal. O hambúrguer seria provavelmente a melhor opção, mas ela sempre pede ravióli de cogumelos ou hambúrguer vegetariano quando sai para comer.

Uma vez que Edward e Bella são almas semelhantes, é natural imaginar que suas restrições de dieta têm origem ética similar. A preferência de Edward por se alimentar de animais, e não de humanos, não surgiu de um desdém tradicional pelos bichos; a preferência de Bella por ravióli de cogumelos, e não por animais, não tem só a ver com saúde. Existe alguma espécie de princípio ético com o qual tanto Bella quanto Edward concordariam, mas que conduz a diferentes direções nas diferentes circunstâncias em que eles se encontram. O que seria esse princípio?

Um romance não tem como contar absolutamente tudo sobre a vida dos personagens, como as idas ao banheiro ou à farmácia. Então sugiro que uma das coisas que foram deixadas de fora na saga e no filme *Crepúsculo* tenha sido uma aula que Edward e Bella tiveram em uma universidade em meio à floresta de pinheiros nos arredores de Forks. A aula se chamava "A Ética da Alimentação", e é possível que o casal feliz iria ter se entrosado perfeitamente com todos os outros alunos pálidos e meio desarrumados se apenas Edward fosse um pouco mais pálido. Nessa aula, eles se aventuraram a articular o princípio em comum que os levou aos diferentes modos de praticar o vegetarianismo.

Cena 1. Em que uma ética sensata é proposta

Edward e Bella devem ter defendido que tirar a vida de qualquer animal, de qualquer espécie, é um problema sério. Você não pode matar de graça, ou por alguma razão trivial, mas uma razão suficientemente séria pode justificar o ato. Assim, a diferença entre a dieta de Edward e Bella parte de dois motivos. Bella pode até gostar de bichos, mas não tem qualquer razão para comê-los, então ela não come. Mas Edward tem uma razão para matar – a de que ele não pode sobreviver sem refeições com sangue. Então ele mata.

Obviamente (eles devem ter admitido), Edward tem uma razão séria para consumir qualquer alimento animal, seja este humano *ou* não. Ele tem uma apreciação especial pelo gosto de sangue humano. Mas o gosto não é suficiente. Considerando que sangue não humano suprirá suas necessidades da mesma forma, é isso que ele tem de escolher. Já que ele precisa matar, é melhor matar um animal.

A ideia de que é melhor matar um bicho pode parecer contrária ao desprezo ocidental por animais, mas não é. Sem botar os humanos em um pedestal, podemos reconhecer as diferenças de valor. Mesmo Peter Singer, defensor ferrenho dos animais, admite que membros típicos de diferentes espécies têm vidas com valores diferentes.[30] Se você se encontrasse na

---

30. Ver a resposta de Singer a J. M. Coetzee em *The Lives of Animals* [A Vida dos Animais] (Princeton, NJ: Princeton University Press, 1999), p. 85-91. Ver também Peter Singer, *Animal Liberation* [Liberação Animal] (New York: Ecco, 2002), p. 1-23.

clássica situação do bombeiro tentando decidir se deve salvar a vida de um humano ou a de um cão, ele diz que você deveria dar preferência ao humano, considerando que ambos são membros típicos de suas respectivas espécies. Se a escolha é entre um cão e um peixinho dourado, acho que ele preferiria que você salvasse o cão.

Se isso faz sentido, não dá para concluir que temos direito à preferência absoluta pelos interesses humanos em detrimento dos interesses dos animais, ou do interesse dos cães em detrimento ao interesse dos peixinhos dourados. Os seres humanos nem sempre vêm em primeiro lugar, se considerarmos todos os casos. Pensar assim seria preconceito contra todas as outras espécies, preconceito a que Singer denomina "especismo". Mas seria razoável perguntar-se qual perda seria mais grave, e se é necessário escolher qual vida salvar. Singer faz uso de uma analogia simples: se você derrama uma garrafa inteira de Amarula na pia, perde mais do que se simplesmente derramasse uma garrafa de suco. O que é perdido quando o animal morre depende do "conteúdo da garrafa", para começar.

E, para fazer essas distinções, em que nos baseamos? É uma questão de concordar ou não, mas uma forma de encarar o assunto é considerar do que são capazes diferentes espécies (e membros comuns de cada uma).[31] Psicólogos e etólogos que fazem essas comparações vêm descobrindo que não há diferenças claras. Empiricamente, não há como provar que humanos são racionais e animais, completamente instintivos; na verdade, os seres humanos são parcialmente instintivos, enquanto os animais são parcialmente racionais. Não há prova empírica que demonstre que os humanos têm uma linguagem e os animais não. E não é verdade, de forma alguma, que os animais *não tenham* um senso de "eu", ou que não tenham *nada* parecido com a moralidade.

A verdade é que, dentro de cada uma dessas categorias, os humanos têm aptidões mais vastas e com mais nuances entre si. É claro que há coisas em que os animais são melhores. Alguns pássaros migram de um polo a outro, enquanto outros armazenam vasta quantidade de sementes no inverno e conseguem encontrar a maioria delas mesmo depois que a neve as cobre no inverno. Os guepardos correm a velocidades maiores que 100 quilômetros por hora, fazendo com que o melhor atleta humano pareça aleijado, em comparação.

Ainda assim, se fazemos todo o possível para reconhecer e apreciar as habilidades dos animais, é impossível superar a impressão de que "nossa garrafa tem coisa melhor". É claro que as vidas não humanas têm valor e que elas "contam", moralmente falando, mas você estaria salvando a vida

---

31. Eu defendo esse ponto de vista em meu livro *Animalkind: What We Owe to the Animals* [Espécie Animal: O que Devemos aos Animais] (Hoboken, NJ: Wiley-Blackwell, 2010). Todas as ideias sobre ética e os animais presentes neste ensaio são exploradas no meu livro em maior profundidade.

mais preciosa se tirasse um ser humano do fogo antes de tirar um cão ou um rato.

Na hora de salvar vidas, no entanto, nossas prioridades se evidenciam. Só que a ética da comida levanta questões relacionadas a matar, e não a salvar. A questão não é quem salvar primeiro, o humano ou o animal, e sim se um homem pode *matar* um animal, seja por razões sérias ou triviais. Segundo a ética de Bella e Edward, as razões importam. Bella não seria capaz de caçar e correr pela floresta matando corças para comer, mas Edward sim, pela própria sobrevivência. É a mesma corça, no entanto. Bella e Edward teriam diferentes razões para caçar, mas será que os direitos da corça seriam ligados e desligados de acordo com as razões de seu caçador? Parece mágica!

Se você encara a moralidade do ponto de vista do Utilitarismo (teoria moral influente desenvolvida no século XIX), então não precisa responder à pergunta.[32] Para começar, você não vai pensar sobre as questões morais em termos de direitos. Para um utilitarista, a premissa básica é elevar ao máximo o nível de felicidade em oposição à tristeza, levando em conta todos os indivíduos capazes de sentir felicidade ou tristeza. Animais obviamente contam, pois são capazes de sentir essas emoções. Se a razão de Bella para comer carne de corça fosse apenas o prazer do paladar, então a perda dos futuros prazeres de uma corça não compensaria o que Bella obteria. Mas, se Edward mata uma corça por sobrevivência, então a perda dos futuros prazeres da corça compensaria os ganhos dele, pois é provável que sua vida seja muito mais prazerosa do que a vida de uma corça.

Caso encerrado, talvez. Mas o Utilitarismo é uma teoria moral que vem com uma variedade de problemas sérios. De qualquer forma, quando falamos de questões morais, sempre voltamos ao assunto dos direitos. Então voltemos aos direitos da corça: será que esses direitos ligariam e desligariam magicamente dependendo da perspectiva de um caçador e de suas razões para matar?

Um direito não é nada fora do comum ou complicado. Ter direitos é simplesmente ter limites na forma como se pode ser tratado por causa da sua própria natureza. Ter direitos é *não* ser uma mera coisa que pode ser pisada, fatiada, socada ou transformada em purê para satisfação dos outros. Um direito absoluto protege de forma absoluta, contra todas as violações. Os motivos de quem viola um direito não fazem diferença. Mas não é comum pensarmos nos direitos como sendo algo absoluto, nem mesmo os direitos humanos. Sim, nós temos o direito à liberdade de expressão, mas podemos ser silenciados se gritamos "Fogo!" em um cinema ou incitamos uma revolta.

---

32. Para as perspectivas utilitaristas sobre comer carne, ver capítulos 9 e 10 da antologia *Food for Thought: The Debate Over Eating Meat* [Alimento para Pensar: O Debate sobre a Questão de Comer Carne] (Amherst, NY: Prometheus, 2004). p. 118-137, livro bastante útil.

Um indivíduo tem o direito de não ser ferido ou explorado devido a atributos que invocam o respeito. Alguns filósofos têm uma visão extremamente restrita dos atributos que comandam respeito. Immanuel Kant (1724-1804), o grande filósoofo alemão do século XVIII, enxergava a capacidade para moralidade como a única merecedora de respeito. Ele acreditava que, uma vez que os animais não têm essa capacidade, não merecem respeito e podemos fazer literalmente qualquer coisa com eles, contanto que nosso comportamento não tenha repercussões para outros seres humanos.

Tom Regan, um dos maiores defensores atuais dos direitos dos animais, tem um ponto de vista completamente oposto: ele diz que esse mesmo respeito é devido a qualquer "sujeito de uma vida". Assim, da mesma forma como não podemos matar outros seres humanos para suprir nossas necessidades, não poderíamos matar os animais. Segundo Regan, você aparentemente, e com ressalvas, só poderia matar uma corça para salvar sua própria vida, e, ainda assim, apenas se estivesse na improvável situação de ser atacado por uma corça. Em suas palavras, os animais não são nossos "recursos".[33] E ponto final.

Do meu ponto de vista, ambos estão errados. É mais plausível que o respeito seja a resposta apropriada para muitas coisas, como, para dar alguns exemplos: consciência pura, inteligência, introspecção, senso de identidade, aptidões artísticas ou atléticas, capacidade de pensar moralmente. Mas alguns indivíduos têm características mais dignas de respeito do que outros. A frase "com todo o respeito" pode significar apenas um pouco de respeito em alguns casos, e muito respeito em outros. Se os direitos são mais fortes e mais fracos dependendo do que existe para se respeitar em um indivíduo, então os animais podem ter direitos, mas esses direitos são mais fracos do que os nossos.

Quanto mais forte o direito, mais claros e bem-determinados serão os limites de um indivíduo, e nossas razões para querer violar esses direitos perdem todo o poder de justificativa. Quanto mais fraco é o direito, mais nossas razões podem fazer diferença. Mas o que conta como razão forte? O que torna algumas razões fortes e outras fracas?

Também somos capazes de pensar por conta própria sobre a força das razões em termos do respeito. Bella pode até apreciar o gosto de carne de corça, mas será esta uma razão forte o suficiente para tirar a vida do bicho? E se Bella abdicasse de matar, estaria perdendo respeito consigo mesma? Será que ela se sentiria inferiorizada? Acho que não.

Mas suponhamos que Edward precisasse de uma refeição com sangue. Se ele se abstesse de sangue por respeito aos animais e passasse fome até morrer, ele com certeza estaria sendo desrespeitoso consigo mesmo. Estaria dando crédito demais aos animais cujas vidas ele poupa, e pouco

---

33. Ver Tom Regan e Peter Singer, *Animal Rights and Human Obligations* [Direitos dos Animais e Obrigações Humanas] (New York: Prentice-Hall, 1989), p. 105-114.

crédito a si mesmo – considerando que ele de fato é um ser mais complexo e digno de respeito.

Então, como quisemos demonstrar, Edward pode se permitir alimentar-se de uma corça, mas Bella provavelmente não. E nenhum dos dois pode se alimentar de humanos.

Cena 2. Em que um colega de classe menciona um cenário desagradável

Se Edward e Bella falarem tudo isso, darão aos colegas muito que pensar. Mas temo que algum dos alunos vá começar a imaginar um cenário hipotético problemático.

Primeiro, uma observação quanto à série *Crepúsculo*. Não é conveniente que Edward não possa sobreviver sem sangue, mas não precisa especificamente sugar o sangue de um ser humano? Sem essa peculiaridade, seria o fim de *Crepúsculo*. Um garoto que sai por aí matando gente, mesmo que seja para sobreviver, não é companhia adequada para uma adolescente.

Se a história tivesse sido contada dessa forma, os livros não teriam feito tanto sucesso, mas seriam horrivelmente interessantes, de um ponto de vista ético. Será que Edward, que precisa consumir sangue humano, seria capaz de defender a tradicional dieta vampírica em termos da violação dos *nossos* direitos?

É bem possível que ele e outros vampiros pensassem que sim. Primeiro ressaltariam a diferença entre os vampiros e os humanos. Os primeiros têm o poder da vida eterna, que é algo com o qual nós apenas podemos sonhar. Tentamos continuamente alongar nossa expectativa de vida por meio da medicina, e nossas religiões ocidentais retratam a vida eterna como a recompensa final de uma vida bem vivida. Mas viver por séculos, ou mesmo para sempre, *aqui*? Não podemos.

Os vampiros também parecem ter todo tipo de habilidades extras, mentais e físicas. Alguns podem ver o futuro, outros podem voar. Não somos capazes de nada disso. Edward e os membros de sua família podem afirmar que precisam sugar o nosso sangue por respeito a si mesmos e considerando que violam nossos direitos para conseguirem sobreviver. Não seria diferente da situação nos livros, em que Edward se alimenta das corças para sobreviver. Suas razões superam os direitos delas; da mesma forma, suas razões numa versão alternativa de *Crepúsculo* superariam os nossos direitos.

Mas isso não soa correto. Certamente é mais problemático para o carnívoro Edward matar um de nós do que para o vegetariano Edward matar uma corça. Certo?

Talvez o que acontece aqui seja que tanto vampiros quanto pessoas estão acima de certo limite, de modo que ambas as raças detêm um direito extremamente forte à vida, um direito que não pode ser ignorado por causa de questões relacionadas à sobrevivência de outras pessoas. Uma vez que ambos têm capacidade suficiente de estarem acima desse limite, a diferença entre suas capacidades é imaginária.

Mas tente argumentar assim com um vampiro faminto. Acho que ele começaria a falar sobre nós exatamente como falamos de uma corça: "Claro, vocês meros humanos têm alguns direitos, mas nossas razões mais sérias têm precedência". Seria aconselhável ter um argumento reserva, se a ideia é terminar o debate com todo o seu sangue dentro de suas veias. Na verdade, a questão dos vampiros matando pessoas é mais complexa; essas questões adicionais dizem muito sobre como *nossa* relação com os animais difere de nossa relação com as outras pessoas.

Para observarmos a diferença, é preciso emprestar algumas ideias básicas da tradição do contrato social quanto a ética e filosofia política – tradição fundada por Thomas Hobbes (1588-1679) no século XVI e por John Locke (1632-1704) no século XVII. Os filósofos do contrato social estabeleceram um contraste entre o estado natural e o estado de viver como sociedade, sob leis. No estado natural, cada indivíduo está por conta própria e cuida de seus próprios interesses. Quando um indivíduo olha para outro, ele olha "apenas" para um outro, e não para um membro semelhante de uma comunidade. Isso não significa, necessariamente, que "vale tudo". Locke acreditava que mesmo no estado natural os indivíduos têm certos direitos. Já existem limites sobre o que podem ou não fazer uns com os outros. Mas não vivem juntos em uma sociedade governada pela lei.

Quando nos encontramos com um animal, nós nos vemos em um estado de natureza com respeito a ele. Não somos membros da mesma comunidade (estou ignorando as leis que regulam o tratamento de animais, embora elas sejam bastante fracas, de qualquer forma. Também deixei de lado o complicado tópico da relação com os bichos de estimação). Novamente, não é um "vale tudo". Uma vez que seres humanos têm direitos naturais mesmo no estado natural, faz sentido pensar que o mesmo ocorre com os animais. Com ou sem uma comunidade circundante, um animal tem complexidades que merecem ser respeitadas, e existem limites naquilo que se pode fazer com um. Deveríamos, pelo menos, deixar que vivam suas vidas em paz, a menos que tenhamos ótimas razões para violar um direito e usar o animal para nossos propósitos.

O estado natural é mais ou menos permanente quando interagimos com os animais. Eles nunca serão exatamente cidadãos semelhantes. Mas, com os seres humanos, o estado de natureza já se foi há muito tempo, se é que já existiu alguma vez. Vivemos dentro de comunidades, sob regras com as quais concordamos implicitamente. Uma das regras com as quais concordamos é que todo mundo tem o mesmo direito à vida, e ninguém mata o outro para comer, mesmo em caso de vida ou morte. Os Einsteins e Picassos entre nós não comem os incapacitados, ou mesmo os extremamente incapacitados. Mas qual o motivo? Por que os Einsteins e Picassos, em especial, concordam com essas regras?

Eles certamente concordam por causa de profundas razões biológicas e emocionais, e também por causa da psicologia de ser um membro da comunidade com preocupações quanto ao futuro. Pode ser que você se veja hoje como um dos sortudos, mas qualquer pessoa é suscetível a sofrer uma doença ou um acidente que reduza suas capacidades. E, mesmo que você retenha todas as suas capacidades atuais, não há como prever se os outros irão *considerá-lo* menos capaz.

Deixando de lado as preocupações quanto ao seu destino pessoal, também precisamos nos preocupar com o destino de nossos filhos e pais, que podem ficar inválidos. E há também o sentimento de semelhança com relação a estranhos que faria com que sofrêssemos se soubéssemos que pessoas estão sendo devoradas, mesmo que não fôssemos afetados pessoalmente. Como membros de uma comunidade, criaríamos regras que teriam sentido a longo prazo para nossa proteção e a de nossos entes queridos, mesmo que os papéis e o *status* de diferentes indivíduos mudassem ao longo do tempo. Nós com certeza não permitiríamos que as pessoas devorassem umas às outras, mesmo por questões de sobrevivência.

Em *Crepúsculo*, há um bando de vampiros assassinos que vive em uma espécie de estado natural. Eles andam por aí devorando seres humanos porque adoram o sabor. Violam até mesmo a moralidade mais básica que existe fora dos limites de uma comunidade. Se Edward tivesse que matar para sobreviver, talvez (apenas talvez) ele se defendesse dizendo que suas razões superam nossos limites, então ele não estaria violando a moralidade primitiva do estado natural, mas certamente deixaria de ser um verdadeiro membro de nossa comunidade. Ele teria que esgueirar-se pelas sombras, cheio de segredos e mentiras.

E isso seria péssimo para ele. Os Cullen precisam e querem ser parte de nossa comunidade – não poderiam ser felizes esgueirando-se pelas sombras como criaturas da escuridão. Se Stephenie Meyer tivesse imaginado Edward como um vampiro que precisa de sangue humano para sobreviver, haveria um dilema insolúvel na essência dos livros. Sobreviver como um fora da lei ou morrer como um de nós? Seria essa a questão.

No fundo, o que pensamos sobre matar animais não pode ser transposto para a questão de matar seres humanos. Quando os vampiros consideram a ideia de matar pessoas (ou quando pessoas consideram a ideia de matar outras pessoas), entram em cena novas questões. Faz diferença o fato de que as outras pessoas são cidadãos com direitos iguais, ao contrário dos animais.

Cena 3. Em que Edward recusa a opção kosher

Para sorte de Edward, de Bella e da série *Crepúsculo*, Edward só precisa matar animais, e não humanos, para sobreviver. Ou assim venho entendendo. Algum estudante mais atento irá com certeza questionar Edward da seguinte forma: "Quem disse que você precisa matar animais para comer? Você não consegue sobreviver sem sangue, mas isso não significa que precise matar animais. Poderia parcialmente drenar o sangue de algumas corças, e deixá-las todas vivas".

Acho que Edward fará algumas caretas, nesse ponto, e parecerá até um pouco ameaçador. Ele fará com que o desafiante se recorde de que é pavorosamente difícil para um vampiro parar de sugar o sangue uma vez que já começou sua refeição. Certo, nós sabemos disso. Mas se essa é a razão pela qual Edward mata os animais, sejamos claros, então, quanto a ela. O sangue é necessário para sua sobrevivência, mas não a matança; trata-se apenas de uma forte preferência. Será essa razão suficiente para matar os bichos?

É possível que Edward queira desviar da questão, insistindo em afirmar que há outra razão para sugar o sangue animal. No universo de *Crepúsculo*, coisas ruins acontecem aos bichos parcialmente drenados. Eles morrem devagar e dolorosamente. Edward não é um animal descontrolado devorando outros animais: ele os caça até a morte porque julga que é a coisa certa a fazer.

Já que inventamos uma universidade em Forks, inventemos também um açougue kosher. A Bíblia diz que o sangue de um animal não deve ser consumido, "porque o sangue é a vida" (Deuteronômio 12:23). Portanto, na forma kosher de matar, o sangue dos bichos é completamente drenado (é claro que os vampiros, sendo consumidores de sangue, não seguem o modo kosher de alimentação). Agora: já que todo aquele sangue está sendo derramado, por que não deixar que alguém o utilize? (Vale dizer que a indústria processadora de carne kosher vende subprodutos não kosher a consumidores de carne comum, ao invés de jogar fora esses subprodutos.) Se os Cullen comprassem suas refeições no açougueiro kosher, poderiam manter-se vivos sem causar ainda mais morte e sofrimento aos animais.

OK. Duvido muito que os Cullen desejariam ser clientes de um açougue kosher. Se tivessem que dar uma razão, talvez fosse porque têm certo apreço por matar. Matar é o que os vampiros fazem – faz parte de sua essência. Talvez seja uma característica essencial da espécie, como a caça é para os leões. Os vampiros são feitos para a tarefa, como demonstram seus caninos. Ou talvez devêssemos considerar que os vampiros compartilham uma cultura em comum: drenar por completo o sangue de um animal é culturalmente essencial, assim como a caça de baleias é essencial para os esquimós. Portanto, matar bichos pode não ser crucial para a sobrevivência física de Edward, mas é essencial para sua sobrevivência como o indivíduo que é.

Essas razões para matar vão além do simples gosto, mas até onde são sérias? Nestas páginas, fomos apresentados a uma defesa em favor de matar animais pela sobrevivência, além da crítica à matança deles pelo gosto. Há, entretanto, inúmeras razões que repousam entre esses dois extremos. Será que podemos sair matando animais para ter peru no Natal, cachorro-quente nos jogos de baseball e as lagostas que fazem valer a pena viajar para o Maine? Será que podemos matar apenas para perpetuar o estilo de vida e a relação com a natureza a que estamos acostumados? Será que podemos matar por qualquer razão que não seja sobrevivência?

Temos que estar atentos contra racionalizações que fingem ser razões profundas e existenciais, mas é justo dizer que esse assunto traz questões complicadas. Uma vez que estabelecemos que tirar uma vida *é* um problema sério, é preciso descobrir quais razões seriam boas o suficiente para matar. Não há dúvida de que a classe ficou um tempão discutindo o assunto, até de madrugada.

E todos foram para casa famintos; Bella comeu um lanche vegetariano com seu pai, e Edward foi para a floresta.[34]

---

34. Obrigada, Becky Grooves, por me apresentar ao mundo de *Crepúsculo* e corrigir meus equívocos sobre a forma como ele funciona; e obrigada a Peter Grooves pelas opiniões e ótimas ideias.

3

Pode um vampiro ser uma pessoa?

Nicolas Michaud

Edward Cullen é um marido amoroso, músico brilhante, filho devotado e memorável jogador de beisebol. Mas, claro, Edward é também um vampiro. É preciso ser humano para ser uma pessoa? Qual o critério da pessoalidade? Este capítulo trata das questões: será que você deve ser humano para ser chamado de "pessoa", e será que os vampiros como Edward e os Cullen têm mais "pessoalidade" do que o resto de nós?

Uma pessoa é simplesmente alguém que tem direitos, alguém digno de respeito. Ser humano não faz de você automaticamente uma pessoa. É triste, mas frequente, que a sociedade não trate as mulheres e as minorias como pessoas – assim, ser humano nem sempre é critério de pessoalidade. Por exemplo, extraterrestres inteligentes seriam pessoas em potencial, e alguns defensores dos direitos dos animais argumentam que os bichos também são pessoas.

Os vampiros de *Crepúsculo*, apesar de terem aparência humana, são significativamente diferentes da maioria dos seres humanos. São quase imortais e não envelhecem, além de serem superfortes e super-rápidos. Além do mais, os vampiros têm supersentidos: sentem cheiros que os humanos são incapazes de sentir, ouvem uma batida de coração a quilômetros de distância e enxergam detalhes tão minuciosos que um ser humano precisaria de um microscópio para chegar a esse nível.

Talvez devido a sua imortalidade, os vampiros têm uma visão diferente sobre como devem viver a vida. A maioria não age como se as vidas humanas devessem ser preservadas e considera os seres humanos como comida. Muitas vezes, os vampiros são mostrados como sendo enormemente superiores aos seres humanos, em parte por causa de sua superioridade física, mas também pela superioridade mental. Os vampiros têm tremenda clareza mental e memorização incrível, entre outros dons. Como resultado, grande parte deles tem perspectivas éticas diferentes. Ao passo que seres humanos preocupam-se normalmente com as necessidades e os sentimentos dos outros, os vampiros são quase sempre criaturas solitárias que nem ao menos se preocupam com o bem-estar uns dos outros. Simplesmente não há necessidade.

O que é uma pessoa (além de comida de vampiro)?

O filósofo Immanuel Kant (1724-1804) argumentava que ser humano não necessariamente faz de você uma pessoa. Em vez disso, é a racionalidade, a habilidade de pensar, que torna alguém uma pessoa. Podemos nos perguntar: mas e os computadores? Ninguém pensa que temos que demonstrar respeito por nossos computadores, ou tratá-los com dignidade. Apesar dos poderes de processamento, não consideramos os computadores como parte de uma comunidade moral.

Kant explicava que ser uma pessoa não significava simplesmente ser "racional", mas sim "fazer parte de uma comunidade". Isso significa que, por causa da sua racionalidade, você merece ser tratado como quem tem direitos; merece respeito e dignidade. As pedras claramente não são parte da comunidade moral, mas há outros casos que não são tão óbvios.

A filósofa contemporânea Mary Anne Warren pede que imaginemos um encontro com um ser não humano. Precisamos nos perguntar: "Que qualidades um ser possuiria para fazer com que os humanos o considerassem como parte da comunidade moral?". Warren argumenta que haveria cinco qualidades que indicariam a quem deveríamos tratar com respeito: (1) consciência, (2) raciocínio, (3) atividade automotivada, (4) capacidade de comunicação e (5) a presença de autoconceitos.[35]

Warren não acredita que um ser precise ter todas essas características para ser tratado como pessoa, mas é necessária ao menos uma combinação de algumas delas, normalmente envolvendo a número um e a número três. Por exemplo, se eu me deparo com um ser consciente que demonstra atividade automotivada, mesmo que não tenha a habilidade de se comunicar comigo, eu ainda o trataria como quem merecesse alguns direitos.

Warren nos ajuda a perceber quão pouca importância *deveria ser* colocada na diferença biológica entre vampiros e seres humanos. Os vampiros de *Crepúsculo* encaixam-se em todos os cinco critérios; dizer que não são pessoas simplesmente por serem fisicamente diferentes de nós implica especismo arbitrário. Tom Regan, filósofo contemporâneo e defensor dos

---

35. Mary Anne Warren, "On the Moral and Legal Status of Abortion" [Sobre o Status Moral e Legal do Aborto] *Monist* 57:1, p. 43-61 (1973).

direitos animais, oferece a seguinte resposta aos que negam os direitos dos bichos simplesmente por eles não serem humanos:

> Existem aqueles que resistem à ideia de que os animais têm valor inerente. Professam que "apenas os seres humanos têm tais valores". Como é possível alguém defender uma visão tão estreita? Deveríamos então dizer que apenas os seres humanos têm os requisitos inteligência, autonomia ou razão? Mas há muitos, muitos seres humanos que não possuem essas características, e ainda assim são vistos, de forma razoável, como tendo valor para além de sua utilidade aos outros. Deveríamos então dizer que apenas os seres humanos é que pertencem à espécie certa, a espécie Homo sapiens? Mas isso é de um especismo vociferante.[36]

Existe algum motivo legítimo para discordar de Regan? Como ele mesmo diz, quase todos os critérios são o que justamente pode faltar nos seres humanos, com exceção do critério "eles não são humanos". Por exemplo: há muitas crianças pequenas sem qualquer inteligência; na verdade, é possível que um gorila adulto seja mais esperto do que uma criancinha. Por que temos que tratar a criança com respeito, mas não o gorila? Parece que a única resposta que temos é a de que o gorila não é humano – e, claro, *Edward também não*. Será que isso significa que devemos tratá-lo da mesma forma como se trata um bicho? É fácil dizer que ser humano é critério necessário para ser respeitado quando queremos comer a carne de animais saborosos, ou prender animais exóticos ou interessantes em jaulas para nossa diversão. Mas tudo fica bem mais complexo quando percebemos que outros seres não humanos, como Edward, podem merecer ser parte da comunidade moral.

O que têm em comum os seres humanos, os vampiros e os animais

Vamos considerar perspectivas bem diferentes sobre como *deveríamos* tratar os outros. A filósofa contemporânea Martha Nussbaum não discute a forma como se pode classificar algo como pessoa nem debate a forma como podemos distinguir capacidades particulares de cada um. Se há capacidade de raciocínio, por exemplo, não devemos interferir com ela. Em vez de argumentar que Edward é inteligente e, portanto, é uma pessoa, Nussbaum simplifica a questão: ela diria que Edward é capaz de raciocinar, e, portanto, deveríamos deixá-lo usar seu raciocínio. Em outras palavras, se algo

---

36. Thomas Regan, *The Case for Animal Rights* [Em Defesa dos Direitos dos Animais] (Berkeley: University of California Press, 2004).

tem a capacidade de fazer alguma coisa que não causa mal a ninguém, por que interferir com esse algo?

Nussbaum lista as capacidades que têm importância central para a necessidade de ter uma vida plena e feliz – o que ela chama de "florescimento". Para florescer, uma capacidade não é algo que você precisa realizar, mas sim algo com o qual os outros não deveriam interferir, caso você busque a realização. Nussbaum afirma que os seres humanos têm dez capacidades centrais:[37]

1. Vida – a habilidade de viver até o fim de uma vida de duração normal.
2. Saúde física – a habilidade de ter boa saúde.
3. Integridade física – a habilidade de estar seguro contra violência e de se mover como quiser.
4. Sentidos, imaginação e pensamento – a habilidade de usar os sentidos, de imaginar, de pensar e de raciocinar.
5. Emoções – a habilidade de se apegar a coisas e pessoas fora de nós mesmos.
6. Raciocínio prático – a habilidade de fazer reflexões críticas.
7. Afiliação – a habilidade de viver com os outros e para os outros, além de ter respeito próprio.
8. Outras espécies – a habilidade de viver preocupando-se com animais, plantas e a natureza.
9. Lazer – a habilidade de se divertir com atividades recreativas.
10. Controle sobre o próprio ambiente – a habilidade de participar da política e de ter propriedades.

A ideia é que não deveríamos interferir com essas capacidades de alguém, presentes na lista de Nussbaum, porque elas são necessárias para o florescimento. Temos outras capacidades que estão fora da lista e não são consideradas centrais para o florescimento, como a capacidade de matar. Nussbaun dá duas razões para isso: (1) porque matar não é necessário para florescer, (2) porque matar interfere com as capacidades de florescimento de outros.

A lista de Nussbaum não determina quem deveria contar como pessoa, mas determina os direitos a dignidades que deveriam ser garantidos àqueles que possuem o que ela chama de capacidades centrais. Por exemplo, a capacidade *vida* não faz de algo uma pessoa, mas não se deve negar a vida aos seres que têm essa capacidade. Se usarmos a lista de capacidades de Nussbaum como forma de determinar como deveríamos tratar aos outros, é improvável que qualquer coisa pudesse ser maltratada. Isso é importante, porque nem todas as pessoas que hoje em dia consideramos

---

37. Martha Nussbaum e Amartya Sen, *The Quality of Life* [A Qualidade de Vida] (Oxford, UK: Clarendon Press, 1993).

pessoas foram consideradas sempre como pessoas. Os Estados Unidos já tiveram famigeradas leis que consideravam, por exemplo, que os escravos eram três quintos de uma pessoa; às mulheres, nem mesmo era garantido o direito de votar, até 1920. Se as capacidades na lista de Nussbaum houvessem sido seguidas, os afro-americanos e outros não teriam sido mantidos como escravos, e as mulheres não precisariam ter lutado por mais de meio século para ganhar direitos como o voto.

Se usássemos a lista, provavelmente garantiríamos a Edward todos os direitos de que os seres humanos dispõem, para que ninguém interferisse com as capacidades dele. Mas o leitor mais cuidadoso notará que as capacidades também parecem aplicar-se aos animais. A própria Nussbaum nota tal fato, e argumenta que os animais devem ter certos direitos baseados em suas capacidades, como o resto de nós.[38] Os animais não deveriam ser mortos para virar comida, nem utilizados em testes de laboratório ou maltratados de modo a terem negado seu direito ao florescimento. Mas consideremos outra perspectiva.

Se os animais são comida para os humanos, então nós somos comida de vampiro?

Em vez de aceitar a conclusão de Nussbaum, você poderia simplesmente se perguntar: por que não negar a Edward o *status* de pessoa? Afinal, Edward não é humano, e, como observado anteriormente, ele é *bem* diferente. Mas por que essa diferença deveria importar? Os vampiros são, em geral, *superiores* aos seres humanos. O próprio raciocínio que diz que os animais não têm pessoalidade se voltaria contra nós. A principal razão pela qual não se considera que os animais são pessoas é que sua inteligência e forma de comunicação diferem da nossa – argumento que os Volturi poderiam usar com relação a nós. Eles são mais espertos, são capazes de fazer muitas coisas com as quais nós só podemos sonhar, e se decidem tratar seres humanos como gado de abate, poderiam facilmente fazê-lo (e fazem, como é o caso de alguns azarados turistas). Então, qual o fundamento para dizer que os seres humanos merecem tratamento especial, considerando que os não humanos fazem tudo muito melhor que nós?

Existe apenas um argumento que nos torna pessoas frente aos intimidadores vampiros: seres humanos têm alma. Isso nos torna especiais. E, em *Crepúsculo*, almas são fator importante; Edward teme ter perdido a sua, e preocupa-se que Bella também fique sem alma ao ser transformada em vampira.

---

38. Martha Nussbaum e Cass Sunstien (orgs.), *Animal Rights: Current Debates and New Directions* [Direitos dos Animais: Debates Atuais e Novas Tendências] (Oxford: Oxford University Press, 2004).

Mas a crença de que os humanos são especiais por causa da alma tem um grande problema: como saber se você tem uma? Como testar e provar? Almas são um problema mais relacionado à fé do que aos fatos; *nunca* haverá teste que confirme a existência de uma alma. Então, como afirmar que os vampiros não têm alma? Eles poderiam dizer que uma prova de suas almas está na superioridade com relação aos seres humanos; poderiam dizer que, se os seres humanos tivessem alma, Deus não os teria criado tão fáceis de matar (esse é exatamente o mesmo argumento que utilizamos contra os animais).

Há também outra questão. Digamos que fosse possível provar que temos alma. Qual seria a importância disso? Afinal, os seres humanos têm várias características que nos tornam únicos, mas que não fazem diferença quando o assunto é moralidade. Os seres humanos são os únicos animais que fazem pizza, compram ações ou travam guerras. Nada disso nos torna melhores, em termos morais, do que os outros animais. Então, no quesito alma, o que é importante?

É na verdade impossível usar a biologia ou as almas para distinguir entre uma pessoa e uma não pessoa, o que significa que os animais também deveriam ter o direito à pessoalidade. A alternativa, tanto no caso da biologia quanto no caso da alma, é permitir aos vampiros a possibilidade de tratar a nós como não pessoas devido à sua "superioridade" biológica e à nossa incapacidade de provar quem tem e quem não tem alma. Em vez disso, eu diria que Warren, Regan e Nussbaum estão tramando alguma coisa. A pessoalidade deveria ser direito daqueles que demonstram certas qualidades como consciência e atividade automotivada; os que demonstram capacidades tais como raciocínio prático e afiliação também deveriam ter direito ao florescimento, se assim desejarem.

Vampiro mau! Vai ficar sem pessoas!

Lembre-se de que às vezes não garantimos que certos seres humanos sejam pessoas. Seja por razões arbitrárias ou preconceituosas (como querer ter escravos), seja porque acreditamos que a pessoalidade requer determinadas noções de ética (que os *serial killers* não têm, por exemplo). Os vampiros quase sempre agem de formas que consideramos horrivelmente antiéticas. Se uma pessoa rejeita a moral da comunidade agindo de formas drásticas que violam a pessoalidade dos outros, então a própria pessoa decide separar-se da comunidade moral, escolhendo, portanto, ficar de fora do âmbito moral das pessoas.

É diferente do caso dos animais que não são capazes de determinar que querem rejeitar a moralidade; eles simplesmente não a entendem. Os animais são, então, objetos de nosso tratamento moral, embora não consigam escolher participar por completo da comunidade moral. Os animais teriam, então, um tipo limitado de pessoalidade. Nós não lhes daríamos direito a voto, nem esperaríamos que nos tratassem com dignidade. Mas também deveríamos escolher não comê-los de acordo com a lista de capacidades de Nussbaum, porque os animais podem ser pessoas cujas capacidades nós respeitamos. Não pediríamos que votassem ou fossem jurados de tribunal, porque não têm capacidade para tais tarefas. Sua incapacidade de participar totalmente, entretanto, é absolutamente diferente da de um *serial killer*, que escolhe rejeitar a comunidade moral a as capacidades dos outros.

É possível argumentar que os vampiros são *serial killers*, porque a maioria decide rejeitar a moralidade e sair da comunidade. Os Cullen, entretanto, não são adeptos do sistema ético Volturi, de forma que não podemos jogá-los na mesma panela que o clã assassino. Isso sugere uma política geral tanto para os seres humanos como para os vampiros: a pessoalidade moral pode ser considerada apenas caso a caso. Cada vampiro deve ser julgado como participante da comunidade moral como indivíduo. Nós rejeitaríamos ou puniríamos aqueles que escolhem violar a pessoalidade e a capacidade dos outros, e, no caso dos Volturi, também teríamos que nos defender.

A grande ironia, entretanto, é: se escolhemos rejeitar alguns indivíduos, considerando-os não pessoas por causa de sua disposição em causar dano aos outros, podemos descobrir que nós mesmos somos apenas parcialmente pessoas. Por quê? Se consideramos que os animais têm um tipo de pessoalidade limitada, então o tratamento que damos a eles é análogo ao tratamento que os Volturi dão a nós. Assim, se os Volturi devem ser punidos ou ter sua pessoalidade negada por causa da forma como tratam outras pessoas, então deveríamos similarmente ser punidos pela forma como tratamos essas outras pessoas-animais menos capazes. No fim, é possível que Edward não seja só uma pessoa, mas sim uma pessoa melhor do que a maioria dos seres humanos. Afinal, ele se atém de matar os que são menos fracos e inteligentes do que ele, enquanto os seres humanos matam, sem hesitar, os animais mais fracos, com inteligência diversa.

O uso que Stephenie Meyer faz dos vampiros vegetarianos na saga *Crepúsculo* deixa grande espaço filosófico para explorar questões como a definição de pessoalidade. Agora que você conhece os critérios, será que é digno de ser uma pessoa? A resposta pode não ser tão fácil quanto você pensa.

4

Carlisle: mais compaixão que uma bala de revólver?

ANDREW TERJESEN E JENNY TERJESEN

Fora a supervelocidade, a superforça, os supersentidos e a imortalidade, um bom número de vampiros na série *Crepúsculo* têm suas próprias habilidades especiais, a que os Cullen chamam de "dons". Aro, líder dos Volturi, cerca-se de vários desses vampiros ultrapoderosos, "colecionando-os" e às suas habilidades. Edward Cullen lê mentes, enquanto Alice Cullen vê possíveis futuros. E, quando Bella Swan é transformada em vampiro, ela aprende a se defender contra as outras habilidades mentais de outros vampiros, inclusive as de Aro. O dom de Carlisle Cullen, entretanto, é bem diferente do resto: seu dom parece ser a compaixão. Mas o que isso significa? Como é que se importar com as pessoas se compara à leitura de mentes, ou à clarividência? De que forma Carlisle se diferencia, através de sua compaixão, de outros seres humanos ou vampiros?

Carlisle tem certamente algo de especial. É notável sua dedicação ao estilo de vida "vegetariano" e seu sucesso em criar uma família de vampiros que também segue suas preferências alimentares. Mas será que Carlisle teria outro dom que falta aos outros vampiros? Ou ele é apenas uma pessoa muito bondosa? Muitos filósofos já argumentaram que a compaixão é a essência da bondade. Então talvez não seja exagero dizer que a supercompaixão de Carlisle é o que lhe permite fazer algo que jamais nenhum vampiro antes dele conseguiu fazer.

Carlisle e a teoria dos dons

O prato é ravióli de cogumelos, e, durante a refeição, Edward explica a Bella a teoria de Carlisle sobre os dons vampíricos: "Todos levamos alguma de nossas mais fortes características humanas para o pós-vida, onde elas são intensificadas – como nossas mentes, nossos sentidos".[39] De acordo com a teoria de Carlisle, mesmo quando era um ser humano, Edward era muito sensível aos pensamentos das pessoas à sua volta, e Alice provavelmente tinha algum tipo de clarividência antes de ser transformada.

É uma teoria interessante, mas há evidências para corroborá-la? Na verdade existem. Sabemos muito sobre o dom de Bella antes que se tornasse uma vampira. Uma das primeiras coisas que fez com que Edward se sentisse atraído por ela foi que não podia ler-lhe os pensamentos. Mais tarde, em *Lua Nova*, ela se mostra resistente ao feitiço de dor lançado por Jane. Bella se pergunta se, por causa disso, ela não seria simplesmente algum tipo de monstro. No fim das contas, ela é um monstro, mas do tipo legal.

Bella é uma pessoa muito discreta que esconde os próprios pensamentos e sentimentos. Mas sua discrição vai além de seu próprio conforto e da segurança daqueles com os quais ela se importa. Sua preocupação pelos outros mostra-se, por exemplo, quando ela fala sobre seu relacionamento com Edward: "Edward estava preocupado por causa do tempo que passamos juntos em público (...) caso as coisas dessem errado. Eu não quis ficar pensando na possibilidade de algo dar errado e resolvi me concentrar em tornar as coisas mais seguras para ele".[40]

A vontade que Bella tem de proteger os outros fica bem clara ao final de *Crepúsculo*, quando se lança em uma missão suicida para salvar Renée. Ela sabe que provavelmente irá morrer ao fazer o resgate, mas isso não a impede de entrar direto na armadilha de James. Se existe algo que Bella pode fazer para proteger aqueles a quem ama, ela fará. Como vampira, ela finalmente se sente com poder para defender seus entes queridos das danosas habilidades mentais dos Volturi.

A supercompaixão de Carlisle

Edward diz que "Carlisle trouxe consigo a compaixão de sua vida humana". Ele é literalmente sedento de sangue, mas é um completo abstêmio. Como médico vampiro que cuida de seres humanos, é como um alcoólatra trabalhando como *bartender*. É perigoso, mas ele é realmente bom no que faz em todos os aspectos, inclusive no cuidado com que fala com seus pacientes, deixando-os mais tranquilos. Mas será isso um "superpoder"?

---

39. Stephenie Meyer, *Twilight* (New York: Little, Brown and Company, 2005), p. 307.
40. Ibid., p. 248

Considere a compaixão e o autocontrole de Carlisle em situações extremas. Quando Bella corta o dedo na festa de aniversário, Jasper Cullen entra em frenesi. Os cortes terríveis que ela sofre no espelho, ao final de *Crepúsculo*, fazem erodir o controle de todos os Cullen, exceto o de Carlisle. Mesmo Edward é obrigado a se afastar enquanto Carlisle faz a sutura dos ferimentos.

No esboço de *Sol da Meia-Noite*, é possível ter uma ideia de como é a mente de Carlisle por meio do "dom" de Edward.[41] Enquanto cuida do ferimento na cabeça de Bella, Edward diz: "Fiquei angustiado ao ver a diferença entre Carlisle e eu; a forma como ele foi capaz de tocá-la tão gentilmente, sem medo, sabendo que nunca lhe faria mal".[42] De acordo com a narração de Edward, percebemos que Carlisle dominou completamente sua sede de sangue.

O clã Denali, também de vegetarianos, mantém-se bastante afastado dos assuntos humanos. Sua decisão de não se alimentar deles parece mais o resultado de conclusão racional do que da mesma afeição pela humanidade demonstrada por Carlisle. Além do mais, Carlisle nunca obriga seus amigos e família a seguirem a escolha dele, mas parece ser uma inspiração a todos. Edward, o primeiro vampiro feito por Carlisle, nunca duvida de sua sinceridade ao acreditar que a abstinência é o caminho certo, mas também não a aceita imediatamente como verdade. Por mais ou menos uma década ele fica se alimentando do sangue de homens maus, até concluir que Carlisle está certo.

Até onde sabemos, Carlisle nunca bebeu sangue humano. Quando vira vampiro, fica tão abalado que tenta se matar de várias formas, incluindo greve de fome, até descobrir que podia sobreviver de sangue animal. Mesmo os Volturi não foram capazes de forçá-lo a beber sangue humano, mesmo que ele os admirasse por sua civilidade e cultura. A compaixão que ele tem permite que se atenha ao juramento feito, e o separa dos outros vampiros.

---

41. *Midnight Sun* [Sol da Meia-Noite] (esboço parcial) é o nome de um manuscrito começado por Stephenie Meyer. Ele explora os eventos do romance original *Crepúsculo* da perspectiva de Edward (incluindo várias cenas com os Cullen que não são encontradas no romance original). Infelizmente, alguém sem escrúpulos pegou um esboço não terminado e o publicou de forma ilegal (sem a permissão da autora) na internet. Como resultado, Meyer abandonou o trabalho do romance que teria sido *Sol da Meia-Noite* por sentir-se violada em sua confiança e seus direitos. Assim, é possível que nunca vejamos a história pela perspectiva de Edward. Meyer, após anunciar sua decisão, disponibilizou um esboço parcial do manuscrito em seu site na internet (www.stepheniemeyer.com/pdf/midnightsun_partial_draft4.pdf). Ao fazermos referência a esse trabalho, reconhecemos a afirmação da autora de que essa será sempre uma obra não terminada que ela foi forçada a publicar por causa do comportamento inescrupuloso de alguém. Portanto, mesmo que não possa ser considerada a versão oficial dos eventos, consideramos esse esboço segundo o espírito com que Meyer o oferece a seus fãs, como explicado no site dela: "Espero que esse fragmento dê a vocês uma compreensão maior da mente de Edward, e que acrescente uma nova dimensão à trama de *Crepúsculo*".
42. *Midnight Sun* (esboço parcial), p. 69-70.

Seria a compaixão um sentimento?

Se o dom de Carlisle é o que permite que resista à vontade de matar seres humanos, seria bastante útil tentar entendê-lo melhor. Uma vez que os dons vampíricos são baseados em aptidões humanas, nos pareceria que Stephanie Meyer vem explorando a ideia de que existe uma aptidão humana que inibe a violência – uma que desejaríamos que todas as pessoas desenvolvessem, se pudessem.

Para muitas pessoas, a compaixão é o que sentimos quando vemos algo de ruim acontecendo. Considere o filósofo chinês Mêncio (371-289 a.C.), que afirmou que todos nós temos uma "semente" de compaixão. Com isso ele quis dizer que somos todos nascidos com um sentimento bem geral de preocupação pelos outros.

> A razão pela qual eu digo que todos os seres humanos têm um coração que não suporta o sofrimento alheio é a seguinte. Suponha que alguém de repente visse uma criança prestes a cair em um poço: qualquer um nessa situação sentiria alarme e compaixão – não porque quisesse agradar aos pais da criança, ou porque desejasse fama na vizinhança, e nem porque não gostaria do som dos gritos da criança.[43]

Mêncio chamava esse sentimento de "semente" porque não está totalmente desenvolvido. Ao contrário: precisa ser nutrido e levado ao crescimento até virar a virtude de importar-se com todo mundo o tempo todo. Sem essa nutrição, a compaixão limita-se aos bebês, aos filhotinhos de bichos e, é claro, às pessoas com quem nos preocupamos. Não vai além disso.

Pense na limitada compaixão do clã de Tanya. Eles se preocupam com os homens humanos que sentem ser seus brinquedos, então não lhes causam dano. Mas seus sentimentos não vão além disso. Sem compaixão, Tanya e o clã Denali determinaram que não era do seu interesse ajudar a família de Carlisle a se defender contra o novo exército de Victoria, em *Eclipse*. Em *Amanhecer*, eles se dispõem a ajudar os Cullen em parte por sentirem-se culpados por não terem ajudado antes e também por se preocuparem com a segurança e o direito de viver de Renesmee (e talvez por se sentirem meio mal com o fato de Irina ter surtado e trazido os Volturi direto na cabeça dos Cullen). Os sentimentos de Tanya estão ligados a coisas específicas, mas seus sentimentos por Renesmee e pela família de Carlisle não seriam suficientes para gerar o tipo de autocontrole que Carlisle demonstra no hospital.

Um dos problemas de achar que a compaixão é apenas um sentimento, portanto, é que as pessoas sentem de formas diferentes e, frequen-

---

43. Bryan Van Norden, *Mengzi: With Selections from Traditional Commentaries* (Indianapolis, IN: Hackett Publishing, 2008), p. 46.

temente, caprichosas. Afinal, se Renesmee não tivesse caído no poço, os Volturi não iriam ter sido alarmados de forma alguma – e o mesmo ocorreria com qualquer um que acreditasse que ela era uma "criança imortal". Outro problema com a definição de compaixão como sentimento aparece no exemplo da criancinha caindo no poço, de Mêncio. Ele disse que nos sentiríamos alarmados ao vermos o bebê cair no poço, mas não disse que faríamos algo quanto a isso. Nossos sentimentos nem sempre nos levam à ação. É possível ser um vampiro, como Edward, que suga o sangue de seres humanos e sente-se mal por isso (o fato de serem seres humanos maus não ajuda muito), mas os sentimentos não o impedem de se alimentar. Ou, ao menos, não são apenas os sentimentos que o fazem adotar a dieta de Carlisle.

A compaixão de um santo?

Então, segundo Mêncio, a compaixão é um sentimento que aparece em certas circunstâncias; isso, no entanto, não explica porque é que Carlisle é tão especial. Talvez o que esteja em ação aqui seja uma ideia diferente do que seja compaixão. Na tradição budista, a compaixão refere-se à nossa preocupação por todas as coisas vivas. Então não é um sentimento específico que surge apenas em certas circunstâncias, como quando bebês estão em perigo. Em vez disso, é algo que aparece em todas as circustâncias. O Dalai Lama descreve a compaixão da seguinte forma: "A verdadeira compaixão não é só uma resposta emocional, mas um comprometimento firme baseado na razão (...) Para um praticante do Budismo, o objetivo é desenvolver essa compaixão genuína, esse desejo genuíno pelo bem-estar de outrém e, na verdade, pelo bem-estar de qualquer ser vivo existente no universo inteiro". [44]
A compaixão compreendida como preocupação racional universal parece muito mais promissora, pois reflete as preocupações de Carlisle. Seu "vegetarianismo" mostra sua relutância em matar seres humanos para saciar a fome, mas ele também parece não ter vontade de matá-los por outras razões. Na verdade, ele parece pensar que salvar uma vida pode ser mais importante do que a vida que ele criou com sua família. Em *Sol da Meia-Noite*, Carlisle diz a Edward que este fez a coisa certa ao salvar Bella, mesmo arriscando expor-se como vampiro (e expor a todos os outros Cullen) ao parar o carro. No desenrolar da série, Carlisle tenta evitar a violência para evitar mortes desnecessárias. E também se põe em meio a um buffet de sangue humano diariamente só para salvar vidas.
Seria essa a supercompaixão de Carlisle – a crença de que todas as coisas vivas devem ser bem tratadas? Antes de tirarmos conclusões

44. The Dalai Lama, *The Compassionate Life* (Boston: Wisdom Publications, 2001), p. 21.

precipitadas, consideremos de onde vem essa crença. O dom de Carlisle não seria a crença em si mesma, mas sim o que torna possível que ele se agarre à crença (o que o Dalai Lama chama de "firme comprometimento") quando muitos não o fazem. A noção budista de compaixão vem da ideia de que toda a vida é sofrimento. Mesmo quando não experimentamos dor física ou angústia emocional, não estamos perfeitamente à vontade no mundo. Então a razão pela qual devo tratar bem a todos é que, como eu, eles estão sofrendo.

O filósofo Arthur Schopenhauer (1788-1860) também era adepto de uma ética da compaixão. Sua razão para promover a compaixão era de que uma vez que você entendesse a natureza do mundo, perceberia que o indivíduo é uma parte bastante insignificante daquele mundo. Schopenhauer via a compaixão como a resposta lógica a um mundo em que indivíduos particulares não são importantes a ponto de seus desejos triunfarem sobre os desejos de todos os outros. Uma vez que entendemos o que torna essa noção de compaixão possível, precisamos reconhecer que não é o que acontece com Carlisle. Ele criou uma família que é muito importante para ele. É inconcebível que seu dom esteja calcado na ideia de que sua família não seja mais importante que qualquer outra família. Além do mais, apesar de não matar seres humanos para comer, ele não crê que todas as pessoas têm direito igual à vida (uma vez que aceita as ações de Rosalie em Rochester, por exemplo). E, claro, ele mata animais para se alimentar, mesmo sendo possível viver de sangue humano obtido nos bancos de sangue. Então deve haver alguma outra noção de compaixão (entre os polos dos sentimentos particulares e da preocupação com o todo) que explica o dom de Carlisle.

Compaixão, cuidados e a Família Cullen

Quando começam a namorar, Edward conta a Bella a história de Carlisle, e então descobrimos que este não tinha de fato uma família quando era um ser humano. A mãe morrera ao dar à luz e o pai era um pastor anglicano mais preocupado em acabar com a bruxaria e os demônios do que em ser um bom pai. É claro que sua habilidade em pegar bruxas e vampiros de verdade era inferior à capacidade que tinha de mandar prender pessoas inocentes que acusava de serem bruxas e vampiros. Mas, Carlisle obviamente sentia um dever de agradar ao pai, porque, assim que este ficou velho demais para continuar a caça às bruxas, o filho assumiu a função. Mas, ao contrário do pai, Carlisle não conseguiu ajudar a Igreja a condenar inocentes acusando-os de monstros. Não: Carlisle saiu e achou, de fato, um monstro – deparou-se com uma verdadeira assembleia de vampiros. É possível adivinhar o que aconteceu...

Então, quando Carlisle acordou e se viu na pele de um dos monstros que seu pai tanto odiava, ficou bastante abalado. Mas ele não descontou nas pessoas à sua volta, nem cedeu à tremenda sede de sangue. Em vez disso, ele se retirou das áreas populosas, e, quando a fome ficava avassaladora, caçava corças. Assim nasceu o "vegetarianismo vampírico".

Carlisle descobre que pode viver consigo mesmo se para isso não matar pessoas, e resolve iniciar um caminho profissional, estudando, viajando e tornando-se médico, dentre todas as profissões. Também se depara com outros vampiros, como os famosos Volturi. Nenhum dos outros vampiros compreende a escolha dele (poderia ter colocado uma melancia no pescoço; o resultado seria o mesmo). Acaba virando um cara solitário, mas continua seguindo até chegar ao Novo Mundo. É então que ele encontra Edward em meio à epidemia de gripe espanhola, e faz uma promessa de "salvá-lo". Então, repentinamente, Carlisle ganha um filho, um irmão, um companheiro. Mas ele nunca transforma ninguém que tenha alguma chance de continuar vivendo uma vida humana.

Através de sua vida e do pós-vida, Carlisle tenta começar relações com outras pessoas. A ideia de que a compaixão é um tipo de ligação recíproca que formamos com os outros está presente em uma tradição filosófica conhecida como "a ética do cuidado". De acordo com ela, as nossas relações com as outras pessoas constituem o fundamento de todo pensamento moral. Os Cullen não são uma família por causa de laços consanguíneos (ou porque bebem sangue). São uma família porque compartilham relações uns com os outros que definem não apenas quem eles são, mas a forma como vivem suas vidas.

O filósofo contemporâneo Michael Slote descreve a compaixão como "o cuidado baseado na empatia".[45] Segundo essa definição, a compaixão de Carlisle é sua habilidade em cuidar dos outros após iniciar um relacionamento que lhe permite conectar-se com eles e compreender como se sentem. Isso soa como o Carlisle que conhecemos! A vantagem dessa definição da compaixão é que ela explica a importância das relações particulares com o resto dos Cullen. Seu relacionamento mais profundo com o resto da família significa que ele é obrigado a fazer mais por eles. Essa obrigação, entretanto, pode ser transferida para outras pessoas por meio de suas relações existentes. Então, por exemplo, o fato de que ele se importa com Edward e de que Edward se importa com Bella significa que Carlisle tem agora uma importante relação com Bella.

Mas como é que isso explica a habilidade que Carlisle tem de resistir a se alimentar de estranhos? Nesse caso, também, a ética do cuidado tem uma resposta. Nel Noddings, filósofa contemporânea, argumenta em seu livro *Caring* [Cuidar] que: "Quando a relação ainda não foi estabelecida, ou quando ainda puder ser apropriadamente recusada (...) o imperativo é mais como o hipotético: se eu desejo (ou se posso) estabelecer uma relação,

45. Michael Slote, *The Ethics of Care and Empathy* [A Ética do Cuidado e da Empatia] (New York: Routledge, 2007), p. 27.

então devo fazê-lo".[46] Portanto, de acordo com a ética do cuidado, todas as pessoas que encontramos são alguém com quem poderíamos estabelecer um relacionamento. Em respeito ao possível relacionamento, existem algumas regras básicas que precisamos seguir, sendo que a mais importante, para os vampiros, é "não me devore".

O poder das ligações

Ao final de *Amanhecer*, Garrett faz um discurso inflamado:

> Eu vim aqui a pedido de Carlisle, assim como dos outros, para testemunhar... Eu fiquei para testemunhar algo diferente. Vocês... Esses antigos *não* vieram aqui para fazer justiça, como disseram a vocês... Os Volturi vieram eliminar o que acreditam ser a concorrência. Talvez, como eu, vocês fiquem maravilhados com os olhos dourados desse clã. Eles são difíceis de entender, é verdade. Mas os antigos olham e veem algo diferente além de uma escolha estranha. Eles veem *poder*.[47]

Os Volturi construíram seu clã não com base no tipo de ligação que os Cullen formaram como família. Pelo contrário: usam medo e punição para manter tudo "civilizado". Como Garrett avisa, entretanto, os Cullen encontraram um tipo diferente de poder que é inacessível aos Volturi. Garrett continua para testemunhar que já estudou a família e para ele está claro que:

> intrínseco a essa intensa ligação familiar – o que de fato torna a existência deles possível – está o caráter pacífico dessa vida de sacrifícios. Não existe ali agressão como a dos grandes clãs do sul, que cresceram e encolheram tão rápido em meio a lutas selvagens entre si. Aro sabe disso melhor que eu (...) Eu vim testemunhar. Eu fico para lutar. Os Volturi não se importam com a morte da criança. Eles desejam a morte do nosso livre-arbítrio.[48]

A resistência política pacífica ameaça o *status quo* que mantém os Volturi no poder. É a história de Gandhi se repetindo. E aí está um superpoder digno de nota.

Para confirmar o poder das ligações por meio do cuidado, que fazem com que as pessoas ajam de forma mais responsável, consideremos a relação entre Jasper e Alice, que o ajudou a inibir sua sede de sangue mesmo antes

---

46. Nel Noddings, *Caring: A Feminine Approach to Ethics and Moral Education* [Cuidar: Um Ponto de Vista Feminino sobre a Ética e a Educação Moral] (Berkeley: University of California Press, 1984), p. 86.
47. Stephenie Meyer, *Breaking Dawn* [Amanhecer] (New York: Little, Brown and Company, 2008), p. 717.
48. Ibid., p. 718-719.

de juntar-se aos Cullen. A conexão também não se limita aos familiares próximos. O encontro dos Denali com Carlisle e a relação que segue é o que faz com que os Denali iniciem o caminho em direção a um estilo de vida diferente. Em *Sol da Meia-Noite*, Edward fala sobre como ele queria matar os estupradores em potencial que havia em Port Angeles, e Carlisle pensa: "Ela é ótima para você, não é? Tanta compaixão, tanto controle".[49] O relacionamento entre Edward e Bella ajuda o primeiro a controlar seus impulsos violentos, e presumivelmente a extraordinária habilidade que Carlisle tem de se relacionar com todo mundo contribui para que controle seus impulsos vampíricos a um grau incomum.

O melhor exemplo disso, entretanto, é o poder de Renesmee. Carlisle brinca que o poder que ela tem de projetar seus pensamentos na mente das outras pessoas, inspirando nelas o desejo de proteger, é o reverso dos dons tanto de Bella quanto de Edward. Mas Renesmee também firma a aliança de testemunhas para ficar ao lado de Carlisle contra os Volturi. Nesse sentido, Renesmee também parece ter algo de seu "avô" em si, por assim dizer. Ela cria conexões quase que imediatamente com Tanya e outros, e essas conexões fazem com que todos queiram cuidar dela, mesmo que isso signifique enfrentar os Volturi.

Uma vez que Carlisle é capaz de superar alguns dos desejos mais destrutivos que se possa imaginar, faz todo sentido que tal habilidade seja um dom. Há vários exemplos na série *Crepúsculo* mostrando o poder das ligações emocionais genuínas na superação de desejos egoístas e destrutivos. Somos então levados à conclusão de que o dom de Carlisle é a supercompaixão, compreendida como a aptidão super-humana de forjar relações de cuidado com todo mundo, mesmo com estranhos, e isso é o que lhe permite viver no mundo como nenhum outro vampiro pode viver.

---

49. *Midnight Sun* (esboço parcial), p. 215.

Parte Dois
Lua Nova

5

Vampiro-Dämmerung: o que *Crepúsculo* pode nos dizer sobre Deus?

PETER S. FOSL E ELI FOSL

Vampiros são normalmente criaturas de moral sombria que transformam as pessoas em matadores frios e sedentos de sangue, como eles mesmos.[50] Pense no Conde do filme *Drácula,* de 1931, interpretado por Béla Lugosi (mesmo nome de Bella Swan); esses vampiros parecem gostar particularmente de hipnotizar jovens mulheres antes de se alimentarem delas.[51] Os sugadores de sangue são quase sempre retratados como seres assustadores associados a forças satânicas e da escuridão, como a mórbida criatura do filme *Nosferatu* (1922) de F. W. Murnau, ou os demônios do filme *Vampiros de John Carpenter* (1998).

Na verdade, a mera existência dos vampiros levanta uma antiga questão filosófica: por que Deus (que supostamente é todo bondade e sabedoria, além de todo-poderoso) permitiria a existência de criaturas tão desprezíveis? Deus poderia, certamente, aniquilar todos os vampiros existentes. Ou poderia tê-los impedido de existirem, para começo de conversa, neutralizando a magia, poder espiritual, ou infecção, ou veneno, ou mutação ou qualquer outra coisa de que dependa a existência deles. Mas, por alguma

---

50. Existem, é claro, notáveis exceções fora do universo de *Crepúsculo*, incluindo *Angel*, de Joss Whedon, Bill, de *True Blood*, e Louis, das *Crônicas Vampirescas* de Anne Rice.
51. Bella Swan é a heroína da série. Além da associação que seu nome evoca com o astro de filmes de terror Béla Lugosi, o nome significa, de forma mais literal, "beleza", como na expressão "beleza sulista", por exemplo. Acreditamos também ser possível dizer que o nome sugere que Bella é alguém que ressoa como um sino ["sino" em inglês é "bell", de som parecido com o nome "Bella"] quando a vida lhe atinge com suas duras lições.

razão, Deus (se houver um Deus) não elimina do mundo o mal e nem, pelo menos na ficção, os vampiros.

A razão, de forma mais geral, pela qual Deus não elimina, ou não pode eliminar, a maldade do mundo sempre foi tópico de debate acirrado entre os filósofos. Desde o século XVIII eles dão a essa questão o nome técnico de "teodiceia". Aqueles filósofos em defesa de Deus contra acusações de negligência, impotência ou não existência produziram uma variedade de respostas às questões representadas pela teodiceia. Infelizmente, como veremos em nosso debate e sobre *Crepúsculo*, tais respostas não são satisfatórias. Mas *Crepúsculo* oferece, ainda bem, uma resposta distinta bastante particular.

O próprio nome "crepúsculo" sugere um lugar de ambiguidade, um lugar que não é totalmente luz, nem totalmente escuridão. Crepúsculo pode referir-se tanto ao amanhecer quanto ao entardecer, ambos a uma hora em que as coisas começam a se tornar mais iluminadas, ou mais escuras. Friedrich Nietzsche (1844-1900), filósofo alemão do século XIX, brincou justamente com essa ambiguidade em seu livro *Götzen-Dämmerung*, traduzido como *Crepúsculo dos Ídolos* (1889), título com o qual a própria Stephenie Meyer brinca.[52] A ambiguidade do crepúsculo indica uma resposta – se não uma solução apropriada – que a narrativa de *Crepúsculo* apresenta para o problema da teodiceia. A solução de *Crepúsculo* pode ser descrita brevemente da seguinte forma: o bem e o mal são termos ambíguos, e não fixos e claros como prega a convenção. O bem pode tornar-se o mal, e o mal pode tornar-se o bem; está principalmente nas mãos dos vampiros e dos seres humanos determinar os limites morais de suas próprias vidas. A história coloca os seres humanos e os vampiros como sendo bons quando praticam atos de autossuperação, de superação de sua natureza, de sua posição social, e as formas tradicionais como bem e mal estão configuradas (ao menos no que diz respeito aos vampiros). Está nas mãos de pessoas como Bella e Edward Cullen determinar se estão no amanhecer ou no entardecer de suas vidas. Em outras palavras, cabe a cada um decidir fazer nascer seu sol.

O que isso diz de Deus? Nada que seja muito favorável. Se Deus, ou um deus, existe no mundo de *Crepúsculo*, deve ser uma divindade que não é todo-poderosa (e, portanto, não pode evitar o mal no mundo) ou que deixou o mundo abandonado e as pessoas deixadas à própria sorte. A boa notícia de *Crepúsculo* é que, ao menos no caso de Bella e Edward, os jovens estão dispostos a cuidar de si mesmos.

Vamos agora considerar algumas das respostas que os filósofos oferecem ao problema da teodiceia e como *Crepúsculo* se encaixa nesses modelos.

---

52. O livro *Götzen-Dämmerung,* de Nietzsche, baseava-se no nome dado por Richard Wagner à última parte de *O Anel do Nibelungo*, sua grande ópera. Wagner chamou-a *Crepúsculo dos Deuses* (*Götterdämmerung*, 1876).

O mal não é um problema, porque o mal não existe

Mary Baker Eddy (1821-1910), fundadora do movimento Ciência Cristã, sustentava que o mal era fundamentalmente irreal. Em suas palavras: "O mal é uma negação, porque é a falta de verdade. É o nada, porque é a falta de algo. É irreal, porque pressupõe a ausência de Deus, o onipotente e onipresente. Cada mortal deve aprender que o mal não tem poder e nem realidade".[53] Platão (428-348 a.C.), Plotino (204-270), Agostinho (354-450), Spinoza (1632-1677) e G.W. Leibniz (1646-1716) apresentaram, cada um, variações desse tema em seus trabalhos filosóficos.[54] Agostinho, fortemente influenciado pelos platônicos, escreveu no capítulo 11 de seu *Enchiridion*, por exemplo:

> Pois o todo-poderoso Deus, que tem poder supremo sobre todas as coisas, como até os infiéis reconhecem, sendo Ele mesmo supremamente bom, nunca permitiria a existência de nada mau em Sua obra, se não fosse tão supremamente onipotente e bom que não pudesse fazer surgir o bem mesmo a partir do mal. O que é, então, aquilo que chamamos de mal senão a ausência do bem? Nos corpos dos animais, a doença e os ferimentos nada são além da ausência de saúde; pois quando se realiza a cura, não significa que os males que estavam presentes – as doenças e ferimentos – tenham saído do corpo e agora estão em outro lugar: eles simplesmente deixam de existir, porque a doença e os ferimento não são substância, mas um defeito na substância da carne – sendo a própria carne uma substância e, portanto, algo bom do qual aqueles males – isto é, a privação do bem a que chamamos saúde – são acidentes. Exatamente da mesma forma, os chamados vícios da alma nada mais são que privações do bem natural. E quando não são transferidos para outro lugar, quando cessam de existir na alma saudável, não podem existir em nenhum outro lugar.[55]

---

53. Mary Baker Eddy, *Science and Health* (Boston: Joseph Armstrong, 1906), p. 186.
54. Na carta que Spinoza enviou em 1665 a Blyenbergh, escreveu que: "De minha parte, não posso admitir que o pecado e o mal tenham qualquer existência positiva, muito menos que qualquer coisa possa existir ou vir a acontecer sem que seja vontade de D'us. Pelo contrário, não só afirmo que o pecado não tem existência positiva, mas também sustento que apenas se falarmos de forma imprópria ou humana é que podemos dizer que pecamos contra D'us, como na expressão de que os homens ofendem a D'us". Uma tradução de Terry Neff para o inglês pode ser encontrada em http://home.earthlink.net/~tneff/build3. htm#TOP?/~tneff/letters.htm.
55. Augustine, *Enchiridion*, trad. para o inglês por M. Dods, cap. 10-11, em *The Essential Augustine*, ed. V. J. Bourke (Indianapolis: Hackett Publishing, 1974), p. 65.

Um corolário desse argumento tem sido utilizado por vários filósofos: no caso da conduta humana imoral, o mal indica uma falta de humanidade. Aqueles que se comportam de forma imoral são os que se degradaram como seres humanos, tornando-se menos do que totalmente humanos. Como as pessoas gostam de dizer, os maus agem como animais.

Em *Crepúsculo*, portanto, devemos nos perguntar se os vampiros, ou qualquer outro ser configurado como mau, são retratados como sub-humanos ou como animais não humanos. Os vampiros mordem as pessoas, bebem sangue e possuem espantosas aptidões físicas, podendo até virarem morcegos em algumas histórias. É certo que nenhum dos vampiros de *Crepúsculo* parece próximo a Deus; e tanto James quanto Victoria, os vilões de *Crepúsculo* e *Eclipse*, poderiam ser interpretados como seres humanos degradados.[56] Então, à primeira vista é fácil concluir que a série *Crepúsculo* se inclui nessa tradição filosófica, retratando os maus de forma animalesca e não humana.

Mas, por outro lado, o coven dos Cullen não parece, de forma alguma, mau, mesmo que certas características deles sejam animalescas. E precisamos considerar os lobos Quileutes: eles definitivamente têm a ver com os não humanos, pois correm pela floresta e devoram carne crua. Mas não são retratados como maus, e sim ao contrário. O exemplo do povo de Jacob Black, então, assim como os virtuosos Cullen, escapa ao modelo do mal-como-privação-do-bem, que não explica como as coisas funcionam em *Crepúsculo*. Portanto, continuemos.

O mal não é um problema, porque o mal indica ignorância

Outro ponto de vista similar é que o mal, ou a crença no mal, é uma questão de ignorância. Por esse ângulo, alguém que não seja totalmente humano não pode saber totalmente o que é ser bom. Assim, pelo menos para Sócrates e Platão, ninguém pratica o mal de propósito, e todos os atos aparentemente maus são equívocos quanto ao que é ser bom. E quando, pelo contrário, as pessoas passam a conhecer (conhecer *mesmo*) a verdade sobre o mundo, o divino e a bondade, simplesmente não se comportam mais de forma maléfica. Aquele tipo de ignorância afeta o autoconhecimento das pessoas. Como resultado, os que não conhecem efetivamente a bondade não têm como conhecer a si mesmos. Portanto, será que essa versão da bondade e da maldade faz sentido no mundo retratado em *Crepúsculo*?

Novamente, à primeira vista parece plausível que em *Crepúsculo* os bons sejam conhecedores, enquanto que os maus são ignorantes. Os quatro brutos que tentam intimidar Bella em Port Angeles (ou "o portal

---

56. Stephenie Meyer, *Twilight* (New York: Little, Brown and Company, 2005); Stephenie Meyer, *Eclipse* (New York: Little, Brown and Company, 2007).

dos anjos", literalmente) no primeiro volume de *Crepúsculo* poderiam ser facilmente considerados ignorantes.[57] E Carlisle Cullen (sem falar de Edward) é mostrado vezes sem fim como um homem de grande conhecimento e bom-gosto. Carlisle tem cultura, é médico (palavra que em latim significa "conhecedor"), e, ao que tudo indica, bondoso. Além do mais, a maçã na capa de *Crepúsculo* evoca não apenas as tentações proibidas do Jardim do Éden, mas também o caminho que leva ao pecado e ao mal.[58]

Mesmo que metaforicamente Bella tenha mordido a maçã, a história está longe de retratá-la como má por causa disso. E será que nós temos alguma razão para pensar que James e Victoria são ignorantes? Os pais de Bella, de forma semelhante, assim como quase todos os outros seres humanos, permanecem profundamente ignorantes com relação a algumas dimensões bastante importantes do mundo. Assim, em *Crepúsculo* não é verdade que os bons sejam sempre conhecedores, nem que os maus sejam sempre ignorantes.

Conceber o mal como ilusão, ou como nascido da ignorância, não funciona muito bem. O que acontece em *Crepúsculo* também ocorre frequentemente em nosso mundo: os bons são ignorantes e os maus têm conhecimento (e vice-versa). Além do mais, no que diz respeito a Deus, essas teorias não resolvem de fato a questão da teodiceia. Elas apenas mudam a questão de "por que Deus permite a existência do mal?" para "por que Deus permite a privação, a ignorância e o erro?" Será que Ele não poderia tornar as verdades morais perfeitamente simples, claras, indistintas e indubitáveis para todo mundo? Será que Deus não poderia ter criado as coisas de modo que nada existisse de forma degenerada ou em privação? Não parece haver razão para pensar de outra forma. Então vejamos outra teoria.

O mal não é um problema, é o preço que se paga pelo bem

Há um grupo mais promissor de teorias para explicar o porquê de Deus não eliminar o mal; elas argumentam que o mal é de alguma forma *necessário à bondade* – que a bondade só pode existir, ao menos para os seres humanos, se o mal também existir. Uma forma de compreender essa estratégia é pensar no problema do mal em termos lógicos. Assim como para cima implica para baixo, a própria ideia de "bondade", seria possível dizer, requer o "mal" como termo contrastante – especialmente se se quer compreender e apreciar de fato o significado de bondade. Em linhas parecidas, Agostinho escreveu: "E no universo, mesmo o que é chamado de o mal, quando está regulado e posto em seu próprio lugar, apenas ressalta nossa

---

57. *Twilight*, p. 157
58. Havia, é claro, uma segunda árvore no Jardim do Éden, uma árvore da vida. Seria a maçã na capa uma referência à promessa vampiresca de vida eterna, em vez de relacionar-se ao fruto proibido?

admiração pelo bem; pois gostamos mais do bem e a ele damos maior valor quando o comparamos ao mal".[59]

Infelizmente essa estratégia também não vai funcionar. Afinal, se a questão se refere apenas ao necessário para *conhecer* e *admirar* a bondade, será que Deus não poderia ter-nos criado com esse conhecimento e admiração em nossas mentes? Mais radicalmente, se a existência do mal é o preço para se conhecer o bem, não seria melhor que os humanos nunca adquirissem tal conhecimento, permanecendo na mesma ignorância feliz que caracterizava Adão e Eva antes de morderem o fruto do conhecimento moral? Se o conhecimento moral exige que os vampiros, ou Edward, cometam suicídio (como ele tenta fazer em *Lua Nova*), então pensamos que seria melhor desistir desse conhecimento junto com os vampiros, e não deixar que ninguém, nem Edward, cometa suicídio.[60]

Não seria possível para todos compreenderem o que é o mal sem que ninguém tivesse que fazer coisas más? E aqui vai outra alternativa: por que não substituir os contrastantes termos "bom" e "mau" pelos termos "bom" e "melhor", ou mesmo "bom" por "bom, mas de um jeito diferente"? Um mundo de (a) bondades diferentes ou (b) graus diferentes de bondade parece tão possível e passível de conhecermos quanto um mundo de (c) bem e mal.

Mas existe uma força mais profunda na afirmação de que a bondade requer a maldade que somos obrigados a encarar, uma vez que parece haver bondades específicas que exigem pelo menos a possibilidade do mal. Como poderia Bella ter demonstrado coragem e disposição de se sacrificar por sua mãe se o mal de James não fosse parte de seu mundo? Como poderia Edward e os Cullen exibir as virtudes da lealdade na cara dos Volturi se o ameaçador poder destes não houvesse sido demonstrado? Teria Edward sido de fato tão bom se não fosse tentado por seu desejo sombrio de devorar Bella? Será que a relação entre Edward e Bella iria ter se tornado tão profunda e passional se o mundo que habitassem não tivesse tantos perigos, ameaças e seres de intenção maligna?

A necessidade do mal para certos tipos de bem é uma dimensão do significado que Leibniz dá quando avança na aparentemente tola ideia de que o nosso mundo é provavelmente o melhor dos mundos. Uma forma de interpretar a afirmação de Leibniz é sob o viés apresentado na primeira parte deste capítulo: o de que o mal deve ser apenas aparente. Se apenas fôssemos capazes de ver como é que o mal aparente se encaixa em um todo maximamente bom e o torna possível, nós o aceitaríamos como é. Leibniz escreveu:

---

59. Augustine, *Enchiridion*, p. 65.
60. Stephenie Meyer, *New Moon* (New York, Little, Brown & Company, 2006), p. 419.

A sabedoria infinita do Todo-Poderoso aliada à sua bondade infinita fez com que nada melhor pudesse ter sido criado. Como consequencia, todas as coisas estão em perfeita harmonia e conspiram da forma mais bela (...) Portanto, sempre que algum detalhe do mundo de Deus nos parecer repreensível, devemos considerar que não sabemos o suficiente sobre esse detalhe, e que, de acordo com os sábios que o compreenderiam, nada melhor poderia jamais ser desejado.[61]

É claro que os males do mundo são, decerto, reais e bem-conhecidos o suficiente para aqueles que sofrem com eles. Talvez seja essa a principal razão pela qual a afirmação de Leibniz parece tola para muitas pessoas.[62] Mas, se alguém defende a alternativa que estamos considerando aqui, talvez a ideia até faça sentido. Do ponto de vista de um Deus, de acordo com suas explicações e considerando a criação como um todo, o melhor equilíbrio é haver um mundo com ambos os tipos de bondade, mais o mal que eles exigem, do que não haver mundo.

Os defensores da bondade divina citam o livre-arbítrio como o principal bem que requer o mal. O livre-arbítrio é proclamado pelos defensores de Deus como uma capacidade tão importante que vale a pena aceitar todo o mal que vem junto com ela. E o livre-arbítrio, obviamente, livra a cara de Deus, uma vez que são as pessoas que exercitam sua liberdade de forma má que são as que podem levar a culpa pelo mal. De fato, a série *Crepúsculo* estrutura-se de forma consistente com essa ideia.

Viver em uma cidade chamada Forks ["fork" em inglês quer dizer "bifurcação"], que simboliza as muitas bifurcações que Bella encontra na estrada da vida, faz com que Bella viva uma história de escolhas. Deveria persistir em ter um relacionamento com um vampiro? Deve tornar-se ela mesma um vampiro? E deve escolher Jacob ou Edward? Deve dar à luz a Renesmee? Uma odisseia como a dela seria impossível, isso se não virasse uma farsa, caso suas escolhas fossem determinadas por forças inexoráveis além de seu controle. Mas o mais importante para nossas escolhas, aqui: um livre-arbítrio como o de Bella pareceria sem sentido se a variedade de escolhas não incluísse as escolhas más – o tipo de escolha feita por James e Victoria.

Mas será que é impossível ter livre-arbítrio sem que às vezes resulte no mal? A liberdade de escolha pode ser exercida dentro uma variedade de coisas boas (como escolher entre Jacob e Edward), em vez de coisas boas e ruins. Por que não construir um mundo com várias coisas boas para

---

61. G. W. Leibniz, *Monadology and Other Philosophical Essays* [A Monadologia e Outros Textos], trad. para o inglês por P. Schrecker e A. M. Schrecker (Indianapolis: Bobbs-Merrill, 1965), p. 123-124.
62. Voltaire, em seu livro *Cândido* (1759), zombava da classificação de Leibniz de que este seria o melhor de todos os mundos possíveis.

escolher, sem as coisas más? O livre-arbítrio não requer uma variedade ilimitada de escolhas possíveis. Pode-se ir a uma sorveteria e ter vários sabores deliciosos e satisfatórios à disposição, sem a possibilidade de que um deles possa ser venenoso.

Não sabemos de fato se as pessoas têm livre-arbítrio ilimitado, tanto as do mundo real quanto os personagens de *Crepúsculo*. Será que Bella é assim tão livre a ponto de decidir matar Edward ou Renesmee? Será que você seria capaz de escolher matar uma criança inocente sem razão? E se todas as escolhas fossem determinadas, digamos, por processos químicos do sistema nervoso – seria mesmo horrível? As pessoas ainda assim vivenciariam tudo da forma como o fazem agora, incluindo o sentimento de que fazem as próprias escolhas.

Entretanto, como argumentou o famoso filósofo Fyodor Dostoiévski (1821-1881) em *Os Irmãos Karamazov* (obra de 1880), não é moralmente defensável justificar o bem que você faz com base no sofrimento alheio. De forma similar, não se pode defender que a existência de vampiros sangues-sugas assassinos seja uma coisa boa por possibilitar um relacionamento intensamente romântico entre dois adolescentes. Além do mais, a comparação entre o mal suportado por indivíduos e a "bondade" do todo trivializa os indivíduos. É possível que, a partir do que Spinoza chamou de "a visão da eternidade", o todo pareça "bom". Mas, da perspectiva do indivíduo que sofre o mal (perspectiva que deve ser considerada se os indivíduos se respeitam como seres de valor moral), o olhar de Deus é irrelevante – e, na verdade, nem é assim tão bondoso.[63]

O mal, a transcendência e a bondade natural

Se o divino surge em algum lugar na série *Crepúsculo*, é no mundo de Jacob, o mundo dos índios norte-americanos Quileute. Em *Lua Nova*, Meyer faz um relato das origens dos lobos Quileute, situando-os em uma conexão sobrenatural mágica entre a tribo de Jacob e seus "espíritos guerreiros".[64] Mas ela não fornece aos leitores nenhum relato, sobrenatural ou não, correspondente às origens dos vampiros.

De fato, uma das coisas mais impactantes com relação à série *Crepúsculo* é a forma como despe o vampirismo de seu caráter comumente sobrenatural.[65] Os vampiros são normalmente retratados como

---

63. Benedict Spinoza, *Ethics* [Ética] (Parte 2, Proposição 44, Corolário 2); "*sub quadam specie aeternitatis*" ("sob o aspecto da eternidade", descrevendo a verdade universal sem depender de aspectos temporais da realidade).
64. *New Moon*, p. 245 ff.
65. Estratégia também utilizada pelo recente filme de terror *30 Dias de Noite* (2007), baseado na série de quadrinhos de Steve Niles e Ben Templesmith (2002).

perversões de ideias tradicionais do sagrado no Cristianismo. Tanto *Drácula* de Bram Stoker (1897) quanto *Drácula* de Francis Ford Coppola (1992), por exemplo, mostram os vampiros como adeptos de inversões de vários sacramentos cristãos: o casamento invertido, o funeral invertido, e assim por diante. Em vez de obterem imortalidade por meio do sangue de Cristo, os vampiros a obtém do sangue das pessoas. Os vampiros, assim como Cristo, oferecem vida eterna, mas só na forma de uma morte em vida. Eles fogem do crucifixo e a água benta os queima. Em *Crepúsculo*, entretanto, as raízes do vampirismo parecem ter se perdido nas brumas do tempo.[66] Parecem não ter relação com o Cristianismo, nem com qualquer religião – ao menos em se tratando da nova geração de vampiros.

Os Volturi, por outro lado, vêm da Itália, o que por si mesmo os conecta com a Igreja Católica – uma representante das antigas ideias sobre Deus, o bem e o mal. Os Volturi também são aristocratas (antiga ordem sociopolítica) e caçam seres humanos (modo de vida tradicional entre os vampiros). Uma vez que zelam pela tradicional lei vampírica, faz sentido enxergá-los como representantes da tradição. Mas os Cullen desviam-se (ou mesmo rebelam-se) contra os antigos códigos morais; a eles não se aplica as relações tradicionais entre bem e mal, humano e vampiro, Deus e o mundo. Eles rejeitam a religião, seja ela da luz ou da escuridão.

Em *Lua Nova,* os Cullen enfrentam os Volturi com base nas escolhas de Bella e Edward, e dos frutos dessas escolhas, porque não são mais adeptos do velho código. Bella, Edward e os Cullen prevalecem, sugerindo que os heróis dessa história transcenderam a tradição, os costumes e a ideia de um Deus cristão. Vivem na escuridão de uma lua nova (o oposto da lua cheia brilhante), e entram em um novo *Amanhecer* de sua própria criação, e não uma criação de Deus ou da natureza. Nisso a série *Crepúsculo* apresenta uma visão semelhante à do existencialismo, do filósofo francês Jean-Paul Sartre (1905-1980). O existencialismo é uma filosofia segundo a qual as pessoas deveriam viver uma vida de autotranscendência com base em seu próprio livre-arbítrio, e não enraizadas em Deus ou na natureza.[67]

A preferência de Bella por Edward, em vez de Jacob, indica sua escolha de um caminho diverso daquele oferecido pela tradição, por Deus ou pela natureza. Na verdade, tanto Edward quanto Bella alcançam uma vida

---

66. Curiosamente, outras histórias recentes de vampiro também fogem da dimensão religiosa do vampirismo. Os vampiros e lobisomens da saga *Underworld* (2003, 2006 e 2009) são também romantizados, e, assim como os *daywalkers* [vampiros capazes de caminhar à luz do dia] em *Blade* (1998), sua existência é explicada como sendo resultado da biologia natural. Os vampiros de *Crepúsculo*, entretanto, não são mostrados como produto de doença biológica ou mutação, e sua recusa em procriar biologicamente parece decididamente não natural.

67. Jean-Paul Sartre, *Being and Nothingness* [O Ser e o Nada] (New York:Washington Square Press, 1993).

de bondade e felicidade por meio do que se pode chamar autotranscendência. Eles vão além da ordem natural.

Deus é frequentemente associado à ordem natural como suposto criador desta. Então, segundo a imagem tradicional, tornar-se bom é agir de acordo com a própria natureza e aperfeiçoar a própria natureza (e, ao fazê-lo, conformar-se aos desígnios de Deus). Mas o que torna Edward e os Cullen bondosos é o fato de negarem sua natureza vampiresca.[68] A bondade deles é definida pela repressão de seus desejos (como recomendaram os filósofos estoicos de todas as eras), sem matar seres humanos ou alimentar-se deles.[69] Além do mais, a bondade dos Cullen é definida não apenas por se recusarem a fazer mal aos seres humanos, mas também pelo fato de fazerem o bem a estes. Considere, por exemplo, a escolha de Carlisle de curar os seres humanos como médico.[70] Ao reprimirem seus desejos e ao fazerem o bem aos seres humanos ao invés do mal, os Cullen transcenderam sua natureza vampírica tradicionalmente concebida.

Assim como Edward, Bella segue o caminho da autotranscendência. Ela faz escolhas que a mudam de garota para mulher, e por fim vira mãe. Ela intencionalmente aciona eventos que irão transformá-la em vampira. De fraca, passa a ser forte; de peão, passa a ser rainha (a peça mais poderosa do tabuleiro de xadrez, usada na capa de *Amanhecer*). Mesmo o simbolismo dos eventos no relacionamento entre Bella e Edward indicam autotranscendência, assim como sua transcendência da natureza e do Deus ligado a ela. Ao fazer a escolha entre Edward e Jacob, por exemplo, ela escolhe morder a maçã que a levará para longe do mundo natural-mágico de Jacob, uma espécie de Éden, e a trará para dentro do mundo diferente de Edward; de um ponto de vista tradicional, é um mundo em decadência onde terá que enfrentar morte e sofrimento.

Em outra série simbólica de eventos, quando Bella deixa o universo de sua cidade para visitar pela primeira vez a casa de Edward em *Crepúsculo*, ele a leva, como se na carruagem de Fedro,[71] para fora do velho mundo nebuloso e obscuro no qual ela vivia. Vão para cima de uma montanha nietzschiana (lugar de autossuperação),[72] para o topo de uma árvore majestosa

---

68. A história de Bella e Edward já foi interpretada como uma narrativa moral sobre abstinência sexual e repressão. Mas gostaríamos de argumentar que a série não trata apenas da autonegação e da autorrepressão, ou mesmo do altruísmo: trata também, e principalmente, de autotransformação.

69. Os Cullen não são estoicos, entretanto, no sentido de que, para os estoicos, a repressão de um desejo de fato significava conformar-se à natureza.

70. O *daywalker* nos filmes *Blade* (1998, 2002, 2004), por exemplo, é definido como bom porque não só questiona o próprio direito de se alimentar de seres humanos como também empreende o arriscado projeto de ajudá-los. Os filmes, é claro, são baseados na história em quadrinhos de Marv Wolfman e Gene Colan, de 1973.

71. No diálogo *Fedro*, Platão descrevia uma carruagem que pode levar as pessoas aos céus uranianos para ver a realidade de uma forma diferente, superior. É, entretanto, uma carruagem que exige a força de um cavalo "negro" para fazer a subida.

72. Em *Assim Falou Zaratustra* (1885), Nietzsche descreveu a forma como os filósofos que

(símbolo fálico) até chegarem num lugar em que a visão de mundo dela é expandida, e onde pode ver as coisas sob uma nova luz. Nessa nova luz, não só ela se coloca na pele de Edward, mas todo o seu mundo se transforma. O que ela antes considerava ser o bem e o mal, transforma-se também no processo. O que se pensaria ser feio e mau (vampiros) no antigo mundo de Bella, agora brilha com beleza e bondade. O que antes havia sido considerado ameaçador, agora a protege. Mas esta não é a luz divina, e, de forma metafórica, nem mesmo é uma luz natural. A luz por meio da qual o mundo de Bella se transforma é a luz de suas escolhas e das de Edward – escolhas que os levam para além de sua natureza e dos termos dos mundos que antes habitavam.[73]

Com relação a Deus, se Ele ou algum ser divino existe no universo de *Crepúsculo*, podemos concluir que ou Ele não é capaz de impedir o mal, ou simplesmente não quer impedi-lo. Como vimos, os argumentos em favor de uma concepção tradicional de Deus simplesmente não funcionam. É possível que os poderes d'Ele estejam restritos ao ato da criação e não incluem o poder de intervir no mundo. Também existe a possibilidade de que Deus tenha abandonado o mundo. Ou então, é claro, talvez simplesmente não haja Deus. Mas, para os seres humanos e vampiros de *Crepúsculo*, isso não é necessariamente algo ruim. Deus, mesmo sendo o criador de uma ordem natural, não é a única fonte de felicidade, ou mesmo de bondade, na série. Tanto Bella quanto Edward recusam a religião e ambos transcendem sua própria natureza e a natureza de Deus. Encontram a felicidade e a bondade não pela salvação divina, nem pelas intervenções miraculosas ou pelo caminho natural das coisas: em vez disso, apoiam-se apenas em seus próprios eus decididamente não naturais. A resposta de *Crepúsculo* à questão de teodiceia é, então, que não importa se Deus existe ou não – somos libertos d'Ele e capazes de encontrar por nós mesmos a felicidade, o poder e a imortalidade.

---

obtiveram a autossuperação habitam o topo das montanhas do conhecimento filosófico, separado da cultura comum, vendo o mundo de forma mais clara e completa.

73. A saga *Crepúsculo* tem sido bastante criticada como sendo machista. Sim, ela descreve a jornada de uma jovem mulher de vontade forte que consegue o que quer. Entretanto, os críticos afirmam que na verdade é a história de uma mulher que manipula um homem para que ele aja sobre ela, injetando-lhe algo de si para torná-la mais como ele e para engravidá-la. Ela alcança a felicidade não por se tornar um novo e distinto tipo de mulher, mas ao afirmar – contrariamente a muitas coisas na série – as aspirações da feminilidade tradicional. Acreditamos que essa é uma crítica contundente, mas gostaríamos de observar que a história de Bella tem algo a mais. A história dela, assim como a de Edward, apesar de suas falhas, é a história de uma nova geração que recusa de forma crítica o modo antigo de fazer as coisas e realiza as possibilidades de autotranscendência ao estabelecer novos valores pelo poder de suas próprias escolhas.

6

Morder ou não morder: *Crepúsculo*, a imortalidade e o sentido da vida

Brendan Shea

Não posso ser sempre a Lois Lane. Também quero ser o Superman.

Bella Swan, *Crepúsculo*[74]

Ao longo da série *Crepúsculo*, Bella Swan consegue aos poucos convencer Edward Cullen a transformá-la em uma vampira. Sempre que ele pergunta a ela o *porquê* de querer ser transformada, ela responde que por amor a ele. De certo modo, ela espera que tornando-se vampira poderá compreender melhor as emoções de Edward, sendo capaz de amá-lo mais inteiramente. Entretanto, em outro nível, o desejo de Bella é pela *imortalidade*, e sua preocupação subjacente é que a mortalidade humana entre em conflito com seus objetivos de vida. Ela acredita que grande parte do propósito de sua vida vem do amor que ela sente por Edward, Jacob Black e sua "família" estendida. Considerando que a morte a impediria de estar lá para proteger e orientar as pessoas a quem ama, é possível que Bella acredite que a escolha pela imortalidade seja a melhor coisa a fazer.

Mas será que ela está certa em pensar que existe um conflito entre amor e imortalidade? Ou haveria algo no amor, ou em viver uma vida significativa, que na verdade *exija* dela a mortalidade? Tais questões, embora hipotéticas, são de um real interesse filosófico. Afinal, o amor de Bella pelos outros, sua razão de viver, parecerá a muitos de nós como sendo a nossa própria razão de viver. Se ela está certa em escolher tornar-se vampira, isso

---

74. Stephenie Meyer, *Twilight* (New York, Little, Brown & Company, 2005), p. 474.

sugere que nossa mortalidade está em conflito com os objetivos do amor, e que essa é a nossa infelicidade. Se ela está errada, isso sugeriria que existe algo de valioso em nossa mortalidade. As questões que confrontam Bella são versões específicas daquelas com que nos confrontamos: o que seria uma vida humana significativa? Que escolhas deveríamos fazer para sermos capazes de viver uma vida assim?

Mais amor e morte

> Embora pareça aos homens que vivem para cuidar de suas próprias vidas, na verdade vivem apenas pelo amor.
>
> Leo Tolstoy[75]

Bella considera pela primeira vez tornar-se vampira quase ao final de *Crepúsculo*. James a ataca e morde, mas Edward impede que ela se transforme chupando o veneno para fora da ferida. Quando ela acorda no hospital, critica a ação de Edward e argumenta que teria sido melhor para ela a transformação. Sua preocupação é de que a mortalidade a impedirá de viver verdadeiramente seu amor por Edward. Essa preocupação é, na verdade, a expressão de uma pergunta filosófica clássica: como é possível vivermos uma vida significativa se nosso destino é cessar de existir?

Enquanto está no hospital, ela rumina: "Não vou morrer agora (...) mas pode ser que eu morra algum dia. E ficarei *velha*".[76] Mais tarde, depois do baile de formatura, ela diz a Edward: "Sonho principalmente em ficar com você para sempre".[77] O amor dela por ele é expresso em termos de certos *desejos*. Ela quer passar tempo com ele, ter intimidade física, protegê-lo e ajudá-lo a ir atrás das coisas que ele valoriza. Esses desejos aparecem na escolha que faz entre Edward e Jacob, e na sua vontade de se arriscar em prol de Edward.

Bella acredita que o amor (particularmente o amor por ele) dá sentido à vida dela, pois lhe dá objetivos a alcançar. A mortalidade, infelizmente, parece *garantir* que Bella não seja capaz de realizar esses objetivos. Como ser humano, ela um dia irá morrer, e, quando isso acontecer, todos a quem ela ama terão que lutar sem ela. Assim, a mortalidade parece conduzi-la ao destino terrível de uma existência vazia – uma vida com propósitos que ela nunca conseguirá alcançar.

---

75. Leo Tolstoy, "What Men Live By" [Aquilo pelo qual os Homens Vivem] in *What Men Live By and Other Tales,* trad. para o inglês por Aylmer Maude e Louise Maude (Boston: The Stratford Company, 1918), p. 33.
76. *Twilight*, p. 476
77. Ibid., p. 498.

Leo Tolstoy (1828-1910), em sua autobiografia *Minha Confissão*, recontou suas próprias tentativas de reconciliar a noção de sua mortalidade com o desejo de viver uma vida significativa. Assim como Bella, Tolstoy preocupava-se com o fato de que, se vamos morrer, e se não há um pósvida, então todas as nossas vidas são necessariamente vãs. Ele afirmava que nossa situação é análoga àquela do viajante se agarrando a um graveto a meio caminho da queda em um poço fundo. Há uma besta esperando para devorá-lo fora do poço, e um dragão no fundo. A morte é assegurada por dois ratos que estão a roer o galho. Tolstoy continua:

> Mas, enquanto ele ainda está dependurado ali, vê algumas gotas de néctar nas folhas do galho, estica a língua e lambe. Da mesma forma como eu me agarro à árvore da vida sabendo perfeitamente que o dragão da morte inevitavelmente me aguarda, pronto para me estraçalhar, e não consigo entender como foi que caí nesse tormento. E tento lamber o néctar que já foi meu consolo, mas ele já não me dá mais prazer. O rato branco e o rato negro – dia e noite – estão roendo o galho no qual eu me seguro. Vejo o dragão claramente, e o mel já não tem o gosto doce... e isso não é fábula, mas sim a verdade, a verdade que é irrefutável e inteligível a todos.[78]

O problema, tanto para Bella quanto para Tolstoy, parece ser que o fato de que iremos um dia morrer impede que aproveitemos os prazeres – o mel – que a vida tem a oferecer.

Tolstoy considerou e rejeitou várias soluções em potencial para seu problema. Primeiro, podemos ignorar a noção de que iremos morrer, e viver como se não fôssemos. Mas ele dizia que isso era impossível, e a experiência de Bella fornece sustento a esse ponto de vista. Em segundo lugar, podemos viver por nossa família e nossos amigos. Mas Tolstoy achava que isso, no fim das contas, não dá certo – afinal, eles também morrerão, de forma que o único bem que podemos fazer-lhe será apenas temporário. Por fim, podemos viver para o momento, aproveitando as boas coisas com a noção de que um dia tudo se acabará. Para Tolstoy e para Bella, isso parece um pouco vazio, pois envolve a aceitação de que nada que alguém fizer irá jamais fazer alguma diferença "de verdade". Tolstoy concluiu que a vida só pode ter sentido se a alma é de alguma forma imortal.

Mas existem algumas razões para pensar que Bella e Tolstoy possam estar errados. Para começar, eles acreditam que qualquer vida que valha a pena deva mudar o mundo de alguma forma permanente. As ações de

---

78. Leo Tolstoy, *A Confession and Other Religious Writings* [Uma Confissão e Outros Escritos Religiosos], trad. para o inglês por Jane Kentish (London: Penguin Classics, 1988), p. 32.

Bella, entretanto, sugerem que ela não é capaz de acreditar nisso, pois arrisca a própria vida repetidas vezes para salvar a mãe, Edward e seu bebê. Esses sacrifícios presumivelmente valeriam a pena mesmo com ela sabendo que as pessoas pelas quais se arrisca acabarão morrendo, de qualquer forma. Imagine que os Volturi consigam matar Bella, os lobisomens e os Cullen no final do quarto livro; mais do que isso: imagine que Alice Cullen diga a Bella com antecedência que isso vai acontecer. Isso seria certamente trágico, mas parece improvável que Bella de repente parasse de pensar que vale a pena ajudar seus entes queridos. Então talvez haja esperança para uma vida mortal significativa, de qualquer forma.

Mesmo se Bella e Tolstoy estiverem corretos ao supor que uma vida significativa deva deixar marcas indeléveis, não há porque acreditar que um mortal não poderia ter tal vida. Os mortais podem deixar marcas permanentes no universo das maneiras mais variadas. Podem ter filhos, escrever livros inspiradores ou seguir carreiras que ajudem os outros. Podem lutar por causas justas, assim como os Cullen lutam contra os Volturi, na tentativa de tornar o mundo um lugar melhor para os que virão depois. Assim como ser mortal não nos impede de fazer uma diferença positiva, ser imortal não garante que a faremos. Se você gasta sua vida imortal alimentando-se de seres humanos (assim como a maioria dos vampiros), isso certamente não faz do mundo um lugar melhor.

Para almejar a imortalidade, Bella tem uma motivação que a maioria de nós não tem, é claro: Edward já é um imortal elegante e poderoso, enquanto ela é uma mortal desajeitada. Mesmo que reconheça a possibilidade de que *outras* pessoas vivam vidas mortais significativas, talvez ela pense que não seria capaz de fazer o mesmo. Seu amor exige que ela seja capaz de ajudar Edward de algum modo significativo. Então ela diz: "serei a primeira a admitir que não tenho experiência com relacionamentos. Mas parece simplesmente lógico... um homem e uma mulher devem ser de alguma forma semelhantes... por exemplo, um deles não pode sempre sair voando para salvar o outro. Eles têm que se salvar *igualmente*".[79] Como simples mortal, Bella não consegue fazer por Edward nada que ele mesmo não possa fazer por si. Além do mais, a expectativa de vida dela é apenas uma fração da dele, e assim ela se arrisca a tornar-se mera nota de rodapé na história da vida dele. Edward reconhece essa preocupação, mas inicialmente recusa os pedidos dela. Ele teme que ela perca sua alma no processo.

---

79. *Twilight*, p. 473.

Sobre perder a própria alma

Assim para nós a morte não significa nada, uma vez que a mente que conhecemos é mortal.

Lucrécio[80]

Se a preocupação de Bella é que, sendo mortal, não possa amar a Edward da melhor forma, com ele é o oposto. Ele se preocupa com a possibilidade de ter perdido a alma, e tornar Bella uma vampira fará com que ela também fique sem alma. Ele lhe diz que: "Não consigo ficar sem você, mas não posso destruir sua alma"[81], e mais tarde decreta: "Se houvesse alguma forma de eu me tornar humano, por você – não importa qual fosse o preço, eu o pagaria".[82] Carlisle Cullen explica o medo de Edward como um medo de que Deus não o aceite, ou de que não haja um pós-vida para ele. Mas existe também outra preocupação: tanto Edward quanto Rosalie Cullen parecem às vezes arrepender-se de sua imortalidade, sentindo haverem perdido algo de valor. Assim como a preocupação de Bella nos pareceria plausível, assim deveria ser com a atitude desse par ambíguo quanto à imortalidade. Se nossas almas (o que quer que sejam elas) são o que nos tornam humanos, a pergunta então é: será que vampiros têm alma?

Imagine-se no papel de Carlisle. É de manhã; você passou uma noite insone ouvindo música e relendo seu livro favorito pela trigésima vez. Você desce as escadas e fala tchau para sua família; como nunca se cansa, não faz sentido ir tomar um café a caminho do trabalho. Só é preciso caçar sua comida uma vez por mês, mais ou menos, então não há o típico café da manhã em família. Está frio, lá fora, mas você nem nota. Nunca ficará doente por estar mal-agasalhado, ou por não lavar as mãos direito ou comer besteiras; nunca estará fora de forma nem ficará cansado após um longo dia de trabalho. Não há necessidade de levar as crianças para a escola ou de se preocupar se elas estão demorando para voltar para casa. Da última vez em que uma delas foi atropelada, o carro foi a vítima. Você vai para o hospital onde trabalha há vários anos; alguns dos seus colegas se angustiam achando que o melhor tempo de suas vidas já passou e que nunca conseguirão pegar de volta as longas horas que dedicaram ao hospital. Os filhos deles cresceram e saíram de casa; os seus, é claro, continuarão onde sempre estiveram.

À parte as discordâncias ocasionais com os clãs rivais de vampiros, não há perigo de fato na vida dos Cullen. Isso soaria bastante agradável se não considerássemos o quão *inumana* essa vida seria. É especialmente

80. Lucretius, *On the Nature of the Universe* [Sobre a Natureza do Universo], trad. para o inglês por Ronald Melville (New York: Oxford University Press, 2009), p. 92.
81. Stephenie Meyer, *New Moon* (New York: Little, Brown and Company, 2006), p. 518.
82. Stephenie Meyer, *Eclipse* (New York: Little, Brown and Company, 2007), p. 273.

difícil perceber como uma vida assim poderia ter o mesmo tipo de significado ou propósito presentes em uma vida humana bem estruturada. O amor de Bella pelos outros e os sacrifícios que faz por eles dá sentido à vida dela. O amor de Edward por Bella nunca será a mesma coisa; sua escolha por permanecer em Forks não envolve qualquer sacrifício, de fato. Os amigos que Bella tem em Phoenix se mudarão para a universidade, e a mãe dela envelhecerá. A família de Edward permanece a mesma, e ele sempre terá uma quantidade de tempo infinita para viajar e ir para a universidade. Da mesma forma, os riscos que ele toma por Bella são relativamente triviais. Ele não arrisca nada quando a salva de ser atropelada, ou quando bota uns malfeitores para correr em Port Angeles. Para os humanos comuns, tais atos seriam incríveis expressões de amor; para Edward, entretanto, não são mais do que se deveria esperar.

A filósofa contemporânea Martha Nussbaum argumentou que os relacionamentos e os objetivos que dão sentido e valor às vidas humanas *exigem* que essas vidas tenham um fim permanente. Em um artigo sobre o filósofo Lucrécio (96-55 a.C.), ela propõe que "a muitos dos elementos da vida humana, senão todos, que consideramos mais valiosos, atribuímos um valor que não pode ser inteiramente explicado sem mencionar as circunstâncias da existência finita e mortal".[83] Nussbaum especificamente argumenta que os imortais não têm como ser corajosos, na medida em que a coragem "consiste em uma certa forma de agir e reagir frente à morte e ao perigo da morte".[84] Essa mesma invulnerabilidade também poda a aptidão dos imortais para a amizade e o amor genuínos. Ser um amante ou amigo é estar preparado para fazer sacrifícios, mas os imortais simplesmente não têm como sacrificar a si mesmos.

Nussbaum sugere que, ao examinarmos tal ideia, perceberemos que quase todos os valores humanos são incompatíveis com a imortalidade. Como demonstra o governo Volturi, há pouca necessidade de *justiça* social entre os vampiros no sentido de criar uma sociedade que auxilie os necessitados. A *parcimônia*, como demonstra a enorme riqueza dos Cullen, não faz qualquer sentido para aqueles que têm uma quantidade infinita de tempo para acumular dinheiro. O mesmo acontece em relação a virtudes como moderação ou dedicação a uma profissão. Para alguém como Edward, que prefere dedicar a vida a amar Bella, a imortalidade pode então ser uma maldição ao invés de bênção.

Os vampiros de *Crepúsculo* não são deuses gregos, é claro, e os Cullen podem ser mortos. Os Volturi, em particular, introduzem um elemento de perigo real que permite que os Cullen demonstrem virtudes humanas,

---

83. Martha Nussbaum, "Mortal Immortals: Lucretius on Death and the Voice of Nature" [Mortais Imortais: Lucrécio Fala sobre a Morte e a Voz da Natureza], *Philosophy and Phenomenological Research* 50 (1989), p. 337.
84. Nussbaum, "Mortal Immortals", p. 338.

como a coragem, o amor e a lealdade. Mas o argumento de Nussbaum não necessita de distinção automática e absoluta entre aqueles que são capazes de amar e os que não são. Em vez disso, devemos reconhecer que o amor e a coragem acontecem em vários níveis, e que a capacidade de realizar essas virtudes está ligada à invulnerabilidade que uma pessoa tem à morte ou à dor. Sob esse ponto de vista, é simplesmente mais difícil para criaturas como os vampiros serem amorosas ou corajosas, embora não seja impossível.

O mundo descrito nos livros de *Crepúsculo* corrobora a afirmação de Nussbaum. Os vampiros são bastante parecidos com a descrição que Nussbaum faz dos deuses gregos, que buscam seu próprio prazer, têm apenas uns poucos amigos próximos e valorizam a preservação de suas próprias vidas acima de tudo. Eles, assim como outros imortais descritos na literatura, simplesmente não têm razão para valorizar coisas como amizade, justiça e coragem. Na ausência de tais valores humanos, devotam suas vidas a ir atrás de prazeres físicos mais imediatos. O argumento geral de Nussbaum também encontra apoio nas histórias contadas em *Crepúsculo* sobre os lobisomens idosos, que *escolhem* envelhecer e morrer normalmente depois que a ameaça vampiresca diminuir.

Os Cullen, e Carlisle em particular, respondem parcialmente as preocupações de Edward e Nussbaum com relação à imortalidade. Carlisle, ao contrário de muitos outros vampiros, não parece precisar da ameaça do perigo para se motivar a agir com amor e compaixão. Na verdade, sua vida parece ser o paradigma de uma vida significativa. Ele passa seus dias trabalhando em um hospital e as noites com sua família; já salvou muitos parentes de uma morte prematura e ainda faz uma espécie de papel de "pai" aos seus "filhos" imortais. A atração do estilo de vida "alternativo" de Carlisle é claramente reconhecida por outros vampiros – Alice o procura, e tanto Jasper como Emmett parecem tê-lo como modelo de comportamento. A passo que as ações dos amorais Volturi alimentam o medo de Edward de não ter mais alma, Carlisle representa a possibilidade de viver uma vida imortal significativa.

Entretanto, a possibilidade de Carlisle viver essa vida alternativa exige que *outras* pessoas sejam mortais. Seu trabalho em um hospital, por exemplo, só faz sentido se houver criaturas passíveis de doença e morte. Se todos no mundo fossem vampiros, haveria com certeza bem menos necessidade de um trabalho como o dele. Mesmo o papel de Carlisle como pai depende de ele salvar os filhos da morte definitiva e de auxiliá-los a se ajustarem à nova vida. Se a *todos* fosse garantida a imortalidade, simplesmente não haveria ninguém que ele pudesse ajudar. Isso não mostra, é claro, que os imortais devem viver vidas *desprovidas de sentido*. Em vez disso, precisam encontrar valores novos que deem estrutura a suas vidas. E esses novos valores podem ser bem diferentes daquele tipo de valor que se esperaria.

Que tédio...

Acho que agora as coisas vão ficar meio tediosas, não é?

Jacob Black, *Amanhecer*[85]

Ao fim de *Amanhecer*, Bella e seus aliados parecem estar bem a caminho de viver "felizes para sempre". Pode-se imaginar como serão os anos que se seguem depois que se fecha o livro. Renesmee torna-se rapidamente adulta e sai de casa e vai morar fora, acompanhada de Jacob. Charlie e Renée envelhecem e morrem; ou tornam-se vampiros e vão morar com o resto do clã. Bella viaja pelo mundo, entra em uma variedade de universidades famosas e escreve seu próprio romance. Mas e aí? O que é que Bella e Edward farão nos duzentos anos seguintes? Ou nos dois mil anos seguintes? No final, eles terão visto todas as paisagens e lido todos os livros. Se dedicarem-se à tarefa, é possível que consigam acabar com os Volturi para sempre, ou que convertam todos os vampiros ao seu estilo de "vegetarianismo". Em determinado momento, não haverá nada que os interesse. Após milhares de anos, é possível que percam até a necessidade e o desejo de falarem um com o outro, pois cada um sabe o que o outro vai dizer, sem que a pessoa tenha que falar. O problema, ao que parece, é o do *tédio*.

O filósofo Bernard Williams (1929-2003) considerava o problema do tédio analisando uma personagem chamada Elina Makropulos, protagonista de uma peça de Karel Capek (1890-1938). Trezentos anos antes do início da ação na peça, Elina bebe uma poção que lhe torna imortal. Não funcionou bem para ela, entretanto, porque sua vida sem fim "chegou a um estado de tédio, indiferença e frieza. Nada tem graça".[86] Williams argumentava que essa era uma consequência necessária da imortalidade de Elina, uma vez que nenhuma vida *humana* com sentido poderia durar para sempre. De acordo com Williams, nossas vidas caminham para o cumprimento de certos *desejos categóricos* – desejos cuja realização não está condicionada a estarmos vivos para vê-los realizados. Fome e luxúria, por exemplo, não são desejos categóricos, uma vez que só nos preocupamos em realizá-los sob a condição de estarmos vivos para realizá-los. Um exemplo de desejo categórico é uma pessoa querendo que os filhos não passem necessidade depois que ela morrer – esses desejos não são condicionais nesse sentido, e podem dar um "propósito" às vidas humanas. O problema de Elina é que ela já satisfez todos os desejos categóricos que deram sentido à sua vida e não consegue encontrar novos desejos para substituir os antigos. É simplesmente

---

85. Stephenie Meyer, *Breaking Dawn* (New York: Little, Brown and Company, 2008), p. 749.
86. Bernard Williams, "The Makropulos Case: Reflections on the Tedium of Immortality", in John Fisher (ed.), *The Metaphysics of Death* (Stanford, CA: Stanford University Press, 1993), p. 74.

que "tudo o que poderia acontecer com algum ser humano de 42 anos já tinha acontecido com ela".[87]

O problema com os desejos categóricos, de acordo com Williams, é que no fim das contas eles "secam". O desejo de ter quatro ou cinco filhos (ou mesmo dez ou 20) pode de fato dar propósito à vida de uma pessoa. Mas o que acontece quando alguém já criou centenas de filhos ao longo de milhares de anos? Parece provável que em um longo período de tempo muitos de nós achariam difícil ter a mesma atitude de esperança e cuidados que tivemos originalmente. Nada seria novo ou surpreendente. O mesmo acontece com qualquer um dos desejos categóricos. Há um limite de livros que se pode escrever ou de eventos de esportes a que se possa ir antes de parar de achar que tais atividades valem a pena.

Com exceção dos Cullen, as vidas dos vampiros de *Crepúsculo* trazem exemplos de uma vida sem desejos categóricos. Os vampiros vivem pela gratificação imediata de suas fomes e desejos; raramente importam-se com coisas fora de si mesmos. Até quando "amam" uns aos outros, como aparentemente o fazem Victoria e James, isso parece ser mero desejo de estar na companhia um do outro, e não preocupação genuína um pelo outro. Além do mais, essa característica dos imortais não é exclusiva da saga *Crepúsculo*. Os vampiros são geralmente descritos como criaturas egoístas movidas por raiva, luxúria e fome. O mesmo acontece com os deuses gregos e romanos, com os anjos rebeldes de Milton e com as fadas e duendes do folclore. Os imortais, com raras exceções como os Cullen, são normalmente descritos como sendo de visão estreita e absorvidos em si mesmos, tendo pouco interesse nos valores que moldam a vida humana.

É complicado

> Não dá para voltar a ser humana novamente, Bella. Essa escolha só se faz uma vez na vida.
>
> Alice Cullen, *Eclipse*[88]

Agora considere novamente a escolha de Bella. A ela oferecem uma vida imortal com a promessa de que pode vivê-la com os outros imortais a quem ela ama. Se Williams estiver certo, Bella tem todos os motivos do mundo para esperar que um dia (talvez milhares de anos à frente) ela *terá* perdido seus desejos categóricos e terá ficado entediada com sua nova vida. Quando esse dia vier, não se sabe se ainda será *Bella* a fazer a escolha entre o suicídio e a decisão de continuar a viver – afinal, somos definidos

87. Williams, "The Makropulos Case", p. 82.
88. *Eclipse*, p. 311.

por aquelas coisas que realmente importam para nós. Alguém no corpo de Bella, alguém com as mesmas memórias, mas sem qualquer dos desejos categóricos dela pelo bem-estar dos outros, não seria reconhecível como sendo Bella. Bella não tem motivos para esperar que essa criatura tome a decisão certa; na verdade, ela tem todos os motivos para pensar que esse ser irá se comportar tão mal quanto muitos vampiros com desejos similares. Isso lhe dá razão para acreditar que a imortalidade talvez não seja a escolha certa para *ela*, mesmo que pareça uma escolha perfeita para os Volturi e outros.

No fim, é impossível dizer se o amor de Bella por Edward e pelos outros será capaz de dar sentido à existência imortal dela. Se Nussbaum e Williams estiverem corretos, entretanto, será bem difícil para uma criatura imortal ser capaz de ter uma vida humana significativa por um período indefinido de tempo. Nossas vidas ganham sentido por causa das pessoas e causas pelas quais escolhemos sacrificar nosso tempo e nossos esforços. Os imortais, mesmo no sentido limitado da imortalidade dos vampiros, podem não ter a mesma capacidade de "sacrificar" nada. Mesmo se o amor de Bella sobreviver à mudança sem qualquer arranhão, como parece ser o caso, é possível que essa aptidão diminua com o tempo, e a pura repetição da vida imortal começará a ser um fardo. Simplesmente não há forma de dizer com certeza como seria uma vida desse tipo.

A escolha de Bella é uma versão da escolha que todos nós fazemos ao decidir sobre como deveríamos viver nossas vidas. É tentador pensar, como Bella parece fazer inicialmente, que o amor é de certa forma "mais do que humano", ou que nossa mortalidade é um acidente infeliz que nos impede de cumprir o dever de amar uns aos outros. Mas, na verdade, nossa aptidão para amar está ligada de forma muito próxima à nossa mortalidade e vulnerabilidade. Somos capazes de amar uns aos outros até o ponto em que conseguimos nos sacrificar, e só até onde a pessoa a quem amamos se beneficiará de nosso sacrifício. Além do mais, os desejos e propósitos que moldam nossas vidas podem eles mesmos ser necessariamente limitados, incapazes de serem esticados por uma existência infinita. A escolha de Bella por tornar-se uma vampira não é necessariamente a escolha errada a se fazer, mas não deveríamos invejar tal escolha.

7

A leitura de mentes e a moralidade: os perigos morais de ser Edward

Eric Silverman

Se você pudesse fazer, ter ou alcançar praticamente qualquer coisa que desejasse, quais seriam seus objetivos? É a questão com que se depara Edward Cullen. Ele tem um dom especial extra além das habilidades comuns vampirescas (como imortalidade, força extraordinária e velocidade): pode ler a mente de vampiros e seres humanos. Embora esteja claro que Edward e o resto da família Cullen busquem utilizar suas habilidades de formas moralmente aceitáveis, é fácil esquecer as obrigações morais trazidas por esse talento psíquico.

O poder corrompe ou revela o caráter moral?

"Ele me odeia completamente", disse Edward alegremente. "Você não tem como saber isso", argumentei, mas de repente me perguntei se ele não tinha mesmo como saber.

Crepúsculo[89]

Os dons de Edward o colocam em uma posição bastante especial. Muitos vampiros temem que ao serem descobertos seriam obrigados a ter de deixar uma área, mas as habilidades de Edward com a leitura de mentes

---

89. Stephenie Meyer, *Twilight* (New York: Little, Brown and Company, 2005), p. 99.

permitem que ele faça praticamente o que quiser com quase total impunidade. Ele descreve algumas das vantagens trazidas pela habilidade: "Eu sabia como ser charmoso quando tinha que ser. Era fácil, uma vez que eu sabia instantaneamente como é que cada tom ou gesto era considerado".[90] Conhecer os pensamentos de alguém é ter acesso aos tipos mais úteis e privilegiados de informação, o que pode permitir toda sorte de manipulações, enganações e outras atividades moralmente questionáveis. Com esse dom, Edward poderia fazer praticamente qualquer coisa.

De forma similar, o grande filósofo Platão (428-348 a.C.) escreveu sobre as implicações morais de se ter poderes sobrenaturais tão grandes que permitiriam a alguém fazer praticamente qualquer coisa. O filósofo afirmava que tais poderes revelariam o "eu mais verdadeiro" de alguém. Na história que Platão conta sobre o Anel de Gyges, um anel dá o poder da invisibilidade, o que permitiria a alguém fazer o que quer que fosse sem temer as consequências de ser pego. Essas habilidades seriam o mais imbatível teste de caráter.

Platão rejeitava a ideia de que, como diríamos hoje, o "poder corrompe". Em vez disso, ele acreditava que o poder revela o verdadeiro caráter de alguém. Mesmo que uma pessoa injusta fizesse o mal, uma pessoa verdadeiramente justa continuaria a fazer o bem, apesar das tentações do anel. Assim como o anel de Gyges, os poderes mentais de Edward combinados com seus outros poderes permitiriam que ele fizesse praticamente o que quisesse. Ele não só é capaz de matar ou dominar outros, mas sua leitura de mentes lhe permitiria disfarçar suas ações, saber os segredos dos outros e se eles suspeitam dele. É uma aptidão que traz um teste de caráter similar ao teste do Anel de Gyges.

Benevolência e leitura de mentes

> Desde quando nasci pela segunda vez... Eu tinha a vantagem de saber o que todo mundo à minha volta estava pensando, tanto os seres humanos quanto os não humanos.
>
> Edward, *Crepúsculo*[91]

Carlisle Cullen conhece bem as implicações morais dos dons sobrenaturais. Ele fala com clareza moral ao tratar das implicações éticas de seus próprios poderes vampirescos. Ao explicar sua própria atitude com relação a suas habilidades, ele diz: "Assim como tudo na vida, eu só tinha

90. Stephenie Meyer, *Midnight Sun* (esboço parcial), www.stepheniemeyer.com/pdf/midnightsun_partial_draft4.pdf, p. 19.
91. *Twilight*, p. 342.

que decidir o que fazer com o que me havia sido dado".[92] Ao fazer o papel de "voz da moralidade" em *Crepúsculo*, Carlisle identifica os principais objetivos de uma pessoa como sendo a questão ética central.

A primeira questão ética que deveríamos nos perguntar com relação à leitura de mentes é centrada nos propósitos principais que Edward tenta obter com seu dom. O que diferencia os objetivos morais dos imorais? Um princípio comum afirma que as ações éticas são aquelas destinadas a auxiliar outras pessoas. O filósofo Immanuel Kant (1724-1804) dizia que, em vez de nos concentrarmos em nossa própria felicidade, temos um dever moral de buscar a felicidade dos outros: "Quando se trata de promover a felicidade como um fim que também é um dever, este deve ser, portanto, a felicidade de outros seres humanos".[93] A preocupação comum com a própria felicidade é fonte frequente de falha moral. Kant afirmava que a condição de uma pessoa que embarca totalmente na busca pela satisfação de seus desejos em detrimento das exigências morais é aquela de um "mal radical".

Enquanto Kant acreditava que a moralidade requer que as pessoas busquem a felicidade dos outros, John Stuart Mill (1806-1873) foi ainda mais além ao propor que a moralidade das ações depende completamente dos efeitos que terão sobre a felicidade alheia. Se ele estiver correto, então a moralidade da leitura de mentes repousa somente nas consequências que esse dom terá na felicidade de todo mundo que ele afeta. Como ele explicava em seu princípio moral central: "[O] 'maior princípio da felicidade' sustenta que as ações estão certas na proporção em que tendem a promover a felicidade; e erradas se tendem a produzir o reverso da felicidade".[94] Mill considerava que a moralidade das ações era inteiramente dependente dos efeitos que ela tem nas vidas que atinge. As ações que são um avanço à felicidade de todos são morais, enquanto as ações que sabotam essa felicidade geral são imorais.

Isabella Swan expressa um princípio moral similar ao de Kant e Mill. Ela não liga se seus amigos são vampiros, lobisomens ou seres humanos, mas se preocupa bastante com relação aos efeitos das ações deles sobre as outras pessoas. Por exemplo: ela assegura a seu amigo lobisomem Jacob Black que não se importa com o fato de ele mudar de forma; conforme ela explica: "Não, Jake, não. Não é porque você é um... lobo. Não me importo com isso... Não tem problema algum, se apenas você pudesse achar um jeito de não machucar as pessoas... isso é tudo que me chateia".[95] Bella demonstra repetidamente que não se deixa perturbar pelos poderes de seus amigos, sejam estes poderes a força, a mudança de forma ou a leitura de

92. Stephenie Meyer, *New Moon* (New York: Little, Brown and Company, 2006), p. 35.
93. Immanuel Kant, *Metaphysics of Morals* [A Metafísica da Moral], Mary Gregor (ed.) (Glasgow: Cambridge University Press, 1996), p. 151. (6:388).
94. John Stuart Mill, *Utilitarianism* [Utilitarismo], 2. ed., George Sher (ed.), (Indianapolis, IN: Hackett Publishing Company, 2001), p. 7.
95. *New Moon*, p. 307-308.

mentes, mas ela se preocupa se essas habilidades são usadas para causar mal aos outros.

O quão benevolente é Edward no uso de seu dom? Será que ele lê mentes em prol da felicidade dos outros ou de sua própria? Em muitos casos, ele claramente demonstra benevolência para com os outros. Mesmo antes de abandonar a tradicional dieta vampiresca de sangue humano, utilizou a leitura de mentes para se assegurar de que sugaria o sangue apenas dos seres humanos verdadeiramente maus, agindo, portanto, em prol do bem comum. Ele explica: "porque eu conhecia os pensamentos de minhas presas, era capaz de deixar de lado os inocentes e perseguir apenas os maus. Se eu fosse atrás de um assassino que segue uma garota por um beco escuro – se eu a salvasse, então eu certamente não era tão terrível... Mas, conforme o tempo passava, comecei a ver o monstro em meus olhos. Não conseguia escapar da culpa por tantas vidas humanas que tirei, não importa se havia justificativas".[96] Embora ele houvesse enxergado mérito em direcionar seu monstruoso apetite para os criminosos violentos, contribuindo assim para a felicidade geral da sociedade, ele acaba admitindo que tirar uma vida humana é inerentemente um problema sério, e que fazer o papel de justiceiro é no mínimo dúbio – especialmente quando se deseja alimentar-se do sangue dos culpados. Tais ações dificilmente serão aquelas de uma pessoa moralmente ideal.

Edward utiliza de forma admirável seus dons em benefício de sua família, de Bella e de outros próximos a ele, ao mesmo tempo em que esconde sua identidade vampiresca pelo bem de seus entes queridos. Ele utiliza sua leitura de mentes para proteger Bella de estupradores em potencial em Port Angeles e para protegê-la de vampiros hostis como James e os Volturi, além de proteger o pai de Bella, Charlie. Edward também usa suas aptidões para ajudar a proteger outros estudantes do autocontrole limitado de seu irmão Jasper Cullen. Mas, embora Edward ajude os que lhe são próximos, a moralidade requer mais do que uma preocupação benevolente por apenas amigos próximos e parentes. Tanto Kant quanto Mill enfatizavam que temos obrigações morais com relação a todo mundo, não só família e amigos. Então a benevolência de Edward deveria se estender a todas as pessoas de Forks e além. Mas ele faz o contrário, e usa suas habilidades de forma manipulativa preocupando-se muito pouco em como afetará os outros. Por exemplo: ele frequentemente lê a mente de Charlie para enganá-lo quanto aos aspectos de seu relacionamento com Bella, como as constantes visitas ao quarto dela na madrugada.

Ao contrário de Carlisle, que exerce a medicina ativamente em prol das pessoas de Forks, Edward não busca o benefício geral dos outros, mas apenas daqueles mais próximos dele. Contenta-se em beneficiar exclusivamente a amigos e família. Sua ampla indiferença com relação aos outros é moralmente perturbadora, embora certamente preferível à atitude predatória que a maioria dos vampiros tem com relação aos seres humanos.

---

96. *Twilight*, p. 343.

Privacidade e leitura de mentes

Ainda bem que você não pode ler pensamentos. Já é péssimo que você consiga me ouvir enquanto falo dormindo.

Bella, *Crepúsculo*[97]

A benevolência das ações de uma pessoa é um teste moral importante; entretanto, há princípios adicionais a considerar quando examinamos a moralidade da leitura mental. Um princípio importante é a necessidade de respeitar a autonomia e a privacidade dos outros.[98] Considere a vez em que Charlie viola a privacidade de Bella ao abrir sua correspondência da Universidade do Sudeste do Alaska.[99] Bella descreve sua reação negativa: "Examinei os dois lados do envelope e lancei-lhe um olhar fulminante. 'Está aberto... Estou chocada, Xerife. Isso é crime federal'". Por que ela se ofende tanto? O problema não é que os motivos de Charlie sejam maliciosos. Afinal, ele foi levado por uma preocupação genuína com o bem-estar de Bella e até quer pagar a matrícula dela na universidade. Mesmo assim, a violação casual da privacidade dela demonstra o desrespeito que ele tem pela privacidade da filha. A mera curiosidade não é razão suficiente para tal invasão de privacidade, mesmo com a melhor das intenções.

Ainda assim, existem circunstâncias em que a justificativa moral para violar um princípio moral seja predominante. Por exemplo, Alice Cullen e Bella têm essa justificativa ao cometerem roubo de automóvel para salvar a vida de Edward na Itália. Da mesma forma, às vezes uma invasão de privacidade pode ser moralmente justificada. Charlie pode ter razões de grande importância que justificariam o ato. Suponha que ele leia o diário de Bella, não porque se preocupa vagamente com ela, mas porque ela está desaparecida e ele acredita que a leitura do diário pode ajudá-lo a encontrá-la. Essa necessidade tão imperativa por obter informações, combinada à preocupação genuinamente benevolente por Bella, justificaria uma invasão de privacidade.

Por que a falta de privacidade é tão problemática? A privacidade e a autonomia estão diretamente ligadas ao bem-estar humano. Nossos segredos são algumas das nossas mais valiosas posses. Considere o sentimento de traição que Bella experimenta quando Jacob revela a Charlie que ela anda de moto. Ela explica: "A dor de ser traída me atravessou. Eu havia confiado implicitamente em Jacob – confiei a ele cada um dos meus segredos mais caros".[100] O conhecimento íntimo de nosso eu, incluindo

---

97. Ibid., p. 309.
98. Ver W. A. Parent, "Privacy, Morality, and the Law" [Privacidade, Moralidade e a Lei], *Philosophy and Public Affairs* 12.4 (1983), p. 269-288.
99. Stephenie Meyer, *Eclipse* (New York: Little, Brown and Company, 2007), p. 15
100. *New Moon*, p. 553.

nossos segredos, é como um tipo de propriedade a que os outros normalmente não têm direito. Acessar esses segredos ou revelá-los a outros sem uma boa razão é um tipo de roubo ou traição.

Além de tudo isso, é simplesmente embaraçoso ter cada pensamento involuntariamente sujeito ao escrutínio de outras pessoas. Por exemplo, Jacob compartilha parte da dor diária causada por sua ligação telepática com outros lobisomens. Ele explica que: "Somos capazes de... ouvir pensamentos – uns dos outros, de qualquer forma – não importa a distância que estejamos um do outro... É embaraçoso não ter segredos dessa forma".[101] Esses lados ruins são moralmente significativos. O uso da leitura mental, portanto, requer ótimas justificativas morais.

Uma forma de evitar invasões moralmente inaceitáveis da privacidade é obter consenso antes da leitura mental. Por exemplo, Aro pede permissão antes de tentar ler a mente de Bella.[102] Mesmo assim, seu "pedido" não é genuíno, porque Bella não tem uma verdadeira oportunidade de rejeitá-lo; como ela própria descreve: "Olhei aterrorizada para o rosto de Edward. Apesar do pedido abertamente educado de Aro, eu não achava que tinha de fato uma escolha".[103] O exemplo de Aro demonstra que "passar pelo protocolo" de pedir permissão não basta para obter verdadeira permissão; esta exige oportunidades reais de rejeitar o pedido.

A leitura mental moral pede tanto objetivos benevolentes quanto a preocupação genuína pelas pessoas cujas mentes serão lidas, ou motivos que ultrapassem os corriqueiros. Interesse próprio ou curiosidade é uma justificativa moralmente inadequada para uma invasão tão extrema de privacidade. Entretanto, para um leitor de mentes, esses parâmetros são fáceis de quebrar, porque ele tem muito a ganhar e praticamente nenhum risco de ser descoberto.

Será que Edward limita sua leitura mental de forma apropriada? Ou ele estaria ignorando os limites da privacidade? Edward afirma que tipicamente evita ler mentes, e diz a Bella: "'Na maior parte do tempo eu desligo completamente a habilidade – pode trazer muita distração. Então fica mais fácil parecer *normal*' – disse ele fazendo uma careta ao pronunciar a palavra – 'quando não estou respondendo aos pensamentos de alguém em vez de responder às palavras da pessoa'".[104] É louvável que ele não recorra sempre a suas habilidades simplesmente por curiosidade, mas suas razões têm um tanto de interesse próprio. Ele é motivado pelas inconveniências pessoais que advêm da leitura mental, em vez da preocupação com a privacidade alheia. Ele mesmo admite: "Apenas quatro vozes eu bloqueei por educação em vez de desagrado: minha família... Eu lhes dei o máximo de

---

101. Ibid., p. 317.
102. Ibid., p. 473.
103. Ibid., p. 473.
104. *Twilight*, p. 180.

privacidade que consegui. Tentava não ouvir, sempre que podia".[105] Assim como a maioria de suas ações benevolentes, ele respeita por princípio a privacidade de seus amigos mais próximos e da família, mas é indiferente, em geral, com relação às outras pessoas.

Além do mais, há várias ocasiões em que ele se dispõe a violar a privacidade de outras pessoas. Por exemplo: embora não possa ler a mente de Bella, ele ativamente a espia, mesmo quando ela está dormindo.[106] Ele lê a mente dos amigos dela simplesmente para saber onde ela está[107] e para ver se ela cumpre a promessa de não contar a ninguém sobre a supervelocidade e a superforça dele; além disso, parece ter usado essa habilidade para confirmar os sentimentos negativos de Mike Newton com relação a ele, e deseja ler os pensamentos de Bella para seu próprio conforto.[108] É claro que algumas dessas invasões de privacidade são jusificáveis. Ele consegue saber onde ela está em Port Angeles e assim consegue protegê-la, salvando sua vida.[109] Seu dom permite que ele antecipe o ataque-reação de Jasper quando este sente o cheiro do sangue de Bella.[110] Ele lê a mente dos Volturi para proteger a vida de Alice, Bella e dele próprio.[111] Mas parte das leituras mentais que ele realiza não são justificáveis, no fim das contas.

Façamos uma consideração final com relação à habilidade de Edward. Ao contrário de vários tipos de invasão de privacidade, como ler o diário de outra pessoa, a leitura mental não é totalmente voluntária. Assim como qualquer outro sentido, Edward pode tentar evitar usá-la ou ignorá-la, mas não pode simplesmente desligá-la por completo. Esse é um fator importante, porque apenas as ações voluntárias têm implicações morais. Por exemplo, há uma famosa afirmação de Kant segundo a qual "dever implica poder".[112] Qualquer genuína obrigação moral de uma pessoa deve estar dentro de suas habilidades para realizá-la. Similarmente, Aristóteles reconhecia que o poder de escolha "é sentido como muito próximo à bondade moral, e, como teste de caráter, é melhor do que as ações em si".[113] Aristóteles acreditava que as ações que não são verdadeiramente escolhidas não servem como teste de caráter. Assim, até onde a habilidade de Edward é involuntária, ele não pode ser obrigado a evitar o seu uso. Embora esse fator retire dele parte da responsabilidade, está claro que em muitas ocasiões ele invade a privacidade alheia tanto de forma injustificada quanto deliberada.

105. *Midnight Sun*, p. 1.
106. *Twilight,* p. 309.
107. Ibid., p. 176.
108. Ibid., p. 99, 273, 309.
109. Ibid., p. 174.
110. *New Moon*, p. 28.
111. Ibid., p. 532.
112. Ver Immanuel Kant, *Critique of Pure Reason*, trad. para o inglês por Norman Kemp Smith (New York: St. Martin's Press, 1965), p. 637 (A807, B835).
113. Aristotle, *The Ethics of Aristotle: The Nicomachean Ethics*, trad. para o inglês por J. A. K. Thompson (New York: Penguin Books, 1976), p. 116 (1111b).

Amor e a desigualdade da leitura de mentes

> É fácil demais ser eu mesmo com você... Diga-me o que está pensando... Ainda é bem estranho para mim, não saber.
>
> Edward, *Crepúsculo*[114]

O relacionamento entre Edward e Bella é moldado em grande parte por sua inabilidade em ler a mente dela, permitindo maior igualdade entre ambos. Ao passo em que Bella é "meramente humana" ao longo de grande parte da relação, a desigualdade entre eles não é tão grande como teria sido se ele constantemente invadisse a privacidade dela por meio da leitura mental. Além do mais, o amor é fortalecido pelo elemento do mistério, e muito do mistério de Bella seria perdido por meio da leitura de sua mente.

De forma semelhante, Aristóteles afirmava que os melhores relacionamentos exigem um tipo de igualdade, e que as desigualdades radicais sabotam os relacionamentos. "Isso se torna evidente se um abismo se forma entre as partes com respeito a virtude ou vício, ou afluência, ou qualquer outra coisa; porque os dois não serão mais amigos, e nem esperarão sê-lo".[115] Comprovando o ponto, Bella percebe que as vastas desigualdades existentes em um relacionamento criam obstáculos difíceis de superar. Ela descreve a natureza de seu amor por Edward e a tensão entre sua apreciação por suas melhores qualidades e o desafio criado pelas desigualdades, dizendo: "Eu amo a *ele*. Não por causa de sua beleza, ou porque ele é *rico*... Eu preferia que ele não fosse nenhum dos dois. Isso até diminuiria um pouquinho o abismo entre nós – porque ele ainda seria a pessoa mais amorosa e solidária e brilhante e decente que eu já conheci".[116]

Bella ecoa dois temas aristotélicos. Primeiro: que os melhores relacionamentos fundam-se na apreciação mútua da virtude compartilhada. O amor de Bella é baseado em sua admiração pelo caráter de Edward, e não em sua beleza ou riqueza. Segundo: ela reconhece que as desigualdades em um relacionamento podem criar um "abismo" difícil de superar. Uma vez que o dinheiro de Edward e sua beleza são fontes adicionais de desigualdade no relacionamento, Bella os encara como obstáculos, e não como fonte de seu amor. Se Edward pudesse ler a mente dela, acrescentando mais desigualdades no relacionamento, sua habilidade criaria uma distância ainda mais séria entre eles. A imunidade dela à leitura mental a torna mais igual e, portanto, uma candidata mais apta ao melhor tipo de relacionamento.

---

114. *Twilight*, p. 262.
115. Aristotle, *Ethics of Aristotle* , p. 270 (1158b).
116. *Eclipse*, p. 110.

Deus e a moralidade

> Nos quase quatrocentos anos desde que eu nasci, jamais vi algo que me fizesse duvidar da existência de Deus, seja qual for a forma em que apareça.
>
> Carlisle, *Lua Nova*[117]

Um tema religioso predominante atravessa a série *Crepúsculo*, começando na página antes do começo do primeiro livro; nela há uma citação do Gênesis 2:17: "Mas da árvore do conhecimento do bem e do mal, não deveis comer de seus frutos; pois quando o fizerdes, certamente morrereis".

O que existe na fé religiosa que conduz as ações de algumas das pessoas mais admiráveis? Obviamente existe o tipo de fé religiosa destrutiva e imoral, como exemplificado pelo pai de Carlisle, levado à violência por sua fé desequilibrada. Mesmo assim, apesar dos aspectos negativos do ambiente religioso em que fora criado, Carlisle rejeita o estilo de vida tipicamente vampiresco e tem um desejo pela iluminação moral, características impulsionadas por sua fé em Deus.[118]

Da mesma forma, a fé religiosa tem papel importante nas vidas morais de várias pessoas. Kant chegou a ponto de sugerir que a fé na existência de Deus, da alma e do além eram pré-requisitos de uma vida moral bem-sucedida. Ele afirmava que uma vida moral bem-sucedida exige a crença na possibilidade de "felicidade em proporção [ao grau de virtude de uma pessoa] (...) deve levar à suposição da existência de uma causa adequada a esse efeito; em outras palavras, deve postular a existência de Deus".[119] Kant afirmava que a própria racionalidade demanda que a humanidade almeje o bem maior, que inclui a felicidade distribuída pelo mundo em igual proporção ao valor moral. Ainda assim, ele argumentava que almejar o bem maior requer a crença de que um bem maior seja realmente possível. Dessa forma, a vida moral bem-sucedida exige a crença na existência de tudo o que for necessário para se obter o bem maior, como um Deus. Kant conclui: "não é meramente conveniente, mas uma necessidade conectada ao dever como requisito (...) é moralmente necessário acreditar na existência de Deus".[120]

Embora Edward pareça rejeitar a fé de Carlisle, algumas de suas ações sugerem que essa rejeição não é total. De forma notável, sua recusa constante em transformar Bella em vampira tem como base o medo de que o processo destrua a alma dela.[121] De forma semelhante, quando ele vê

---

117. *New Moon*, p. 36.
118. Ibid., p. 36.
119. Immanuel Kant, *Critique of Practical Reason [Crítica da Razão Prática]*, trad. para o inglês por T. K. Abbott (Amherst, NY: Prometheus Books, 1996), p. 150.
120. Ibid., p. 152.
121. *New Moon* , p. 37.

Bella após pensar que ela morrera, reage com uma interpretação religiosa quando diz, surpreso: "Carlisle estava certo".[122] O uso que Edward faz da leitura mental e de outros poderes vampirescos é quase ideal, mas ele repetidamente demonstra o desejo de superar sua própria natureza violenta, além de ajudar aqueles que estão próximos de si. Talvez seja essa fé latente que o ajuda a exercer a supressão da leitura mental e de outras habilidades de vampiro.

Um último pensamento antes do amanhecer

Apesar da ótima avaliação que Bella faz com relação à moralidade de Edward, demonstramos que ele continua sendo uma pessoa moralmente falha. Mesmo assim, certamente aspira à transcendência de sua própria natureza, de suas circunstâncias e de suas limitações. Busca tornar-se uma pessoa melhor, apesar das falhas morais presentes. Tais aspirações fazem com que ele tenha um caráter mais "humano", facilitando nossa identificação com ele. No fim, é a própria combinação entre as imperfeições morais de Edward e suas aspirações morais que tornam sua história tão interessante, intrigante e envolvente.

---

122. Ibid., p. 452.

8

Amor e autoridade entre os lobos

SARA WORLEY

Quando Sam Uley tem um *imprint** com Emily Young, magoa Leah Clearwater profundamente. Mas será que ele tem algum controle sobre isso? Conseguiria evitá-lo? E será que tem alguma culpa? Jacob Black tem um *imprint* com Renesmee, e, ao fazê-lo, ele muda completamente a própria vida e a de toda a matilha. Como isso difere do que acontece quando um ser humano se apaixona? Quando Sam dá uma ordem, o grupo tem que obedecer. Como isso difere do tipo de autoridade que um general tem sobre suas tropas?

Conforme sugerem essas perguntas, os livros de *Crepúsculo* levantam uma série de questões relacionadas ao livre-arbítrio. A maioria de nós pensa que tem livre-arbítrio, no sentido de que nós decidimos o que fazer. Não importa o que façamos, sempre existe a opção de fazer outra coisa. Nossa habilidade de nos decidirmos livremente é a razão pela qual as visões de Alice Cullen com relação ao futuro nem sempre são confiáveis, e nem sempre se mostram. Não são confiáveis quando o que acontecerá no futuro depende das decisões que alguém vai fazer, porque qualquer pessoa que toma uma decisão pode sempre mudar de ideia e fazer outra coisa. E, quando uma decisão ainda não foi tomada, então Alice não pode prever de forma alguma.[123]

Entretanto, os lobos não parecem ser livres para fazer qualquer outra coisa que não seja aquilo que fazem de fato. Quando Sam decide que o grupo deve atacar a criança no ventre de Bella Swan, Jacob recusa-se a

---

*N.T.: *Imprint* é um forte e repentino sentimento que faz com que o lobisomem tenha total devoção a determinada pessoa.

123. Stephenie Meyer, *New Moon* (New York: Little, Brown and Company, 2006), p. 425-442.

obedecer. Ele considera que a decisão de Sam é errada; mas (ao menos antes de ganhar sua autoridade de direito como alfa) não parece ter escolha.[124] Isso, obviamente, é completamente diferente do que acontece quando um oficial do alto escalão do exército dá as ordens: o soldado pode querer obedecer, porque do contrário será punido. Ele pode querer obedecer porque acredita que obedecer a ordem do oficial superior é a coisa certa a fazer. Mas ainda assim é escolha dele. Se realmente acreditasse que o comando está errado, ou que a ordem é imoral, poderia se recusar a obedecer e sofrer as consequências. Jacob não parece ter essa opção; não pode decidir se quer obedecer ou não.

O *imprint* não parece muito melhor. Quando Sam teve o *imprint* com Emily, não poderia ter feito de outra forma (de fato, é provável que, se ele tivesse uma escolha com relação a isso, não teria tido o *imprint*, considerando o quando magoou Leah).[125] Jacob certamente não teria escolhido ter o *imprint* com Renesmee pela forma como se sente quanto aos vampiros, e quanto a Bella, mas aconteceu, de qualquer forma. Não só isso, mas uma vez que um lobisomem tem o *imprint*, ele não parece ter muito controle com relação ao próprio comportamento.

Considere uma mulher casada e com filhos que se apaixona por outra pessoa. É possível pensar que, mesmo se ela não tivesse escolha quanto a se apaixonar, ela certamente escolhe a forma como se comportará. Pode escolher abandonar marido e filhos porque seu novo amor é mais importante para ela. Ou pode pensar que as crianças se adaptarão com o tempo e que serão mais felizes se ela for feliz. Ou pode escolher ficar com seu marido e filhos porque valoriza, acima de tudo, o compromisso que estabeleceu com o marido. Ou então pode pensar que o divórcio seria péssimo para as crianças. Seja qual for sua decisão, ela tem uma escolha. O fato de que se apaixonou não dita a forma como irá se comportar.

Já os lobos não parecem ter a mesma escolha. Sam é sempre mostrado como alguém que valoriza seus compromissos, e com certeza leva a sério o compromisso com a matilha. Mas, uma vez que tem o *imprint* com Emily, não parece ter uma escolha quanto ao que fazer. Não poderá decidir que o compromisso com Leah é mais importante que sua atração por Emily, e não tem poder sobre a forma como se comporta.

Mas, afinal, o que é livre-arbítrio?

Talvez haja uma forma melhor de compreender o livre-arbítrio. Parece livre a decisão de um soldado de obedecer ao oficial, porque ele sempre pode escolher não obedecer. Ele poderia ter se recusado, se estivesse

---

124. Stephenie Meyer, *Breaking Dawn* (New York: Little, Brown and Company, 2008), p. 202-211.
125. Stephenie Meyer, *Eclipse* (New York: Little, Brown and Company, 2007), p. 122-123.

disposto a arcar com as consequências. Mas será assim tão óbvio que ele tem mesmo essa escolha? Muitos filósofos concluíram que o que uma pessoa faz em dada situação depende de suas crenças e seus desejos.[126]

Suponha que Angela Weber, amiga de Bella, esteja faminta e vá a uma festa com grande variedade de ótimas comidas. Se ela achar que não encontrará outros alimentos pelo resto da noite, ela provavelmente vai comer dessa variedade. Se ela não comer, será por uma boa razão: talvez ela pense que a comida está envenenada, ou talvez prefira dançar em vez de comer. Talvez esteja de dieta. O que quer que ela faça depende de suas crenças (como acreditar que haverá comida mais tarde, ou que os alimentos estão envenenados) e de seus desejos (como querer perder peso, ou preferir dançar a comer). Se naquele momento ela quer comer mais do que qualquer outra coisa, e se não tiver boa razão para não fazê-lo, então ela vai comer.

Portanto, o que fazemos depende de qual é nosso desejo mais forte. Não apenas isso, mas nem sempre temos controle sobre o que são nossos desejos. Bella deseja alimento e sono porque ela é um ser humano, e todos os seres humanos desejam essas coisas. Os vampiros desejam sangue humano em vez de alimento comum porque são vampiros, afinal. Outros desejos podem ser atribuídos à nossa cultura ou ao ambiente em que vivemos, ou ao fato de que fomos criados de determinado jeito. Quando Carlisle Cullen estava crescendo, seu pai era totalmente contra os vampiros; com certeza isso é parte da razão pela forma como Carlisle reagiu quando foi mordido da primeira vez.[127]

Agora: às vezes as pessoas mudam seus desejos ou suas crenças. Bella nem sempre quis ser vampira, e esse desejo apareceu independentemente da forma como ela foi criada pelos pais, ou por causa de sua natureza humana. Então parece que ela escolhe ter esse desejo, mas não é assim tão simples. Uma de suas principais motivações para tornar-se vampira é o medo de que sua existência humana esteja colocando todos que ela ama em risco. Victoria é uma ameaça a Charlie e a qualquer um dos lobos ou vampiros que lutem com ela. Os Volturi são ameaça ainda maior. E a única forma de acabar com o perigo é que Bella vire ela mesma vampira, de forma que tem ótimas razões para adquirir o desejo de virar um deles.[128] Não vem simplesmente do nada. E o amor por sua família e seus amigos, além do desejo de protegê-los, estimulando sua transformação, também não surgiu do nada. Ela se preocupa com a proteção de seus entes queridos porque ela é o tipo de pessoa que é, com o tipo de educação que teve. (Outra motivação para virar vampiro é que ela não quer envelhecer enquanto

126. John Stuart Mill, *A System of Logic*, 8. ed. (New York: Harper & Brothers, 1874). Republicado em James Hartman (ed.), *Philosophy of Recent Times*, vol. 1 (New York: McGraw Hill, 1967), p. 198-203.
127. Stephenie Meyer, *Twilight* (New York: Little, Brown and Company, 2005), p. 331-337.
128. *New Moon*, p. 530-536.

Edward fica jovem para sempre. Há também, presumivelmente, uma razão pela qual isso importa tanto para ela!)

Então talvez a lição que devemos depreender de tudo isso é que ninguém tem de fato o livre-arbítrio. Alguns filósofos já propuseram que isso é verdade, e que o livre-arbítrio é uma ilusão.[129] Mas outros propuseram algo diferente: para eles, o livre-arbítrio não tem nada a ver com a possibilidade de tomar outra decisão. Em vez disso, tem a ver com você aprovar ou endossar os desejos que causam seu comportamento. O filósofo contemporâneo Harry Frankfurt fornece uma das versões mais interessantes dessa teoria.[130] Ele diz que a maioria de nós tem desejos conflitantes – e nós endossamos alguns, ao passo que rejeitamos outros. Queremos que nosso comportamento seja causado pelos desejos que endossamos, e não pelos desejos que não aprovamos. Somos livres até o ponto em que nosso comportamento é causado pelos desejos que endossamos.

Os Cullen são um ótimo exemplo desse tipo de liberdade. Uma vez que são vampiros, têm sede de sangue humano. Quando Bella sangra na presença deles, precisam cobrir o nariz, parar de respirar ou afastar-se. (Carlisle é exceção: consegue controlar muito bem seu desejo.) Mesmo assim eles não endossam esse desejo ou o comportamento que ele produz; não querem tirar inocentes vidas humanas para matar a sede. Portanto, escolhem não satisfazer a sede, exatamente porque não satisfazê-la é uma forma de alcançar um tipo de vida moral, que é o que eles valorizam. Portanto, baseado nesse conceito de livre-arbítrio, são livres. De fato, se valorizam bastante a moralidade, talvez não sejam capazes de agir de modo contrário. Os Cullen são livres porque seu comportamento é governado pelos desejos que eles valorizam, e não pelos que rejeitam. Ao invés de serem escravos do desejo de sangue, são mestres dele.

Os Cullen não teriam livre-arbítrio se cedessem ao desejo, pois ceder conflitaria com coisas a que dão grande valor, como a vida humana. Rosalie Cullen traz um interessante exemplo disso. Ela aguarda ansiosamente o nascimento da criança de Bella tanto quanto a própria mãe. Um tema recorrente é a forma como ela se ressente por não ter sido capaz de ter um filho e como se ressente por Bella por esta (aparentemente) escolher jogar fora a chance de viver uma vida humana normal e ter uma criança dela. Mesmo assim, quando a criança está prestes a nascer, Rosalie quase perde controle de sua sede, pondo em risco a vida de Bella e do bebê.[131] Causar a morte da criança seria a pior coisa do mundo, da perspectiva de Rosalie,

---

129. Ver, por exemplo, Ted Honderich, *How Free Are You: The Determinism Problem* (New York: Oxford University Press, 1993); e Brand Blanshard, "The Case for Determinism", in Neill Campbell ed., *Freedom, Determinism, and Responsibility: Readings in Metaphysics* (Upper Saddle River, NJ: Prentice Hall, 2003), p. 7-15.

130. Harry Frankfurt, "Freedom of the Will and the Concept of a Person" [A Liberdade da Vontade e o Conceito de Pessoa], *Journal of Philosophy* 68 (janeiro de 1971), p. 5-20.

131. *Breaking Dawn*, p. 350.

e ainda assim ela arrisca tal ato ao perder o autocontrole. Ela se torna uma escrava do desejo, e não mestra dele.

Os lobos, o livre-arbítrio e a autoridade

Qual deve ser, então, a conclusão com relação aos lobos? Esse novo conceito de liberdade mudaria nosso ponto de vista com relação à liberdade deles? Ser livre é quando o comportamento é governado pelos desejos que endossamos, ou pelos quais queremos ser motivados. A autoridade dos líderes de matilha não passa por esse teste. Quando Sam decide que o grupo deve atacar a criança de Bella, Jacob não acha certo; crê que Sam está cometendo um erro, e que atacar os Cullen seria imoral. Mas essas preocupações não fazem qualquer diferença – enquanto Jacob ainda está submetido à autoridade de Sam, ele não é capaz de agir por conta própria quanto ao que deveria ser feito. Ele não aprova, mas isso não faz diferença.

A única razão pela qual Jacob consegue resistir é que ele afirma sua autoridade como líder de matilha por direito. Aqui acontece algo interessante: não é simplesmente que Jacob percebe que não tem que obedecer. É possível imaginar o caso na figura de uma autoridade humana: suponha, digamos, que uma autoridade religiosa (um padre ou rabino) diga para você fazer algo que não acha certo. Você pode pensar que deveria obedecer; afinal de contas, o padre ou rabino tem autoridade sobre você. Mas então suponha que você perceba que a figura de autoridade não é de fato legítima (como um padre que foi excomungado). Então, assim que você percebe que o padre não é mais padre e não tem qualquer autoridade legítima, pode mudar de ideia quanto a obedecer.

Isso não é, entretanto, o que acontece com Jacob. Em vez disso, a transformação é quase mágica. Uma vez que Jacob resolve afirmar sua autoridade, Sam perde a habilidade de comandá-lo. Ou seja: ele não decidiu que não tem que obedecer, mas assumiu sua autoridade de direito, o que parece ter uma espécie de poder mágico que remove a influência que os comandos de Sam têm sobre seu corpo. E, de fato, a diferença mágica se estende aos outros lobos, que agora são livres para decidir em qual matilha irão ficar. Não há dúvida de que isso só se tornou possível porque Jacob é de fato o líder por direito. Sem isso, nenhum deles teria a capacidade de agir de acordo com seu próprio julgamento.[132]

---

132. Ibid., p. 206-214.

Amor de lobo e livre-arbítrio

O *imprint*, entretanto, é outra história. Os lobos sem dúvida não têm qualquer controle sobre o processo, e nem com quem ele vai ocorrer. A questão, no entanto, é se o comportamento deles é governado por desejos que endossam ou por desejos que rejeitam. Em outras palavras, será que os lobos conseguiriam resistir aos desejos causados pelo *imprint* (assim como os Cullen resistem à sede de sangue), caso esses desejos conflitassem com algo a que dão maior valor? Poderia um lobo se comportar de um jeito que fosse prejudicial à felicidade e ao bem-estar do ser amado? Poderia Jacob ter sacrificado Renesmee se pensasse que ela era verdadeiramente uma ameaça à comunidade humana, ou a outras coisas que ele valoriza? Será que iria embora para sempre se pensasse que sua presença não faria bem a Renesmee a longo prazo? Ou será que o *imprint* controla de forma absoluta as ações dos lobos, não importa quais sejam suas crenças ou valores? Seriam eles escravos do *imprint*, ou seus mestres?

Meyer não nos dá evidências para responder completamente a essas questões, mas existem pistas. A primeira pista vem de Sam: ele é o tipo de pessoa que valoriza bastante seus compromissos e lealdades, e não quer magoar Leah. Mas nada disso faz diferença. Uma vez que tem o *imprint* por Emily, fatalmente magoará Leah, não importando quais sejam seus outros valores ou comprometimentos. Então talvez o *imprint* governe o comportamento dele, mesmo que entre em conflito com seus outros valores.

Entretanto, a situação é mais complicada que isso. Sam tem outros compromissos que ele continua a respeitar. Ele se compromete com o bem-estar da matilha e preocupa-se em assegurar o bem-estar dos seres humanos aos quais jurou proteger. Não parece ter problemas em equilibrar esses compromissos com os desejos causados pelo *imprint* por Emily. A luta contra os vampiros é trabalho perigoso e qualquer dano a Sam traria bastante sofrimento a Emily. Mas Sam não parece ter problemas em dar prioridade às obrigações para com a matilha e a comunidade humana. Além do mais, sua atração por Emily não é tão forte a ponto de fazer com que ele não consiga cumprir suas outras obrigações.

Tudo isso pode, no entanto, não mostrar necessariamente que os lobos têm livre-arbítrio. Talvez parte de sua natureza "lupina" seja que a satisfação do dever de proteger vem em primeiro lugar, e não há nada que possa interferir nisso. Talvez os desejos associados ao *imprint* venham em segundo lugar. Mas em nenhum dos casos eles seriam realmente livres, porque em nenhum caso predominariam os outros compromissos e obrigações. Os lobos teriam que proteger a comunidade e teriam que cuidar do ser amado, sejam quais forem os valores específicos de um lobo, ou as pessoas de quem deseja cuidar. Mas mesmo se isso estiver correto, não demonstraria que os lobos não são livres.

No início da Reforma Protestante, quando Martinho Lutero formulava um conjunto de desafios à Igreja Católica Romana, ele fez uma afirmação famosa: "Aqui estou: eu não posso fazer diferente".[133] Lutero estava sugerindo que seu compromisso era tão forte que ele era incapaz de violá-lo – era a coisa mais importante para ele. Ele não estava dizendo que seu ato não era livre. De fato, na análise de Frankfurt, a questão relacionada a Lutero ter ou não livre-arbítrio é a seguinte: será que ele poderia ter recusado apresentar os desafios, se tivesse decidido que ir contra a Igreja era uma má ideia? E, é claro, ele poderia. Não era um impulso apresentar os desafios. A afirmação de que não poderia fazer diferente não indica uma compulsão, mas enfatiza a força de suas convicções.

O *imprint* não produz apenas desejos: produz novos valores. Um lobo com *imprint* não só passa a desejar passar o tempo com o ser amado, assegurando seu bem-estar, como também passa a endossar, ou valorizar, esses desejos. Além do mais, quaisquer desejos que entram em conflito com isso perdem a importância. Não é o que acontece com os vampiros, que quando são transformados adquirem um gosto por sangue humano. Ao menos para alguns deles, a transformação não vem acompanhada de mudanças na moralidade; além disso, não passam a acreditar que seja uma coisa boa tirar inocentes vidas humanas. Mas, para os lobisomens, parece acontecer uma mudança de valores junto com o *imprint*. Eles não só passam a desejar o bem-estar do ser amado como endossam esse desejo, que se torna o objeto de maior valor para eles (ou um desses objetos de grande valor para um lobo); qualquer coisa que entre em conflito com isso perde a importância.

Então Sam magoa Leah? Sim. Seria ele o tipo de pessoa que valoriza seus compromissos? Sim. Mas isso não significa que seu comportamento não seja livre. Então o que acontece quando ele teve o *imprint*? Seu desejo de não magoar Leah tornou-se mais importante do que seu desejo de estar com Emily. Ele não era escravo de seu desejo, porque ser um escravo do desejo é ser obrigado a satisfazê-lo, mesmo que o preço sejam as coisas às quais você dá mais valor. Rosalie teria sido escrava de seu desejo se ela tivesse cedido a ele, mesmo que prejudicasse as coisas que ela mais ama. Mas Sam não é escravo de seu desejo; porque, embora ele não goste da ideia de fazer Leah sofrer, seu desejo de não magoá-la torna-se menos importante do que o desejo de estar com Emily. Ele não está agindo movido por um desejo que não endossa; ao invés disso, o *imprint* faz com que ele endosse, ou valorize, o desejo de estar com Emily, e torna menos importante o desejo de evitar a dor de Leah.

Claro que essa mudança de valores não significa o fim ou a desvalorização de qualquer outro compromisso. Jacob ainda ama Billy, mesmo

---

133. Esse caso é discutido no livro de Dan Dennett, *Elbow Room: The Varieties of Free Will Worth Wanting* (Cambridge, MA: Bradford Books, 1984), p. 133.

com o *imprint* por Renesmee. Ele também ainda ama Bella, embora não da mesma forma. E ainda valoriza sua amizade com Seth Clearwater, Quil Ateara e Embry Call. E Sam, como vimos, ainda valoriza o compromisso com a matilha e com a proteção dos seres humanos. Mas o *imprint* muda os valores que com ele conflitam.

Uma preocupação final

Existe uma preocupação final: esse tipo de mudança de valores trazido pelo *imprint* pode em si mesmo conflitar com o livre-arbítrio. Normalmente, quando as pessoas mudam de ideia quanto a alguma coisa, tiveram oportunidade de refletir sobre a mudança. Tiveram uma chance de endossar ou rejeitar uma nova ideia ou valor, dependendo de como isso se encaixa em outras crenças, ou de como entra em conflito com elas. Mas isso é precisamente o que *não* acontece no caso do *imprint*. A mudança de valores simplesmente acontece, do nada, o que parece ser uma violação do livre-arbítrio. Se alguém implantasse um chip no seu cérebro que fizesse você se importar com coisas para as quais jamais ligou, você pensaria que passaram por cima do seu livre-arbítrio. Não parece muito diferente do que acontece no caso do *imprint*.

O que acontece nesse cenário, entretanto, não como possa parecer inicialmente, é assim tão preto no branco, mesmo no caso dos seres humanos. A resposta imediata de Bella à própria gravidez é preocupar-se com o bem-estar do bebê. Ela não quer fazer nada que ponha em risco a vida da criança, mesmo que ela mesma corra esse risco. Ela até admite fazer coisas (como beber sangue) que seriam inimagináveis em sua vida anterior. Essa mudança também vem do nada, pois ela não refletiu sobre isso e nem teve a chance de endossar ou rejeitar a ideia. Mesmo assim, não parece haver qualquer violação do livre-arbítrio. Podemos concordar com Carlisle que a única violação do livre-arbítrio aqui seria tentar fazer com que Bella desistisse de ter o bebê.[134] Fazer isso seria tentar obrigá-la a agir contra seus valores e compromissos mais profundos, mesmo que ela não os tenha de fato escolhido.

---

134. *Breaking Dawn*, p. 234.

Aqui está Jacob: ele não pode fazer diferente

Então será que Jacob iria para longe de Renesmee, assim como Edward se afasta de Bella, se ele acreditasse que isso seria melhor para ela? Será que ele a teria sacrificado se ela realmente fosse um perigo às pessoas que ele ama? Não podemos responder a essas questões de forma confiante, porque não conhecemos o suficiente quais são os outros compromissos que Jacob tem, ou as circunstâncias em que teria de agir. Mesmo que a resposta a essas perguntas seja "não", isso não demonstraria por si só que os lobos que passaram pelo *imprint* não têm livre-arbítrio. É possível que mostre apenas que Jacob, assim como Lutero, não poderia fazer diferente.

Parte Três

Eclipse

9

Bella Swan e Sarah Palin: *nenhum* dos antigos mitos é verdadeiro

NAOMI ZACK

Estar com *tudo*

Os quatro volumes de *Crepúsculo* dão suporte a uma narrativa coerente que fala de desenvolvimento e transformação, da situação clássica da jovem apaixonada por um maravilhoso homem mais velho, situação que se desenvolve em um relacionamento totalmente igualitário. Assim, no começo da história, Edward Cullen, nascido em 1901, excede em muito a estudante mortal Bella Swan, tanto em termos mentais quanto físicos. Além disso, ele é mais bonito do que ela. Mas, ao fim do quarto volume, Bella, como vampira recém-nascida, é fisicamente mais forte do que Edward, sua agudeza mental é a mesma e ela é no mínimo tão linda quanto ele.

Do ponto de vista de Bella, Edward se transforma também: de espécie de semideus todo-amoroso, onipotente e onisciente, ele vira parceiro e marido devotado, a quem ela pode proteger com seu dom especial de escudo psíquico. Edward admira e apoia cada estágio pelo qual passa Bella na descoberta de seus poderes, e até consegue aceitar o amor tanto de Bella quanto de sua filha por Jacob Black, o lobisomem a quem Edward costumava desprezar. Edward parece ser o homem sensível e cuidadoso ideal para uma mulher capaz, poderosa e corajosa como Bella. Ele é, inclusive, um vampiro vegetariano, por assim dizer, que mata animais para obter sangue, em vez de caçar seres humanos.

O ideal ocidental de amor romântico e do sucesso da mulher heterossexual contemporânea é alcançado pela heroína de *Crepúsculo*: ela casa com o vampiro que ama e assim se une a uma família rica, culta e carinhosa. Depois disso, ela passa pela gravidez de alguns meses, torna-se vampira para salvar a própria vida e obtém os poderes de uma super-heroína. Tudo o que muitas mulheres querem! Se *Crepúsculo* é de fato um romance de escape envolvente que trata de nossas vidas cotidianas – o que eu penso ser –, então são os elementos fantásticos que podem indicar exatamente o que querem as mulheres mais jovens quando se trata de "estar com tudo". (É possível até que *Crepúsculo* seja uma sublime paródia da noção de "estar com tudo", embora a autora não dê indicação disso.)

Todos os mitos são verdadeiros

O elemento mais fantástico nos quatro volumes de *Crepúsculo* não é tanto o conteúdo, aceito como premissa básica pelo leitor, mas a frequente declaração de Bella de que todos os antigos mitos são verdadeiros. Essa frase mágica e autorreflexiva conecta diretamente o mundo dos vampiros e lobisomens à vida cotidiana, tornando mais fácil para o leitor viver indiretamente a história no seu próprio papel de mortal comum. Assim, o gênero dos contos de fadas infantis é resgatado para contar dos desejos, ambições e aspirações das jovens mulheres do início do século XXI. Afinal, embora a série *Crepúsculo* esteja na categoria de leitores "jovens-adultos", Stephenie Meyer disse já haver recebido cartas de mulheres de trinta anos de idade – que podem, por sua vez, estar representando suas irmãs mais velhas, mães e avós.

Considere Sarah Palin

Se eu gostasse de teoria da conspiração, sugeriria que Bella arrumou votos de muitas mulheres brancas e jovens para Sarah Palin [candidata a vice-presidente nas eleições presidenciais dos Estados Unidos em 2008], porque a série já tinha vendido milhões de cópias quando Palin entrou na campanha junto ao candidato McCain no outono de 2008. Entretanto, creio, Bella parece ter se fixado muito mais na cabeça das pessoas do que Sarah Palin, considerando-se que a equipe desta perdeu as eleições, enquanto Bella foi reencarnada nos filmes. Devemos nos lembrar, entretanto, que Palin foi para o Alasca, estado cheio de recursos energéticos do qual já era governadora, até renunciar ao cargo em julho de 2009. Então, a longo prazo, seu ataque à realidade pode vir a ser tão triunfante quanto o de Bella.

Uma lição para as feministas sérias

As feministas autodenominadas sérias têm muito que aprender com essas duas heroínas das massas, que só podem ser ignoradas se forem ignoradas as ambições das mulheres reais. Os livros *Crepúsculo* venderam 20 milhões de cópias e o primeiro filme rendeu 150 milhões de dólares em menos de um mês. Cinquenta milhões de pessoas votaram na dupla McCain-Palin, número que chega a quase metade do eleitorado, apesar da vitória de Obama no colégio eleitoral e de três milhões de votos adicionais.[135] Tanto Bella quanto Palin oferecem pistas sobre como os sonhos das mulheres contemporâneas são historicamente inocentes até o ponto da completa ignorância. De fato, a ausência da história em ambas talvez seja o fato mais incrível. Por exemplo, nos livros de *Crepúsculo*, Jacob Black, o licantropo nativo americano, vive em La Push, Washington, lugar que realmente existe, e onde a tribo Quileute habita há pelo menos 800 anos. Mas em nenhum lugar essas pessoas reais foram de fato reconhecidas e, até onde eu sei, ninguém ainda foi obrigado a lhes compensar por ter usado sua identidade em uma obra literária. Da mesma forma, no discurso que Palin fez na Convenção Nacional Republicana, referiu-se generosamente à costa norte do Alasca como fonte de recursos naturais ainda não explorados, de uma maneira que sugeria que ela não tem ideia dos efeitos da escavação de mais poços de petróleo em habitats, terras indígenas ancestrais ou no aquecimento global.

É fácil dizer que tanto Bella quanto Palin são primitivas, senão selvagens, norte-americanas. Considere a foto de Palin (publicada várias vezes na internet durante o outono de 2008) agachada com uma de suas filhas ao lado de um alce que havia acabado de matar.[136] A expressão no rosto de ambas é alegre e tranquila. A foto lembra muito uma cena do último romance de *Crepúsculo*, em que Bella, acompanhada da filha, é interrompida enquanto bebe o sangue de um alce (não é preciso dizer que quando Bella se torna vampira, ela adota as práticas vegetarianas do marido e da família).

As mulheres comuns se identificam com Bella e Palin. A mente de Bella é bem acessível, porque a maioria dos eventos nos quatro romances é apresentada por ela na primeira pessoa. Menos se conhece sobre a vida íntima de Palin, mas suas fãs não hesitam em identificá-la com base, primeiramente, em sua heterossexualidade bem-sucedida e suas origens de classe operária. Nessas versões atuais femininas de Horatio Alger, a mobilidade social em direção às classes mais altas é um prêmio, é como ter a sorte de ganhar na loteria. Para as multidões, o mais importante é conseguir identificar as origens da heroína. O prêmio que ela obtém não precisa

---

135. Os números das bilheterias podem ser vistos no site www.boxofficemojo.com/news/?id=2526&p=s.htm.
136. Ver Flickr.com, flickr.com/photos/19658365@N00/2831152708.

ser necessariamente merecido – é suficiente que aqueles que se identificam com ela valorizem o que foi ganho. Aliás, os críticos que nunca gostaram de Palin, para começo de conversa, fazem barulho por causa da hipocrisia envolvida nas plásticas de 150 mil dólares que ela fez; entretanto, os eleitores dela não dão a mínima, e pode ser que eles mesmos tenham desenvolvido aspirações similares ao assistirem aos *reality shows* de plástica da TV do início do século XXI.

Você poderia se perguntar: mas qual o ponto feminista nisso tudo, afinal? O ponto é que conceituadas estudiosas feministas parecem não se dar conta de que as seguintes coisas são importantes para a maioria das jovens mulheres americanas: a prática da heterossexualidade na forma do amor romântico e da fertilidade; uma aparência de acordo com as normas predominantes na sociedade de consumo; obtenção de poder no mundo como ele é hoje, em vez de poder em um mundo ideal. A boa notícia é que esses valores e aspirações não parecem ser as atitudes psíquicas de um gênero explorado e oprimido. A má notícia é que essa configuração idealizada não é acessível a todos os membros da massa feminina, quase que por definição: as chances de que grande parte das adolescentes norte-americanas encontrem sua alma gêmea na forma de um vampiro, ou a chance que têm de virarem gorvernadoras, ou de passarem por uma remodelagem completa da aparência é praticamente zero. A questão é se as feministas deveriam se afastar mais dessas mulheres reais, repudiando a heterossexualidade idealizada, a beleza objetificada e as mulheres que obtiveram poder marcadamente masculino; ou então se elas deveriam fazer uma tentativa mais consciente de ao menos construir uma ponte em cima do abismo cultural que as separa das massas.

Quem são os verdadeiros elitistas?

As feministas contemporâneas não estão sós em sua pureza elitista doutrinária. Conforme observou o filósofo Richard Rorty (1931-2007), existe um problema persistente na forma como se lida com a questão de classe nas universidades. Ele escreveu:

> Parece-me que a ideia regulativa que nós, herdeiros do Iluminismo, nós socráticos, mais utilizamos para criticar a conduta de vários interlocutores é a de ser "necessária a educação para se poder superar medos, ódios e superstições primitivas". (...) Os alunos sectaristas, homofóbicos, fundamentalistas religiosos que entrarem na universidade, sairão dela com opiniões mais parecidas com as nossas (...) Os pais fundamentalistas de nossos alunos fundamentalistas acham que o "sistema liberal norte-

americano" inteiro faz parte de uma conspiração. E eles têm um argumento: o de que nós, professores liberais, não falamos aos sectaristas de igual para igual; falamos com eles como se fôssemos professores do jardim de infância dirigindo-se a crianças (...) não consideramos a possibilidade de reformular nossas próprias práticas de justificativa, de forma que damos mais peso à autoridade das escrituras cristãs. Em vez disso, fazemos o possível para convencer esses alunos dos benefícios do secularismo. Passamos como lição de casa aos alunos homofóbicos relatos em primeira pessoa sobre como é crescer sendo um homossexual, da mesma forma como os professores alemães no pós-guerra davam como lição a leitura de *O Diário de Anne Frank*. É preciso ter educação para poder (...) participar da nossa conversa (...) Então não hesitamos em tentar desacreditá-lo aos olhos de seus filhos, tirar a dignidade da sua comunidade religiosa fundamentalista e fazer com que nosso ponto de vista pareça tolo em vez de ser um ponto de discussão. Não somos assim tão inclusivistas a ponto de admitirmos uma intolerância como a sua.[137]

A frase: "Não somos assim tão inclusivistas a ponto de admitirmos uma intolerância como a sua" poderia ser reformulada assim pelas feministas intelectuais: "Não somos assim tão em favor das mulheres a ponto de tolerar os valores de mulheres como vocês". E, de forma mais específica, poderíamos acrescentar que, contrariamente ao que dizem alguns meios de comunicação em massa, Palin não é uma feminista de verdade, assim como Bella não é uma vegetariana de verdade. Por trás dessa rude retórica está uma preocupação não por causa das palavras, mas pelos conceitos que elas inferem. O vegetarianismo defende que não se coma carne animal, e o feminismo defende os interesses das mulheres e não só suas identidades sexual e de gênero. Ou seja: considerando que a maioria de nós já não come carne humana, usar o termo "vegetarianismo" é uma estranha apropriação da prática daqueles que não comem carne animal para classificar de forma positiva os que se abstêm de carne humana. E, considerando que as feministas, em sua maioria mulheres, lutaram ferrenhamente por muito tempo pelo reconhecimento do direito ao aborto, assim como pelo reconhecimento do valor do meio ambiente, é uma estranha apropriação do feminismo contrair seu sentido a apenas um gênero, de forma que possa ser aplicado a alguém que é militante antiaborto e agressivamente exploradora do meio ambiente.

As mulheres têm como interesse objetivos sociais que beneficiariam um grande número de mulheres de forma mais ou menos igual. O erro das

137. Richard Rorty, "Universality and Truth" [Universalismo e Verdade], in Robert B. Brandom, ed., *Rorty and His Critics* (Oxford, UK: Blackwell, 2000), p. 21-22.

fãs de Bella e Palin está menos no conteúdo de suas aspirações e mais no elitismo inerente a elas. Quantos vampiros poderiam ser sustentados com os recursos humanos da região nordeste do Pacífico sem que houvesse diminuição significativa da população humana, senão também da animal? E, da mesma forma, quantas mulheres poderiam ter aparência perfeita e cinco filhos, além de governar um estado, concorrer para a vice-presidência (e possivelmente a presidência) e ainda bolar modelitos de roupas custando centenas de milhares de dólares? O ponto é que os estilos de vida de Bella e Palin não são sustentáveis no nível das massas. A contradição inerente à admiração que ganham das multidões é que todas as fãs, que são fãs porque querem o que elas têm, não podem ter o que elas têm.

Rorty estaria cometendo um equívoco se implicasse que a diferença importante entre os fundamentalistas norte-americanos e os professores de universidade que educam seus filhos está no conteúdo das ideias ou em como cada um as justifica. A diferença essencial teria que estar nos valores de cada um, na medida em que esses valores estruturam a forma como eles vivem e dão a outros capacidade para viverem da mesma forma. Em outras palavras, será que os fundamentalistas cristãos norte-americanos têm estilos de vida sustentáveis, capazes de incluir as multidões de forma igualitária? Só a homofobia deles e sua forte posição antiaborto pareceriam excluir o bem-estar de um número significativo de seus próprios filhos.

Então, como poderiam as intelectuais feministas fazer uma ponte no abismo que as separa dessas jovens aspirantes a ter o que Bella e Palin têm? Em primeiro lugar, acredito que seja importante analisar esses pontos de vista das massas e seus ideais, tão fortemente opostos aos da academia, e tentar compreender qual é a importância dessas opiniões para aqueles que as defendem, e o que mais lhes agrada em seu ponto de vista (procedimento compassivo). Em segundo lugar, creio ser necessário distinguir entre os pontos de vista e os ideais salientes para os indivíduos de forma independente, excepcional e possivelmente isolada, e aqueles pontos de vista a ideais que incluem em si o bem-estar das multidões (procedimento kantiano). Em terceiro lugar, penso ser necessário pedir aos indivíduos que considerem a forma como suas opiniões e seus ideais são percebidos em suas próprias vidas e quais medidas práticas eles poderiam tomar para atingir esses ideais (procedimento pragmático).

Lição para as feministas

A lição mais reveladora que o sucesso de Sarah Palin traz para as feministas é que a inclusão de gênero, sozinha, mal se registra como objetivo político. O que se registra e deveria ser registrado são os interesses dos grupos representados por candidatos e pelo poder público, e a defesa desses interesses. Até que as feministas acadêmicas consigam explicar de forma abrangente às mulheres quais são seus interesses em comum como gênero feminino, todo o trabalho que tiveram até hoje está vulnerável a ser engessado, e ser "emprestado" por aqueles que atendem a interesses que não são os interesses em comum das mulheres. A lição, para as feministas, no sucesso de Stephenie Meyer é que as mulheres mais jovens querem estar com tudo; e, a menos que se ensine cuidadosamente a elas que todos os antigos mitos não são verdade, estarão bastante dispostas a suspender sua descrença e correr para dentro da fantasia em que comer animais é vegetarianismo e a morte infinita é a vida infinita.

Estar com *tudo* na vida real

A ideia de que as mulheres podem tudo já virou mito, porque os componentes de "tudo" foram comprimidos para se encaixar na vida de indivíduos excepcionais, de uma vez. Assim, várias jovens agora estão indiretamente com tudo, embora seja provável que a natureza daquilo com que se identificam deve sua *catexis* magnética sobre elas a um medo de que possam vir a não ter nada. Na realidade, nos Estados Unidos ainda falta às mulheres o serviço de creches, sem mencionar atendimento médico-hospitalar. As que trabalham fora – a maioria – ainda trabalham dobrado para dar conta das tarefas domésticas. As mulheres estão desproporcionalmente sujeitas à violência doméstica assim como à violência por parte de conhecidos e estranhos. Metade dos casamentos termina em divórcio, e a crise econômica irá certamente intensificar a feminização da pobreza.

Mas também, na realidade, as mulheres agora vivem vidas muito mais ricas e longas do que jamais viveram, e têm potencial para muito mais. Ao longo de suas vidas, podem acabar de fato obtendo tudo, e mais, em épocas diferentes. Por exemplo: se escolherem ter filhos e carreiras significativas, a intensidade que trarão a cada um desses projetos poderá variar conforme passam as décadas de uma vida mortal bem mais comprida do que a vivida pela pobre Bella, que se sente pressionada a casar, morrer e tornar-se ela mesma uma vampira antes dos 19 anos de idade; assim, não parecerá muito mais velha do que Edward, que terá para sempre 17 anos.

10

Amor de vampiro: o segundo sexo negocia o século XXI

BONNIE MANN

Este capítulo começou durante um acesso de pânico materno. Minha filha de 13 anos, que costuma ler grossos livros de qualidade duvidosa, não parava de insistir que eu a deixasse participar da festa que aconteceria à meia-noite para o lançamento do último livro de uma série que ela estava lendo. Lembrando-me de agradecer à sorte por ter uma filha que gosta tanto de ler, levei-a de carro, meio a contragosto, ao Borders por volta de 10 da noite, esperando ver um punhado de adolescentes bebendo chocolate quente enquanto esperavam que o relógio batesse meia-noite.

O estacionamento lotado foi o primeiro sinal de que eu estava entrando num mundo sobre o qual todo mundo sabia, menos eu. O segundo sinal foi a loja, absolutamente repleta de garotas adolescentes numa crescente excitação incandescente que chegava a ser assustadora; muitas usavam vestidos pretos decotados e seus rostos brilhavam como flashes de máquina através da maquiagem branco-pálida. Parei na porta da loja e olhei para Dee Dee, cujos belos olhos normalmente humanos já irradiavam a luminescência de outra esfera. Agarrei-lhe o braço e fiz com que esperasse. "Sobre o que é esse livro, afinal?", perguntei.

O que consegui entender das 20 e poucas palavras que ela emitiu antes de se desvencilhar de mim foi que os rostos luminescentes e os vestidos pretos tinham algo a ver com a possibilidade de serem amadas por um homem sugador de sangue.

Mais tarde descobri que havia deixado minha filha na festa de lançamento de *Amanhecer*, o quarto e último livro da série *best-seller Crepúsculo*, de autoria de Stephenie Meyer, dona de casa mórmon transformada em escritora milionária. A história, sobre o incendiário romance entre uma adolescente humana chamada Bella e um vampiro congelado no tempo chamado Edward, já vendeu mais de 40 milhões de cópias mundialmente e já foi traduzida para 37 idiomas.

Tive de aceitar que, parafraseando nosso presidente ao reconhecer a candidatura de Sarah Palin como vice na corrida presidencial, o amor vampiresco é um "fenômeno". O que significava o fato de que milhões de garotas fantasiavam com homens que mal podiam conter seu desejo de matá-las? Em 2008?

De volta no tempo

Quando abri o primeiro romance, *Crepúsculo*, minha impressão foi a de que eu havia voltado no tempo. A protagonista me pareceu ser a representação idealizada do feminino da geração da minha mãe, transposta para o contexto do século XXI. Filha de pais divorciados, a adolescente Bella, 17 anos, escolhe ir morar com o pai na pequena cidade de Forks, Washington, na Península Olímpica, deixando para trás a cidade de Phoenix, no Arizona, para dar à mãe a chance de passar mais tempo com o novo marido.

Bella ama Phoenix e odeia Forks, mas o autossacrifício é a especialidade dela. Na verdade, à parte adorar sacrificar-se pelos outros e sua capacidade para atrair a atenção dos garotos, ela não é de fato alguém especial. Não tem quaisquer talentos ou interesses identificáveis e é incompetente frente a quase todos os desafios. Ela tem ódio de si mesma e certas incapacidades exageradas que por estereótipo são consideradas femininas. Ela não tem senso de direção ou de equilíbrio. Tende a se contundir e arranhar só de estar no processo de mudança de um lugar para outro, e não tem confiança em si mesma nem para explorar um laguinho sem cair dentro.[138] Quando precisa fazer algo, especialmente algo mecânico, acha algum rapaz que o faça e fica assistindo. Suas únicas áreas de aptidão são cozinhar e lavar roupa na máquina (o que ela faz sem reclamar) para o pai – um incompetente na cozinha, apesar de ter passado vários anos morando sozinho (quando ela se mudou para lá, ele devia estar quase morto de fome).

Quando Bella atrai a atenção do espetacularmente lindo e hiperbolicamente hábil vampiro Edward Cullen, reage com descrença. "Eu não conseguia imaginar algo em mim que pudesse ser minimamente interessante para ele", reporta.[139] Nem eu, considerando minha impressão de tê-la encontrado antes e esquecido rapidamente do encontro. Quando Bella se apaixona, então, não passa de uma garota apaixonada. Lá pela página 139, ela conclui que sua vida mundana é um preço pequeno a pagar para

---

138. Stephenie Meyer, *Twilight* (New York: Little, Brown and Company, 2005), p. 116.
139. *Twilight*, p. 228.

ficar com Edward, e no segundo livro ela se dispõe a trocar a alma pelo privilégio.

Edward, ao contrário de Bella, é a grandiosidade masculina em letras garrafais. Lindo além de qualquer comparação, o corpo escultural que Bella passa a adorar tem a idade de 17 anos, mas pertence a um vampiro de cem anos (congelado no tempo após a gripe espanhola). Ele sabe tudo, pois teve cem anos para aprender. Já esteve em todos os lugares e fala várias línguas. Ele lê a mente das pessoas e é forte o suficiente para partir em dois uma árvore de grande porte como se ela fosse um fósforo. Ele corre tão rápido quanto a maioria dos carros e resgata Bella, a acidentável, várias e várias vezes; em um primeiro encontro, ele a salva de um veículo que desliza sobre o gelo na direção dela, parando-o com as mãos.[140] Ele é complacente e confiante e torturado por seu desejo de beber o sangue de Bella. Ele pertence a uma "família" sem parentesco hereditário, formada por vampiros que juraram não beber sangue humano por razões éticas e regularmente se alimentam do sangue de animais grandes. A luta moral de Edward com sua instintiva sede de sangue enche seus encontros com Bella de um perigo erótico, mortal *e também* moral. Cavalheiresco até o último fio de cabelo, preocupa-se profundamente com a proteção da virtude de Bella, tanto quanto em proteger a vida dela.

Eu tinha a forte impressão de ter voltado no tempo, a um mundo ultrapassado em que as mulheres eram vistas como fios condutores ocos do desejo masculino, valorizadas por sua propensão ao sacrifício. Isso fez com que eu desse uma outra olhada em *O Segundo Sexo*, livro reconhecido como sendo o texto fundador da filosofia feminista, escrito por Simone de Beauvoir (1908-1986) há meio século.[141] Beauvoir, em contraste com outros pensadores da tradição existencialista, nunca escreveu um tratado sobre a *essência* do amor. Em vez disso, ela se perguntava como o amor era vivido e imaginado em uma *situação totalmente concreta*, por *aquelas* pessoas, *naquela* época.

Para ela, que vivia na França do ano 1949, a tragédia da adolescência no feminino era exigir que a garota desistisse tanto de si mesma quanto de sua influência no mundo. Ao entrar na maturidade, ela aprende que está destinada a tornar-se um "ser relativo" cuja existência só tem sentido em relação ao homem que a ama. Como se Meyer quisesse fazer uma ilustração literária perfeita da afirmação de Beauvoir, quando Edward se afasta de Bella por um tempo no segundo livro, Bella descreve a si mesma como "uma lua perdida – meu planeta destruído por um desastre cataclísmico num filme de cenário desolador – que continuava (...) a girar em uma

---

140. Ibid., p. 157.
141. Simone de Beauvoir, *The Second Sex* [O Segundo Sexo], trad. e ed. em inglês por H. M. Parshley (New York: Vintage Books, 1989).

minúscula órbita em torno do espaço vazio deixado para trás".[142] A mãe de Bella maravilha-se ao vê-la com Edward mais tarde na história: "A forma como você se move – você se orienta em torno dele, sem pensar (...) Você é como um (...) satélite".[143]

Beauvoir afirmava que durante a infância a garota aprende que "o mundo é definido sem referência a ela".[144] Os homens fazem a história, lutam as guerras e produzem as grandes obras de arte. Essa lição torna-se uma crise para a adolescente. "Sentir-se dependente e passiva na idade da esperança e da ambição", escreve Beauvoir, "na idade em que é forte a vontade de viver e buscar afirmação no mundo. Justamente nessa idade de conquista, a mulher aprende que para ela não haverá conquista, que ela deve se desobrigar e que seu futuro depende do prazer do homem".[145] O que lhe oferecem em troca de sua capacidade para construir o mundo e criar valores é o amor, caso ela seja sortuda e bela o suficiente, de um dos fazedores do mundo.

Não espanta que as fantasias adolescentes das meninas incluem uma dimensão de recuo para a segurança da proteção paternal. Afinal, a tarefa de tornar-se um adulto *feminino* representa uma contradição impossível. "Ser feminina é parecer fraca, fútil, dócil", e a feminilidade é a "renúncia à soberania",[146] ao passo em que tornar-se adulto é ter a força e a independência para encarar o mundo. Esse contraste sempre paira nos romances de Meyer. Bella enfrenta todos os marcadores culturais básicos para chegar a ser mulher adulta: o aniversário de 18 anos, a formatura do colegial, sexo pela primeira vez, casamento e maternidade. Mesmo assim, ao longo de quase toda a história, o vampiro de Bella é ao mesmo tempo pai e mãe, assim como amante. No segundo livro aparece um lobisomem tão competente e musculoso quanto Edward, chamado Jacob, representando um papel paternal similar protetor. Conforme Bella é entregue do vampiro ao lobisomem e de volta para o vampiro para sua proteção, ela descreve a experiência: "como quando eu era criança e Renée me enviava para passar o verão com Charlie".[147] Sua fraqueza, em contraste com a força deles, é aquela de uma criança em contraste com um adulto onipotente. Edward lhe confessa: "Você é tão macia, tão frágil, que preciso prestar atenção nas minhas ações a todo momento em que estamos juntos para não machucá-la. Eu poderia matá-la muito facilmente, Bella, simplesmente de forma acidental (...) Não percebe o quão espantosamente quebrável você é".[148] Bella parece ter de ser carregada para todos os lugares e frequentemente dorme nos braços

---

142. Stephenie Meyer, *New Moon* (New York: Little, Brown and Company, 2006), p. 201.
143. Stephenie Meyer, *Eclipse* (New York: Little, Brown and Company, 2007), p. 68.
144. De Beauvoir, *The Second Sex*. p. 331.
145. Ibid., p. 359.
146. Ibid., p.336.
147. *Eclipse*, p. 236.
148. *Twilight*, p. 310.

de seu vampiro só para acordar gentilmente colocada em sua própria cama, com ele ao lado vigiando ou cantando alguma canção de ninar que escreveu para ela; sua primeira dança com Edward é bem-sucedida porque ela põe os pés em cima dos dele enquanto ele a movimenta.[149] Beauvoir notou que a mulher apaixonada tenta "reconstruir uma situação, aquela que experimentou quando ainda era uma menininha, sob proteção de um adulto".[150]

Mas as incapacidades físicas de Bella trazem outros sentidos. Ela é uma estrangeira no espaço físico que parece espiar por cima de um muro para dentro das esferas da ação e do sentido. De acordo com Beauvoir, a garota adolescente abre mão do modo de ser dominante de seu corpo, característico da fase de menina. O filósofo alemão Edmund Husserl (1859-1938) dá a esse modo o nome de "eu posso", em que o corpo é o centro da ação e da intenção vivas. Conforme afirmou Beauvoir, quando a jovem internaliza e assume o olhar masculino, ela adquire a perspectiva de si mesma como presa. Como nos contos de fadas, ela se torna "um ídolo", um "tesouro fascinante", um "maravilhoso fetiche" que os homens caçam.[151]

Nos livros de Meyer, Bella continuamente descobre que os garotos olham para ela demonstrando vários modos de desejo. O olhar masculino confere sentido à existência outrossim vazia dela, dando-lhe um lugar na história no mesmo local através do qual a ação masculina adquire instância de sentido. "Através [do amado] – cujo olhar a glorifica", escreveu Beauvoir, "o nada se torna o ser total e o ser é transmutado em valor".[152] É claro que, se um dia aquele holofote for removido, a própria existência dela está em jogo: "a ausência de seu amante é sempre uma tortura, ele é um olho, um juiz".[153] De fato, quando Edward deixa Bella por grande parte do segundo livro, ela se afunda num tipo de morte em vida, e é apenas o olhar de um lobisomem viril que começa a trazê-la de volta à vida. Parte da sedução dessa história de vampiro deve ser que, excetuando-se a ausência de Edward em *Lua Nova*, seu olhar simplesmente nunca se desvia. Num mundo que ainda insiste de forma pesada que o valor *primário* de uma mulher deriva de sua habilidade de despertar o desejo masculino, Meyer oferece às garotas a fantasia de um olhar masculino intenso, constante e fiel.

Quando vi que os escritos de seis décadas atrás de Beauvoir eram tão relevantes para a história de Meyer, meu pânico materno tornou-se maçante depressão. Para Beauvoir, por mais atemporal que afirme ser o mito do "eterno feminino", ele surge de uma situação totalmente concreta, específica no tempo e lugar, e termina apontando para essa mesma situação. Certamente a situação das garotas nos Estados Unidos na alvorada do

---

149. Ibid., p. 488.
150. De Beauvoir, *The Second Sex,* p. 645.
151. Ibid., p. 350.
152. Ibid., p. 649.
153. Ibid., p. 657.

século XXI não poderia ser a mesma daquela das garotas na França de 1949.[154]

O segundo sexo no século XXI

Verdade seja dita: as barreiras formais e legais à igualdade das mulheres *foram* erodidas. Uma reportagem do *New York Times* em 2006 sobre a "nova divisão de gênero" na educação notou que as mulheres "hoje são 58% dos que estão matriculados nas faculdades de dois e quatro anos e são, tudo considerado, a maioria em escolas e colégios profissionalizantes também. Os homens obtêm notas piores que as mulheres", e "as mulheres vêm obtendo uma fatia desproporcional dos doutorados *honoris causa*".[155]

Acostumamo-nos a pensar que a submissão feminina é coisa do passado. Mas a filósofa contemporânea Susan Bordo argumenta que em uma cultura saturada pela mídia, conforme o poder de gênero perde espaço na lei e na política, acaba se concentrando ainda mais no corpo das mulheres e nos processos pelos quais elas vêm a pensar em si mesmas como pessoas.[156]

Mary Pipher, a aclamada psicóloga cujo relato de suas experiências como terapeuta para garotas adolescentes no livro *O Resgate de Ofélia* virou *best-seller* na lista do *New York Times* mais de uma década atrás, concorda. "Algo dramático acontece com as garotas no início da adolescência (...)", escreveu. "Elas perdem sua alegria despreocupada e seu otimismo e tornam-se menos curiosas e inclinadas a se arriscar. Perdem a personalidade assertiva, energética e 'moleca' e se tornam temerosas, autocríticas e deprimidas. Começam a dizer que são infelizes com o próprio corpo".[157] Tudo isso é desconcertante, especialmente para as mães feministas, porque apesar de "criarmos nossas filhas para serem assertivas e confiantes (...) elas parecem ser inseguras e preocupadas com a feminilidade".[158] Nossas mensagens de igualdade e oportunidade, notou ela, são enviadas em uma

---

154. Isso aconteceu apenas cinco anos após ganharem direito ao voto lá e apenas sete anos depois que a última pessoa foi condena à morte por realizar abortos; aconteceu 16 anos antes que as mulheres pudessem trabalhar por um salário sem ter que pedir autorização ao marido, e antes das dramáticas mobilizações do movimento feminista dos anos 1970.

155. Tamar Lewin, "The New Gender Divide: At Colleges, Women are Leaving Men in the Dust", *New York Times*, 9 de julho de 2006.

156. Vários textos fazem essa afirmação, tanto explícita quanto implicitamente. Ver *Unbearable Weight: Feminism, Western Culture, and the Body* [O Peso Insustentável: Feminismo, Cultura Ocidental e o Corpo] (Berkeley: University of California Press,1993); *Twilight Zones: The Hidden Life of Cultural Images from Plato to O.J.* [Zonas de Sombra: A Vida Secreta das Imagens Culturais, de Platão a O.J.] (Berkeley: University of California Press, 1997); *The Male Body: A Look at Men in Public and Private* [O Corpo Masculino: Um Olhar sobre os Homens nos Espaços Público e Privado] (New York: Farrar, Straus and Giroux, 1999).

157. Mary Pipher, *Reviving Ophelia: Saving the Selves of Adolescent Girls* [O Resgate de Ofélia: O Drama da Adolescente no Mundo Moderno] (New York: Riverhead Books, 1994), p. 19.

158. Ibid., p. 15.

sociedade cheia de "valores lixo" em todos os cantos, de uma cultura obcecada com uma versão estreita da beleza feminina. Ser atraente aos garotos é ainda a primeira via de existência no domínio imaginário da aluna de ginásio norte-americana. Nos filmes e na TV, as mulheres são mostradas de forma massacrante como "seminuas e semi-inteligentes",[159] enquanto em casa e na escola se diz às meninas que podem ser tudo o que quiserem ser. As garotas têm que lidar com esses paradoxos numa época da vida em que elas "não têm aptidões cognitivas, emocionais e sociais" para fazê-lo, argumentou Pipher. "Ficam paralisadas pelas informações complicadas e contraditórias que não conseguem interpretar. Lutam para resolver o insolúvel e para encontrar sentido no absurdo."[160] O esforço as esgota. Ao descrever a própria filha e seus amigos, Pipher disse que às vezes "elas pareciam simplesmente acabadas (...) Muitas garotas confiantes, bem-ajustadas, foram transformadas em fracassos tristes e raivosos".[161]

A escritora Lynn Phillips confirma que esses conflitos, para a maioria das jovens, acabam não se resolvendo quando elas saem da adolescência. As estudantes universitárias enfrentam um "ambiente repleto de mensagens confusas".[162] A mulher ideal é *agradável*, no sentido tradicional: passiva, solícita, infantil e subordinada, disposta ao autossacrifício, e também *composta*, no sentido de saber quem é e quais são seus desejos, sexualmente e profissionalmente, além de ir atrás do que quer.[163]

O que as mulheres jovens aprendem sobre a sexualidade masculina é igualmete paradoxal.[164] Por um lado, espancadores e estupradores são exceções patológicas à normalidade masculina. Por outro lado, a sexualidade masculina em geral é perigosa, e o "desejo sexual masculino é inerentemente impositivo e agressivo", e as mulheres jovens não deveriam começar o que não estão dispostas a terminar.[165] Mesmo hoje em dia, as jovens relatam ter perdido o senso de suas próprias vozes nos encontros sexuais. Elas sentem "a responsabilidade de acompanhar o que quer que faça o parceiro, e até de fingirem estar excitadas, para não interferirem com a excitação dele".[166]

Há dois tipos de mensagens que são passadas às jovens com relação ao amor heterossexual. Por um lado, é generalizada a noção de que o amor vence tudo – é apresentada como se fosse a única chance de salvação de uma mulher. Por outro lado, está a noção de que o amor dói, de que as

---

159. Ibid., p. 42.
160. Ibid., p. 43.
161. Ibid., p. 11.
162. Lynn M. Phillips, *Flirting with Danger: Young Women's Reflections on Sexuality and Domination* [Flertando com o Perigo: Reflexões de Jovens Mulheres acerca da Sexualidade e da Dominação] (New York and London: New York University Press, 2000), p. 18.
163. Ibid., p. 38-52.
164. Ibid., p. 52-61.
165. Ibid., p. 58.
166. Ibid., p. 109.

mulheres não podem esperar muito dos homens, porque afinal eles são todos de Marte, e não de Vênus.[167]

Esses pensadores contemporâneos nos informam que, ao passo em que a desigualdade legal diminuiu, intensificou-se a infantilização das mulheres como objetos do desejo masculino. Se a submissão enfraqueceu nas arenas da esfera pública, ela manteve influência na esfera privada, especialmente aquela esfera mais privada em que ocorre o processo de nos tornarmos quem somos. As mensagens culturais relativas à feminilidade são cheias de paradoxo. E o domínio imaginário em que as mulheres negociam essas realidades de fato se tornou um lugar bagunçado.

Subtexto feminista

O que Stephenie Meyer faz de genial é limpar esse domínio e dar às garotas uma história que parece amarrar todas as contradições. Embora eu tenha falado bastante sobre as formas com que Bella parece se comprometer com uma feminilidade típica dos anos 1950, não falei muito das formas como ela se afasta dessa representação.

O fato mais surpreendente do romance de Bella e Edward não é que ele seja obrigado a resistir à sanha de perfurar a veia jugular pulsante dela, mas que ele, e não ela, pisa no freio nos encontros eróticos entre ambos. Sabendo que qualquer perda de controle significa a morte para sua amada, a autocontenção de Edward permite que Bella seja a que se consome em desejo. Ela é regularmente afastada fisicamente dele enquanto anseia por arrancar as roupas do amado. No fim, ele é forçado a concordar em fazer sexo enquanto ela ainda é humana, mas sob a condição de ela casar com ele. Descobrimos que Bella foi criada pela mãe "para sentir horror a qualquer tipo de vestido branco de mangas bufantes e buquês", porque para ela o casamento "cedo estava nos primeiros lugares na lista negra dela, acima de cozinhar filhotinhos vivos".[168] Mesmo assim, Bella acaba fazendo 18 anos e se forma, casa com Edward pelo sexo e fica grávida, praticamente tudo de uma vez.

Nas entrevistas que Phillips fez com as jovens nas universidades, ela percebeu que o que faltava no caldeirão de discursos sobre sexo, amor e sexualidade eram as histórias de responsabilidade masculina e prazer feminino sem penalidades. Meyer oferece às leitoras a melhor dessas narrativas faltantes, que devem ser um prazer para as meninas que, sem dúvida, desejaram esse tipo de história. Como me disse uma adolescente há pouco tempo, após um desagradável encontro com um adolescente em um carro, "eu só queria que ele se ligasse". Edward se liga. Ele sabe que o sexo é

---

167. Ibid., p. 69-76.
168. Stephenie Meyer, *Breaking Dawn* (New York: Little, Brown and Company, 2008), p. 6, 17.

perigoso para Bella; ele lê todos os sinais de preocupação ou alegria emocional com a maior acuidade e sensibilidade.

Meyer ainda não oferece a suas leitoras uma história clara do desejo feminino sem penalidades. Por um momento, ela parece estar fazendo a mais violenta crítica do prazer heterossexual e da maternidade feita dos últimos 30 anos. A primeira vez com um vampiro despedaça a cama e deixa Bella cheia de hematomas. Ela fica grávida de um bebê vampiro que ameaça destruí-la por dentro; cada chute do feto causa sangramento interno. Esgotada a ponto de quase morrer pela gravidez acelerada, à beira de tornar-se um "cadáver sangrento todo arrebentado e irreconhecível", Bella bebe sangue humano trazido do banco de sangue pelo pai médico-vampiro de Edward, porque nada parece acalmar "o pequeno carrasco".[169] Em vez de deixar que o monstrinho saia dela a dentadas, uma cesariana é realizada ao mesmo tempo em que a vida de Bella se esvai; Edward é compelido a injetar seu veneno nela para salvá-la, transformando-a.

Levei um bom tempo para perceber, pelo fato ser tão enterrado nos dois primeiros livros: particularmente, existe um subtexto feminista nesse quarteto de amor vampiresco. Bella anuncia em *Crepúsculo* que "não gosta de dois pesos e duas medidas", e escreve para a aula uma redação sobre "se o tratamento que Shakespeare dá a suas personagens femininas é misógino", um sutil convite a que o leitor se pergunte a mesma coisa com relação aos personagens de Meyer.[170] Descobrimos que Bella quer ser vampira, não só para evitar envelhecer enquanto Edward fica jovem, vivendo com ele em plenitude imortal, mas porque, no mundo vampiresco, gênero não faz diferença. As vampiras não demonstram qualquer deferência em particular aos homens, e têm superpoderes, como eles. Rosalie, a irmã vampira de Edward, é a melhor mecânica da família. As vampiras são claramente a resposta ao lamento de Bella ao final de *Crepúsculo*: "Um homem e uma mulher devem ser de alguma forma semelhantes", ela diz, "por exemplo, um deles não pode sempre sair voando para salvar o outro (...) Não posso ser sempre a Lois Lane", continua, "também quero ser o Superman".[171] Para o leitor, também, o tédio inspirado pelo milésimo resgate gera esperança para algo mais. "Quero ser selvagem e fatal", Bella nos diz.[172] "Espere só até eu me tornar uma vampira! Não vou ficar sentada esperando na calçada da próxima vez!".[173]

E embora a transformação dela seja uma prova de fogo (quase literalmente, pois a dor envolvida em tornar-se vampiro queima), não desaponta. Bella entra de volta, indomável, no corpo do "eu posso". "No instante em que considerei ficar de pé", maravilha-se, "eu já estava de pé. Não havia

169. Ibid., p. 355, 357.
170. *Twilight*, p. 90, 143.
171. Ibid., p. 473-474.
172. *New Moon*, p. 263.
173. *Eclipse*, p. 559.

um fragmento breve no tempo em que a ação ocorria".[174] Ela é mais rápida e mais forte do que Edward. "Posso sentir agora – a pura força preenchendo meus membros. De repente eu tive certeza de que se quisesse fazer um túnel debaixo do rio, e cavar ou socar até achar o leito, não levaria muito tempo".[175] Em vez de ser levada pela floresta por Edward como um bebê, ela corre com ele: "Eu voei com ele pelo verde vivo, ao lado dele, sem nunca estar atrás (...) Continuei esperando ficar cansada, mas minha respiração vinha sem esforço. Esperei que a queimação começasse nos meus músculos, mas minha força só parecia crescer conforme eu me acostumava com o ritmo. Meus pulos ficavam maiores, e ele logo fazia esforço para me acompanhar. Eu ri mais uma vez, exultante, quando o ouvi ficando para trás".[176] Mais do que qualquer coisa, o poder físico assinala uma mudança existencial: "Agora eu estava na história com ele", diz ela triunfante, enquanto os leitores também respiram aliviados.[177] No terrível encontro final, entre o bem e o mal, a vida e a morte, será Bella, e não os garotos, quem salvará o dia.

O preço da existência

O interessante em Bella é que sua história não termina como nos contos de fadas, com um beijo que traz a princesa de volta à vida, ou com o casamento no palácio. O fim do conto transforma um pesadelo em fato, conforme o feto meio-vampiro gradualmente acaba com a vida dela. Mas finalmente um amor autodestrutivo vira, em meio a todo o sangue, o tipo de amor que Beauvoir teria descrito como autêntico, um amor entre dois seres livres, vivido em igualdade. A tragédia da autoalienação feminina é superada através da *jornada* por essa alienação. Meyer soluciona as paradoxais narrativas femininas de passividade e poder, pureza e desejo, inocência e responsabilidade, dependência e autonomia, criando uma história em que um oposto leva, finalmente, ao outro.

Quando confrontadas com a vida adulta na forma do que Beauvoir chama "ser relativo", as meninas podem acabar se convencendo de que "não há outro caminho a não ser perder-se, de corpo e alma, naquele que é representado para ela como o absoluto, o essencial".[178] Mas o êxtase desse processo de autoperda não é, em essência, masoquista: "Ela escolhe desejar sua escravidão" tão ardentemente que parece ser a expressão de sua liberdade; ela tentará se elevar acima de sua situação como objeto

---

174. Ibid., p. 391.
175. Ibid., p. 410.
176. Ibid., p. 413.
177. Ibid., p. 479.
178. De Beauvoir, *The Second Sex,* p. 643.

não essencial assumindo de forma radical essa situação".[179] Sob o paroxismo do sacrifício, o que Beauvoir chama "sonho de aniquilação", "está, na verdade, uma ávida vontade de existir (...) Quando a mulher se entrega a seu ídolo, ela espera que ele lhe dará de uma vez a posse de si mesma e do universo que ele representa".[180]

O desconcertante nos livros de Meyer é sua reafirmação da velha premissa: assuma seu *status* de presa, de objeto, e você ganhará a liberdade como sujeito, como centro da ação e do sentido. Busque sua existência aos olhos do sujeito masculino soberano e você a encontrará. As antigas histórias jogam a heroína em um abismo. Não sabemos o que acontece com a Bela Adormecida ou a Cinderela ou a Branca de Neve depois do beijo, depois que pedem a mão delas em casamento, e depois do casamento – a "felicidade" que encontram é uma morte vazia. Mas nós *sabemos* o que acontece com Bella, ela é literalmente feita em pedaços pelos desejos e necessidades dos outros. Meyer promete a ressurreição como participante total do drama quase humano, e uma compreensão forte do mundo – pode-se imaginar a própria autora ressuscitando a si mesma, furiosamente escrevendo-se de volta à existência.

Existe uma falha entre a promessa ao leitor e a atividade da escritora, aqui. Meyer não saiu do purgatório da não existência feminina para virar celebridade deixando-se drenar o sangue. É necessário um ato criativo autônomo e empenhado para ressuscitar a vida de uma mulher. Mas como se abre a porta da imaginação feminina para as jovens de forma que tracem cursos para si mesmas que não passem pela tradicional aniquilação feminina? Será que a única forma de fazer isso é pelo uso de nossas tradicionais metáforas misóginas? Se sim, deve-se parabenizar Meyer. Mas, ao insistir em ressuscitar a promessa de que uma vida significativa venha *por meio* da autoaniquilação em prol dos interesses dos outros, *por meio* de ligar-se a uma dessas criaturas especiais que vivem a vida em primeira mão, ela promete a nossas filhas a mesma coisa que era prometida às nossas mães. Nesse sentido, o sucesso arrasador de *Crepúsculo* pode ter vindo do desespero.

---

179. Ibid., tradução modificada pela autora.
180. Ibid., p. 646.

11

Edward Cullen e Bella Swan: herói byroniano e heroína feminista... será?

Abigail E. Myers

Alto. Pálido. Bonito. Misterioso. Todos esses adjetivos descrevem Edward Cullen, de *Crepúsculo*, mas também classificam o tradicional herói byroniano dentro dos cânones literários. Stephenie Meyer é formada em Literatura Inglesa pela Brigham Young University; deu nome ao protagonista Edward com base nos personagens Edward Ferrars, do romance *Razão e Sensibilidade*, de Jane Austen (1775-1817), e Edward Rochester, do romance *Jane Eyre*, de Charlotte Brontë (1816-1855) – ambos heróis byronianos. Rochester, de *Jane Eyre*, fornece particularmente um interessante paralelo com o personagem Edward.

Há tempos Rochester é considerado um herói byroniano, arquétipo imaginado originalmente pelo poeta britânico George Gordon, Lord Byron (1788-1824).[181] Lord Byron viveu a versão início do século XIX das personas que criava em suas obras literárias, como *Don Juan* (1818) e *Childe Harold's Pilgrimage* (1824). Seria Edward Cullen um herói byroniano, também? Se sim, o que as reações de Jane Eyre a seu Edward nos dizem com relação a Bella? As respostas a essas perguntas trazem *insights* com relação a ambos os personagens, localizando-os em suas respectivas tradições literárias. Estaria Meyer tentando recriar um herói byroniano para o público do século XXI? Vamos descobrir.

---

181. George Gordon tornou-se Lord Byron aos dez anos de idade, quando herdou o título de seu pai. Ele normalmente excluía o "Gordon" de seu nome, após o título, como era costume da época. Ver Frank D. McConnell, ed., *Byron's Poetry* (New York: Norton and Company, 1978).

Só se é jovem uma vez na vida; mas é possível ser byroniano para sempre

O herói byroniano é definido no *Oxford Dictionary of Literary Terms* como "fortemente desafiador, mas um autocomiserador que vive às margens, orgulhosamente enojado das normas sociais, mas sofrendo por algum pecado secreto".[182] É inteligente, apaixonado e normalmente acima da média em tudo (incluindo aparência); é, ao mesmo tempo, atormentado, imprevisível e ridiculariza a autoridade alheia. Em outras palavras, é um "*bad boy*", o tipo de homem com quem a sua mãe avisou para tomar cuidado.

Lord Byron, descrito como "homem complexo que adora descrever sua própria complexidade" tinha uma personalidade que tendia a obscurecer a arte que ele mesmo criava.[183] Se um termo literário é criado com base em você, isso significa que você foi bastante inovador no seu campo; os poemas épicos dele são universalmente considerados clássicos da forma. Byron era um rebelde conhecido por ser hábil amante e por adorar festas extravagantes e lindas mulheres, e também por sua bizarra decisão de, no fim da vida, entrar para a Guerra de Independência da Grécia. Mas, se você gosta desse tipo de coisa, *Childe Harold's Pilgrimage* é bastante citado como exemplo do herói epônimo de Byron, e não é difícil saber o porquê, considerando esses trechos do poema:

Whilome in Albion's isle there dwelt a youth
Who ne in Virtue's ways did take delight,
But spent his days in riot most uncouth,
And vexed with mirth the drowsy ear of Night.
Ah me! In sooth he was a shameless wight,
Sore given to revel and ungodly glee,
Few earthly things found favor in his sight
Save concubines and carnal companie,
And flaunting wassailers of high and low degree.

. . .

Yet oftimes in his maddest mirthful mood
Strange pangs would flash along Childe Harold's brow,
As if the Memory of some deadly feud
Or disappointed passion lurked below:
But this none knew, nor haply cared to know;
For his was not that open, artless soul

---

182. Chris Baldick, *Oxford Dictionary of Literary Terms* (Oxford: Oxford University Press, 2008). *Oxford Reference Online*, Oxford University Press, St. John's University, www.oxfordreference.com/views/ENTRY.html?subview=Main &entry=t56.e155.
183. McConnell, *Byron's Poetry*, p. xi.

That feels relief by bidding sorrow flow;
Nor sought he friend to counsel or condole,
Whate'er this grief mote be, which he could not control.[184]

[Tempos atrás morava, na ilha de Albion, um jovem
A quem não apeteciam os caminhos da Virtude
E que passava seus dias em rebelião sem qualquer refinamento,
A escandalizar alegremente os ouvidos sonolentos da Noite.
Ah! Era em verdade um ser humano desavergonhado,
Um fanfarrão entregue ao divertimento pagão,
Poucas coisas terrenas lhe davam gosto
A não ser as concubinas e a companhia carnal,
E os beberrões barulhentos de alto e baixo nível.

(...)

Ainda assim, durante seus humores mais fragorosos,
Estranhas angústias cruzavam o cenho de Childe Harold,
Como se a Lembrança de algum duelo mortal
Ou paixão desiludida espreitasse do fundo:
Mas isso ninguém sabia, nem queria saber;
Pois a alma dele não era tão aberta e simplória
A ponto de aliviar-se ao deixar correrem soltas as mágoas;
Nem procurava ele um amigo que o aconselhasse ou dele se condoesse,
Seja qual fosse seu pesar, o qual ele não podia controlar.]

Certo. Soa familiar? Alguém que adora causar confusão à noite, dirigir carros em alta velocidade e travar "duelos mortais"? O poema poderia estar descrevendo o Edward Cullen de Meyer, embora tenha sido escrito 180 anos antes de sair o primeiro livro de *Crepúsculo*. Existe uma imortalidade implícita na figura do herói byroniano; a utilização que Meyer faz das características byronianas de Edward, imortal tanto como vampiro quanto como herói byroniano, demonstram um nível mais profundo de sentido na série que conquistou a população pré-adolescente nos Estados Unidos.

Por que os heróis byronianos são péssimos chefes

Edward Rochester. Só o nome já evoca suspiros de gerações de leitoras do imortal romance *Jane Eyre*, escrito por Charlote Brontë e publicado pela primeira vez em 1847 sob o pseudônimo Currer Bell. A história da pobre mas passional governanta que se apaixona por seu empregador sombrio, misterioso e atormentado (dá para notar um padrão aqui?), *Jane Eyre*

---

184. Ibid., p. 26-27.

marcou a literatura britânica da Era Vitoriana e inspirou filmes, quadrinhos e romances contemporâneos por quase 200 anos.[185] Por que Edward Rochester é um herói byroniano que vale tanto a pena imitar? Você deveria ler o livro, mas, caso não consiga sair da fila de estreia de *Lua Nova* por tempo suficiente para dar um pulo na livraria, vamos dar uma olhada.[186]

Jane, narradora do livro, estuda em uma escola para garotas órfãs e, ao sair, é contratada por uma senhora idosa para ser a governanta de uma criança sem irmãos, Adele, na magnífica mansão Thornfield. (Observação: Jovem estudante começa vida nova longe de casa, sem amigos e cheia de senso de aventura e agitação. Parece familiar?) O patrão, dizem a ela, fica pouco em casa, e ela passa a maior parte do tempo com Adele e os outros serviçais da casa. Então, acaba conhecendo Edward Rochester, pai de Adele e dono de Thornfield, depois que ele sofre um acidente de cavalgada quando Jane está fora, caminhando. Quase que imediatamente ela se vê confusa e atraída por Rochester: "Ele parecia preciosamente sinistro, com a cabeça enorme apoiada no encosto acolchoado da poltrona, a luz do fogo iluminando suas feições de granito e seus grandes, e belos, olhos negros também – não sem que houvesse uma mudança na profundidade deles, às vezes; se não era a suavidade, ao menos a lembrava".[187]

Mas, sem perder tempo, Edward Rochester também acautela Jane com relação a si próprio:

> Sou um comum pecador contrito, calejado por todas as insignificantes dissipações com as quais os ricos e imprestáveis tentam preencher a vida (...) Eu poderia mudar – ainda tenho forças para isso – se quisesse – mas de que serve pensar em mudança assim restrito, pesaroso e amaldiçoado como estou? Além disso, uma vez que a felicidade me foi irrevogavelmente negada, tenho direito a obter prazer da vida: e *vou* obtê-lo, custe o que custar.[188]

É claro que esse pequeno discurso faz voar o coração de Jane, e no fim nossos herói e heroína declamam seu amor imortal um pelo outro. Aqui está o problema: Jane é uma garota boazinha, e Rochester, um *bad boy*. Extremamente *bad boy*. Sem estragar a história para os que estão acampando na bilheteria do cinema, Jane acaba descobrindo o terrível segredinho de Rochester (todo bom herói byroniano tem pelo menos um), e lhe diz, em

185. Posso jurar que a única adaptação para o cinema de *Jane Eyre* a que vale a pena assistir é a minissérie em quatro partes da BBC, de 2006. Leia sobre a série em: www.bbc.co.uk/drama/janeeyre/about.shtml.

186. Uma excelente referência *on-line* sobre *Jane Eyre* é o "Charlotte's Web", facilmente acessível do seu computador preferido em www.umd.umich.edu/casl/hum/eng/classes/434/charweb/index.html.

187. Charlotte Brontë, *Jane Eyre* (New York: Barnes and Noble Books, 1993), p. 131.

188. Ibid., p. 136.

termos vitorianos exatos, para ir para aquele lugar.[189] Ela quer que ele receba a mensagem de forma tão contundente que sai tempestuosamente de Thornfield com uma mão na frente e outra atrás, e nenhum plano além de ver até onde uma carruagem pode levá-la com o pouco de dinheiro que ela tem. Vai embora de Thornfield antes do nascer do sol com o seguinte pensamento: "[Ele] esperava com impaciência pelo dia. Mandaria me chamar pela manhã; eu não estaria lá. Mandaria me procurarem; em vão. Sentiria que foi abandonado, seu amor rejeitado; ele sofreria; talvez se desesperaria. Pensei nisso também. Minha mão se moveu em direção à maçaneta: girei-a e saí".[190]

Sangue-frio, não? Afinal, que tipo de garota doce e inocente é Jane, para sair correndo daquele jeito? Uma garota boazinha não deveria ficar ao lado de seu homem, sempre esperando por ele *à la* Bella Swan em *Lua Nova*? Não essa garota.

Jane Eyre: governanta destemida, noiva fugida e heroína feminista

A introdução de Sandra M. Gilbert e Susan Gubar a *Jane Eyre* diz que, no livro, "uma narradora determinada falou sobre os desejos femininos pela liberdade de uma forma que, em 1847, era de uma autoridade surpreendente".[191] De fato, a própria Jane há tempos é reconhecida como personagem revolucionária da literatura, uma pessoa que vira a mesa, o protótipo do tipo de heroína a que chamaríamos "feminista" hoje em dia. Será?

Após sair de uma rígida escola conservadora para meninas, Jane trabalha como governanta, típica ocupação feminina durante o século XIX. Sua narrativa tem atividades bastante convencionais para as mulheres de 1847; ela é hábil nas artes refinadas, como desenho, tocar piano, costura e coisas do tipo. Quando nós, leitores contemporâneos, imaginamos as heroínas feministas, remetemos à Agente Scully, a Hermione Granger, à Presidente Laura Roslin, ou mesmo a Bridget Jones e Carrie Bradshaw, mas nunca a uma governanta do século XIX. Hoje em dia, queremos que nossas heroínas feministas sejam duronas, que carreguem armas, sem frescuras, ou mesmo que sejam mulheres de carreira bem-sucedida obcecadas com

---

189. Alerta: estamos revelando a história! O segredo é que a primeira mulher de Rochester não só está viva e ainda casada com ele como é louca e foi trancada no sótão em Thornfield. Jane descobre isso não durante alguma discussão tranquila e racional com seu futuro marido, mas – vejam só – no altar, na hora do "alguém tem algo a dizer contra este casamento?". Razão mais do que suficiente para transformar qualquer noiva no Godzilla.
190. Brontë, *Jane Eyre*, p. 328.
191. Sandra M. Gilbert e Susan Gubar, eds., *The Norton Anthology of Literature by Women*, 2. ed. (New York: Norton and Company, 1996).

sapatos e peso. Mas dificilmente pensamos em uma jovem empertigada e perfeitamente equilibrada que adora gorrinhos.

Mas estaríamos errados. Jane pode ser compreendida como uma personagem feminista por sua determinação em ater-se à própria moral (não importa com que tipo de papo lhe venham os homens), às suas crenças éticas e educação acadêmica, à sua habilidade e disposição em sustentar-se, além da lealdade aos amigos. Por exemplo, quando Edward Rochester tenta convencer Jane a ficar com ele, apesar de ela conhecer seu terrível segredo, ela se recusa. Bella não tem essa sabedoria. Jane sabe que ficar com Rochester significaria comprometer profundamente seus princípios morais, embora ela saiba que será difícil abandonar o homem a quem ama:

> Eu cuido de mim. Quanto mais solitária, sem amizades e sem apoio eu ficar, mais respeito terei por mim mesma. Manterei a lei dada por Deus; sancionada pelo homem. Me aterei aos princípios recebidos por mim (...) As leis e princípios não são para os tempos em que não há tentação: são para os momentos como este, em que o corpo e a alma se rebelam contra seu rigor; são rígidos; devem ser invioláveis. Se à minha própria conveniência individual eu romper com eles, de que valeriam? Eles têm um valor – nisso eu sempre acreditei.[192]

Da mesma forma, quando Jane descobre que terá que começar do nada, ela calmamente se prepara para usar toda sua experiência e educação para se sustentar. "Sim, muito", ela diz, quando lhe perguntam se é literariamente educada; "Estive em um internato por oito anos".[193] Mas, quando lhe perguntam que tipo de trabalho ela sabe fazer, ela diz: "Mostre-me como trabalhar, ou como procurar emprego; isso é tudo que peço agora; e então deixe-me (...) posso ser modista: serei uma simples mulher trabalhadora; serei serviçal, enfermeira, se não conseguir algo melhor".[194] Quando lhe oferecem um emprego de professora em uma pequena escola para meninas no interior, ela comenta: "Na verdade era humilde – mas havia abrigo, e eu queria um lugar seguro para ficar: era um trabalho monótono – mas, comparado ao de uma governanta em uma mansão, era independente; e o medo de servir a estranhos pesava em minha alma como ferro: não era ignóbil – tinha valor – e não era mentalmente degradante".[195] Essas afirmações mostram que, enquanto Jane se orgulha de sua educação, seu maior objetivo é sustentar a si mesma e ser independente. Bella tem algumas dessas qualidades, também, como não querer que Charlie, seu pai, compre um carro para ela quando chega em Forks, e voar para Washington sozinha

---

192. Brontë, *Jane Eyre*, p. 325.
193. Ibid., p. 349.
194. Ibid., p. 357-358.
195. Ibid., p. 364.

para viver com Charlie e de volta para o Arizona ao ser perseguida por James. Mesmo seu interesse por Edward sugere uma intenção de se tornar independente, senão autossustentada.

Por fim, como toda heroína feminista de valor, Jane Eyre é intensamente leal a seus amigos, assim como Bella (Jacob – precisa falar mais?). Quando Jane se choca pela notícia de que herdou enorme fortuna de um tio que nunca havia visto, fica mais feliz com a descoberta de que a família Rivers, com que morou após fugir de Thornfield, é formada por parentes seus. Ela decide dividir a fortuna com os outros membros da família, apesar da insistência deles para que ela guarde o dinheiro para si: "Não pude ignorar o delicioso prazer que pude desfrutar em parte – o de pagar, em parte, uma poderosa obrigação, e ganhar amigos para a vida toda (...) Você não pode imaginar como preciso do amor fraternal e de irmã. Nunca tive uma casa, nunca tive irmãos nem irmãs; eu devo tê-los agora, e os terei".[196]

Então, enquanto a arma mais formidável de Jane são seus desenhos a lápis, com nível educacional equivalente à oitava série dos dias de hoje, não é difícil entender por que os críticos e leitores a consideraram heroína feminista, fascinante e fora do comum para o byroniano Edward Rochester. Embora ele considere as beldades mimadas e sem conteúdo das várias festas, como Blanche Ingram, é a modesta e independente Jane quem ganha o coração dele. As garotas boazinhas terminam bem, sob todos os aspectos, em *Jane Eyre*, ganhando riqueza material, conexões familiares, amor romântico, assim como satisfação moral e intelectual.

Mas o que tudo isso tem a ver com a saga *Crepúsculo*? Você notou os paralelos superficiais com Edward e Bella. Vejamos agora como esses dois jovens doidos de Forks ficam de fato à altura daqueles personagens atemporais.

O herói byroniano: agora com tanta perfeição que até brilha!

Edward captura o interesse de Bella bem cedo em *Crepúsculo*. É bem difícil não reparar naquele cara arrumado, que nunca come na lanchonete da escola, membro de uma família extremamente atraente e que dirige um carro esporte para ir à escola quando a maioria dos outros rapazes só tem carrinhos de brinquedo. Será que ele se encaixa no papel de herói byroniano? Bem, será que os vampiros bebem sangue?

No começo deste capítulo, descobrimos que os heróis byronianos têm suas boas qualidades. São normalmente espertos, e Edward exibe seu conhecimento de Biologia logo no início, quando ele e Bella fazem dupla na aula de laboratório.[197] Os heróis byronianos são corajosos, coisa que

196. Ibid., p. 397-398.
197. Stephenie Meyer, *Twilight* (New York: Little, Brown and Company, 2005), p. 45.

Edward demonstra ao salvar Bella do acidente automobilístico.[198] E quando um herói byroniano decide focar o interesse em alguma coisa, o faz com paixão, como Edward admite a Bella:

> [Bella:] "Por que você quis ir embora?"

> [Edward:] "Me deixa (...) ansioso estar longe de você". Seus olhos eram gentis, mas intensos, e pareciam estar amolecendo meus ossos.[199] "Eu não estava brincando quando lhe pedi para não cair no oceano ou ser atropelada na última terça. Estive distraído o fim de semana inteiro, preocupando-me com você."[200]

Mas os heróis byronianos também são perigosos – tão perigosos que *adoram se revelar e avisar como são perigosos*. Assim como Childe Harold e Edward Rochester! Eles não escondem que são problemáticos; têm prazer em falar disso, escrever e fazer anúncios sobre isso. Edward Cullen certamente se encaixa nesse quesito: "'Você não percebe, Bella? Uma coisa é eu me tornar miserável, mas outra coisa completamente diferente é envolver você nisso.' Ele voltou seus olhos angustiados para a estrada, suas palavras fluindo rápido demais para que eu entendesse (...) A voz era em tom baixo, mas urgente. Suas palavras me feriam. 'É errado. Não é seguro. Eu sou perigoso, Bella – por favor, entenda isso'".[201] Ele imitou totalmente Edward Rochester.

E, considerando que nenhum herói byroniano existe sem seu terrível e assustador segredo, Edward Cullen não fica devendo: é um vampiro de um século de idade. Ele se alivia do segredo bem mais cedo que Rochester, e você tem que dar os parabéns a Bella por ter desvendado bem antes do que Jane Eyre:

> "Fiz umas pesquisas na Internet."
> "E isso a convenceu?" Pela voz, parecia não estar muito interessado. Mas as mãos agarravam com força a direção.
> "Não. (...) Decidi que não importa", sussurrei.
> "Não *importa*?" O tom de voz dele me fez levantar a cabeça – eu havia finalmente abalado sua máscara cuidadosamente controlada. Sua face era de incredulidade, com apenas um pouquinho da raiva que eu havia temido.
> "Não", eu disse suavemente. "Não importa para mim o que você é."

---

198. *Twilight*, p. 56.
199. Uma característica comum, até hoje não notada, entre os heróis byronianos: olhos intensos. Cadê meu prêmio literário?
200. *Twilight*, p. 188-189.
201. Ibid., p. 190.

A voz dele adquiriu algo de cortante. "Você não se importa que eu seja um monstro? Que eu não seja um *ser humano*?"[202]

É claro que o segredo de Edward é suavizado de forma significativa por seu "vegetarianismo"; ele e o resto da família Cullen vivem do sangue de animais, obtido em incursões de "caça" nas florestas ao redor de Forks. Mas isso não significa que ele e sua família vampiresca tenham perdido totalmente o interesse por sangue humano. Estar perto de humanos é às vezes uma luta para todo o clã, exceto para Carlisle Cullen, o "pai" e mais soberbamente autocontrolado dos vampiros vegetarianos, conforme ele mesmo explica a Bella quando ela se corta em sua festa de aniversário em *Lua Nova*.[203]

Bella é o maior desafio que Edward tem de atravessar. Embora ele queira protegê-la e amá-la de uma forma humana, seu desejo pelo sangue dela (e, por extensão, a morte da amada e sua transformação em vampira) nunca some. Ele explica a Bella no capítulo 14 de *Crepúsculo*, intitulado apropriadamente de "Mind Over Matter" [Mente sobre a matéria], como ele ensina a si mesmo a controlar-se quando está próximo a ela de forma que possam viver algo semelhante a um relacionamento humano.[204] Mas o herói byroniano está sempre lutando contra seu passado, figurativa e literalmente, falha esta que se mostra de forma espantosa em *Crepúsculo*, quando Edward luta contra os decididamente não vegetarianos James, Laurent e Victoria, e despacha James, companheiro de Victoria, para ser morto por seus "irmãos" Emmett e Jasper.[205] Edward pode ser a imagem da autocontenção cavalheiresca quando está perto da humanamente humana Bella, mas sua superforça e brutal eficiência como matador revelam-se a Bella de forma cristalina ao final de *Crepúsculo*.

Então temos, em Edward, um herói claramente imperfeito (para dizer o mínimo), sem mencionar suas tendências controladoras no que diz respeito a Bella.[206] Mas e Bella, a intrépida apaixonada por vampiros que um dia se torna ela mesma mamãe de vampiro e esposa de vampiro? Seria ela uma heroína feminista na tradição de Jane Eyre, já imitada mas nunca replicada? Bem, vamos examinar as evidências.

---

202. Ibid., p.184
203. Stephenie Meyer, *New Moon* (New York: Little, Brown and Company, 2006), p. 33-36.
204. *Twilight*, p. 293-311.
205. Ibid., p. 461.
206. Para ler um fascinante ponto de vista feminista sobre as questões de Edward nesse departamento, leia: "I Was a Teenage Trend-Hater: Despising *Twilight* Is Big for Fall" [Eu era uma adolescente que odiava tendências: desprezar *Crepúsculo* é a nova mania do outono], Jezebel. com, jezebel.com/5092089/i-was-a-teenage-trend+hater-despising-twilight-is-big-for-fall.

Será que você pode continuar sendo feminista se decidir virar vampira pelo seu marido?

Bella é um enigma para as feministas; por um lado, temos uma heroína educada academicamente, independente e que vai atrás do que quer, assim como nossa amiga Jane. Ela lê *O Morro dos Ventos Uivantes*! Ela se manda sozinha para o meio do mais doce nada, apesar do amor de uma doce, apesar de excêntrica, mãe. E, apesar das muitas boas razões para não se envolver, ela permanece devotada a Edward a ponto de se render ao dente afiado e transformar-se em uma linda e temerária vampira. Esses parecem ser argumentos razoáveis para que Bella seja considerada uma heroína feminista feroz e fabulosa, um modelo de determinação ferrenha, e paixão eterna das jovens da geração iPod.

Mas críticos, blogueiros, fãs e esta autora têm muito a dizer com relação a Bella se encaixar em um modelo feminista para as milhões de adolescentes (e, sejamos honestos, de mulheres adultas) que acompanham a saga. Uma das mais persuasivas (e hilárias) é a blogueira Cleolinda Jones, que reconta a saga e tece comentários, tendo recebido milhares de visitas em apenas um ano. Por exemplo, em *Lua Nova*, Bella começa a passar mais tempo com Jacob Black depois do desaparecimento de Edward, evento que a deprime e a faz pensar até em suicídio. Quando Jacob lhe mostra, orgulhoso, algumas motos que eles pretendiam restaurar (Jacob de nada sabe, mas Bella pretende cometer suicídio em uma Harley), Bella comenta: "Achei que precisaria ter um cromossomo Y para entender porque tanta excitação".[207] Jones responde: "Porque *garoooootas* [*sic*] não podem gostar de coisas legais como motocicletas. A menos que estejam tentando se matar".[208]

Essa sagaz observação ressalta o conflito central entre Bella e o feminismo: Edward eventualmente se torna a única razão de ser de Bella. Ela parece ter poucos interesses e paixões com excessão de Edward. A bondade e a afeição que Jacob lhe demonstra são ignoradas quando Edward retorna ao final de *Lua Nova*.[209] Sua amizade com algumas das garotas na escola é superficial e facilmente esquecível; apenas duas de suas amigas da escola são convidadas para seu casamento em *Amanhecer*, e nunca mais as vemos depois disso. Mesmo seu relacionamento com o pai bem-intencionado e amoroso, senão estranho, sai perdendo por causa do relacionamento com Edward. Ao contrário de Jane Eyre, Bella não divide a fortuna com seus amigos e sua família; Edward é tudo o que importa.

---

207. *New Moon*, p. 139.
208. Cleolinda Jones, "Twilight II: Vampiric Boogaloo", *Occupation: Girl* [Crepúsculo II: Dança Vampiresca – *Profissão: Garota*], 15 de maio de 2008, cleolinda.livejournal.com/603861.html.
209. *New Moon*, p. 561.

O que mais incomoda é que Bella aceita sem questionar todas as piores qualidades de Edward. Claro, não há muito que ele possa fazer com relação a ser um vampiro, e até que ele se controla muito bem nesse departamento. Mas, como comentaram Jones e os outros, a atenção que ele dá a Bella é perturbadoramente semelhante a relacionamentos que seriam classificados como abusivos no mundo real. Ele entrando no quarto dela à noite para espiá-la em seu sono – inicialmente sem que ela soubesse – é o tipo de coisa que faria a maioria de nós ligar para a polícia e denunciar um tarado, isso se antes não lhe déssemos uma pancada na cabeça com o bastão de baseball. Ele não a encoraja a ir atrás de outras amizades ou interesses a não ser ele (de fato, ele é intensamente ciumento até das conversas que ela tem com outros garotos), a não ser pelas vezes em que afirma, vagamente, ser um homem "perigoso", insistindo em segui-la e acompanhá-la a todos os lugares. E, quando Edward no fim confessa a mentira que impulsiona toda a trama de *Lua Nova*, ele parece ofendido quando Bella mostra dificuldade em acreditar na história dele. Jones reclama: "Estou meio irritada porque Edward fica bravo com o fato de que ela não acredita. 'O quê? Eu acabei de contar uma mentira gigantesca que deixou você catatônica por seis meses! Por que você não acredita em nenhuma palavra do que eu digo *agora*?'"[210]

Assim como o típico herói byroniano, Bella tem suas boas qualidades; mas, novamente, como o típico herói byroniano, ela não é necessariamente alguém que você gostaria que seu filho imitasse, ou que por ela se apaixonasse. É difícil comparar Bella com Jane Eyre e ainda considerá-la uma heroína feminista; a personagem daquela época que vem à mente quando se discute Bella é Cathy Earnshaw, a destrutiva antagonista de *O Morro dos Ventos Uivantes*, de autoria de Emily Brontë (sim, irmã de Charlotte). É de espantar que o livro preferido de Bella por uma das irmãs Brontë seja *O Morro dos Ventos Uivantes*, e não *Jane Eyre*?

Basicamente, Bella e Edward se merecem

A diferença fundamental entre Edward Rochester e Edward Cullen é que Rochester aprende a lição. Jane tem poder feminino suficiente para não se deixar enrolar por ele – e reforça suas afirmações escapando antes do amanhecer, confundindo-o e quebrando o coração dele; por esse fato, Edward verdadeiramente compreende o quanto é egoísta e míope. Ele também passa pela inacreditável punição que envolve morte, destruição e aleijamento, causados por sua falta de compreensão, compaixão e antecipação.[211] Ela só retorna para ele quando a circunstância que a fez ir embora

---

210. Jones, "Twilight II: Vampiric Boogaloo".
211. Estamos contando de novo o fim da história! A esposa louca de Rochester acaba cometendo suicídio ao atear fogo à mansão, que é destruída. Rochester fica cego no processo. Eu diria que isso é punição suficiente por tentar a bigamia e então tentar convencer uma garota legal como Jane a ser sua amante.

é resolvida e ela tem a prova de que ele mudou de verdade. São sua fé, educação e autoconfiaça (e, claro, uma herança conveniente que a tornaria uma verdadeira "Dona de Casa do Norte da Inglaterra" nos dias modernos) que lhe permitem sustentar-se sem precisar de Edward e também desenvolver com ele um relacionamento baseado em igualdade e respeito mútuos.

Bella, por outro lado... bem, nem tanto. Uma resposta feminista a Edward Cullen poderia ter sido: "Olha só: você parece um vampiro muito legal, mas, se estar com você significa desistir da minha família, dos meus amigos e da faculdade, acho que vou buscar um relacionamento que permita que eu tenha amor romântico e sexual assim como todas as outras coisas". E um vampiro não abusivo teria sido muito sério ao afirmar que a linda garota mortal estaria melhor sem ele, que aceitaria o fato de que ser mortal, humana e jovem inclui cometer os seus próprios erros e *não* ser salva de toda e qualquer ameaça, real ou imaginária.

Mas isso não passa pela cabeça de Bella e Edward. O final para eles é de conto de fadas, não por parecer que viverão felizes para sempre, mas por não ter causa e efeito, nem a responsabilidade moral, dos relacionamentos reais. E, se essa é a ideia que Stephenie Meyer tem de um final de conto de fadas, talvez seja melhor nos certificarmos de considerar a saga de *Crepúsculo* pelo que ela realmente é: um conto de fadas, tão imitável quanto *A Bela Adormecida*. O teste? Pergunte a si mesmo se a Bela Adormecida é modelo de comportamento. Acho que a resposta é não. Bem, então, será que Bella é uma heroína feminista? Talvez possamos responder a isso com outra pergunta: será que os vampiros irão algum dia superar seu gosto por sangue?[212]

---

212. Gostaria de dedicar este ensaio à professora Laurie Sterling, do King's College, sem a qual eu nunca teria tentado reler *Jane Eyre* após minha desastrosa tentativa de ler o livro aos 14 anos de idade. Suas aulas lúcidas e apaixonadas sobre a obra poderiam certamente convencer a audiência adolescente de Meyer a pegar para ler esse clássico longo, mas muito satisfatório.

12

Patriarcado no além-túmulo e a possibilidade de amar

LEAH MCCLIMANS E J. JEREMY WISNEWSKI

Há várias razões para não confiar em Edward Cullen quando se encontra com ele pela primeira vez. Beber sangue é apenas uma das razões. Ele parece ser um (estereo)típico homem em todos os aspectos: tem dificuldade em controlar suas vontades e sempre acha que *ele* sabe o melhor a fazer. Mesmo sua atração inicial por Bella Swan parece marcada pelo desejo de controlar. Pense nisso: Edward não tem acesso aos pensamentos dela, então ele não tem imediatamente a mesma vantagem sobre ela que teria sobre outros. Ela então se recusa (embora sem saber) a submeter-se ao poder dele. Mas esse fato parece torná-la ainda mais atraente para Edward, um controlador por excelência: já que não tem acesso automático à mente dela, seu desejo é descobrir mais sobre a garota – para então poder dominá-la.

É possível que não estejamos dando a Edward o benefício da dúvida, mas dá para culpar a gente? Sob o patriarcado, não dá para confiar em nenhum homem, para dizer o mínimo. O patriarcado é uma sociedade, como a nossa, caracterizada por estruturas que apoiam a dominância masculina. A igualdade nos relacionamentos entre os sexos opostos é difícil de obter. Fomos criados para pensar nos relacionamentos humanos em termos de forte e fraco; vencedores e perdedores, protetores e protegidos.[213] Como resultado, quando nos deparamos com o comportamento controlador ou superprotetor de parceiros e namorados, as mulheres e garotas (incluindo Bella) quase sempre o interpretam como cuidadoso e romântico. Da

---

213. bell hooks, *All About Love: New Visions* [Tudo sobre o Amor: Novas Perspectivas] (New York: HarperCollins Press, 2001), p. 97.

mesma forma, homens e garotos (incluindo Edward) frequentemente interpretam sua cara-metade feminina como irracional e tola.[214] As feministas
argumentam que, se não for questionada, essa desigualdade sabota a confiança, a honestidade e, em última instância, o amor.

Esses padrões de dominação e subordinação continuam na nossa sociedade, mesmo que muitas meninas sejam criadas para se tornarem mulheres
que se veem como indivíduos de *status* social igual. Reconhecer-se como um
indivíduo igual, infelizmente, não é o mesmo que compreender-se como igual
em um relacionamento heterossexual (ou qualquer outro tipo de relacionamento, por assim dizer). Existem meios de se compreender *como* ter um relacionamento igualitário. De fato, podemos até nos perguntar, com Andrea
Dworkin, se *é possível* haver relacionamentos heterossexuais iguais.[215] Soa
surpreendente, mas essa falta de orientação é a razão pela qual precisamos
de *Crepúsculo*. Precisamos ver Edward aprendendo a ser uma pessoa melhor e menos estereotipado como homem. Em Forks, Washington, descobrimos tanto as armadilhas do patriarcado quanto a possibilidade de um
amor que reconhece a necessidade de igualdade.

Edward Cullen e seus problemas com controle

Conforme conta a história, um vampiro desconhecido entra na casa
de Bella enquanto ela passa o fim de semana mantida em "cativeiro" pelos
Cullen. Os vampiros vegetarianos e os lobisomens locais entram em alerta
máximo. Jacob Black vai até a casa dos Swan para sentir o cheiro do intru-
so. Na saída, decide perguntar se Bella não quer sair com ele:

> "Espere um momento – ei, você acha que poderia ir a La Push
> hoje à noite? Vamos fazer uma festa em volta da fogueira. Emily
> vai estar lá, e você poderia conhecer Kim..."

> "Então, Jake, não sei. Você percebe que as coisas estão meio
> tensas, agora..."

> "Ah, vai, você acha que o intruso vai conseguir fugir de nós – de
> nós seis?" (...) Seus olhos lhe imploravam abertamente.

> "Vou perguntar", respondi meio em dúvida.

---

214. Donna Chung, "Violence, Control, Romance and Gender Inequality: Young Women
and Heterosexual Relationships" [Violência, Controle, Romance e Desigualdade de Gênero: Jovens Mulheres e Relacionamentos Heterossexuais] in *Women's Studies International
Forum* 28:449, 2005.
215. Ver Andrea Dworkin, *Intercourse: 20th Anniversary Edition* (New York: Basic Books, 2006).

Ele fez um ruído que vinha do fundo da garganta. "Quer dizer que agora ele é seu guardião, também, é? Sabe, eu vi essa reportagem na TV semana passada que falava de relacionamentos adolescentes controladores e abusivos, e – "

"Tá bom!", cortei, empurrando o braço dele. "É hora de o lobisomem sair!"[216]

É claro, Jacob diria *qualquer coisa* para aproveitar a vantagem que tem com Bella, mas dessa vez pode ser que ele tenha tocado em um ponto importante. Edward *pode* de fato ser bem controlador. Há algum tempo as feministas já reconheceram os relacionamentos controladores como consequência do patriarcado. Um sistema que promove a dominação masculina também encoraja os homens a temer as formas como seu domínio pode ser diminuído. Como resultado, os homens tentam controlar as situações em que se sentem mais vulneráveis. Bella pode não ser a garota mais bonita de Forks, mas parece ser a mais desejável – e ela é de Edward. Não surpreende que os problemas que Edward tem com o controle remetam frequentemente ao temor pela segurança dela – justamente as situações que a tirariam dele. Quando Bella conhece a família Cullen pela primeira vez, ela nota uma troca silenciosa entre Carlisle e Edward. Mais tarde, pergunta a Edward:

> "Sobre o que você e Carlisle estavam conversando, antes?"
> Ele levantou as sobrancelhas. "Você percebeu, é?"
> Dei de ombros. "É claro".
> Ele me olhou pensativamente por alguns segundos antes de responder. "Ele queria me passar algumas notícias – e não sabia se eu as contaria a você."
> "E você vai contar?"
> "Tenho que contar, porque estarei sendo um pouco... excessivamente protetor nos próximos dias – ou semanas – e não quero que você pense que sou um tirano."
> "Qual é o problema?"
> "Nenhum, na verdade. Alice apenas viu alguns visitantes que virão logo. Sabem que estamos aqui, e são curiosos".
> "Visitantes?"
> "Sim... bem, não são como nós, é claro – em seus hábitos de caça, quero dizer. Provavelmente não irão até a cidade, mas com certeza vou ficar de olho em você até eles irem embora".[217]

---

216. Stephenie Meyer, *Eclipse* (New York: Little, Brown and Company, 2007), p. 223-224.
217. Stephenie Meyer, *Twilight* (New York: Little, Brown and Company, 2005), p. 328.

Aparentemente, Bella não tem escolha, e Edward pretende "protegê-la" controlando os lugares onde vai e as pessoas que ela vê. E fica pior. Não demora muito para Edward começar a reter informações dela (lembra-se no começo de *Eclipse* quando ele mente a ela sobre a visão que Alice tem do retorno de Victoria?), manipulá-la (lembra-se da viagem à Flórida?), seguir seu carro (assustando-a a ponto de ela não querer olhar para ele no espelho retrovisor) e pagar a Alice para que esta a mantenha como refém enquanto ele vai passar o fim de semana com os rapazes.

O comportamento controlador pode resultar do patriarcado, mas também o reforça. Quanto mais necessidade Edward sente de proteger Bella, mais ele a vê como fraca e vulnerável. Além do mais, a visão que ele tem da amada não é simplesmente em termos de fraqueza física, mas também se aplica à análise que ele faz da capacidade de decisão dela. Talvez não haja exemplo melhor para ilustrar esse fato do que as discussões constantes entre ambos sobre ela se tornar vampira. Edward *continuamente* descarta o pedido de Bella como irracional, desinformado e precipitado. Ou considere em *Lua Nova*, quando ele decide ir embora. Ele o faz *não* porque esteja cansado de fingir ser algo que não é, mas, em vez disso, como ele mesmo explica: "Eu só fui embora porque queria que você tivesse a chance de viver uma vida humana normal e feliz, em primeiro lugar. Pude ver o que estava fazendo a você – mantendo-a constantemente perto do perigo, levando-a para longe do mundo a que você pertencia, arriscando sua vida a todo momento em que estávamos juntos".[218]

Com a explicação, pode parecer que Edward está fazendo um sacrifício; entretanto, Bella *não quer* uma "vida humana normal e feliz", e ela *não queria* que Edward fosse embora. Quantas vezes tem que implorar para que Edward fique com ela? E com que frequência ela lhe pede para mudá-la? Na verdade, uma "vida humana normal e feliz" torna-se gradualmente a pior perspectiva para ela. Por que Edward sempre pensa que sabe mais do que Bella o que é melhor para a moça? Com certeza não é o histórico das decisões que ela já tomou. Ela sabe tomar excelentes decisões: quando percebe que a mãe precisa passar um tempo viajando com o novo marido, decide ir morar com o pai – o que se revela uma boa decisão. Quando James começa a persegui-la, é ela quem decide o curso de ação – plano bem melhor que a estratégia de Edward, que envolvia botá-la no jipe e fugir com ela até a noite virar dia. E não pode ser pela falta de maturidade de Bella, que é incrivelmente madura: praticamente criou-se sozinha, manteve a própria mãe por 17 anos longe de grandes confusões e cuida do pai que não sabe se virar sozinho em casa. Então qual o motivo? Será que, talvez, Edward pense que sabe mais do que ela por ser homem?

---

218. Stephenie Meyer, *New Moon* (New York: Little, Brown and Company, 2006), p. 512-513.

As diversas reações de Bella

As feministas ressaltam duas reações a esse tipo de comportamento controlador. Por um lado, as mulheres e garotas se ressentem por esse controle e recorrem ao comportamento clandestino, como mentir, sair escondidas e arriscar seu próprio tipo de manipulação. Por outro lado, interpretam o comportamento controlador como sinal de cuidado e comprometimento.

Observamos as duas reações em Bella. Ela se revolta contra a autoridade de Edward ao mesmo tempo em que a percebe como sinal de seu amor por ela. Quando ela foge para La Push pela primeira vez contra as ordens dele, planeja ir trabalhar no Newton's. Mas, quando ela inesperadamente tira o dia de folga, sai escondida para visitar Jacob antes que Alice consiga ver o que ela planeja. Mesmo assim, alguns dias depois, quando Edward pede que Alice a mantenha prisioneira e Bella liga para Jacob para cancelar os planos, ela aceita o comportamento de Edward como expressão de amor.

> "Quem me dera. Não estou na casa do Charlie", disse eu amargamente. "Estou meio que sendo mantida como prisioneira."
> Ele ficou em silêncio conforme a informação começava a fazer sentido, e então grunhiu. "A gente vai buscar você", prometeu em um tom de voz que não deixava dúvidas, falando automaticamente no plural.
> Um arrepio correu pela minha espinha, mas respondi com uma voz leve e provocante. "Tentador. Eu fui torturada – Alice pintou minhas unhas."
> "Estou falando sério."
> "Não precisa. Eles só estão tentando me manter em segurança."
> De novo ele grunhiu.
> "Sei que é tolice, mas a intenção deles é a melhor possível".[219]

Bella não vê problema em mentir porque ela sente que o controle sendo utilizado é para sua própria segurança, mas também indica ressentimento. Apesar disso, a necessidade de mentir a um amigo e seu ressentimento por ser mantida "prisioneira" são ambos fatores que deveriam ter disparado um alarme, avisando que seu relacionamento com Edward não é necessariamente um relacionamento saudável.

---

219. *Eclipse*, p. 148-149.

O progresso de Edward

As sociedades patriarcais apoiam a desigualdade entre homens e mulheres: os homens são fortes e racionais; as mulheres são fracas e tolas. Para muitas teóricas feministas, o comportamento controlador é consequência do patriarcado: os homens tentarão controlar aquelas situações em que sua posição dominante é ameaçada. O comportamento controlador, entretanto, também reforça os sistemas de dominação e subordinação, no sentido de que as mulheres que os homens tentam controlar são consideradas mulheres que *precisam* ser controladas – e guiadas, protegidas, encaminhadas. Além do mais, a tendência a interpretar o comportamento controlador como romântico e a tendência a escapar dele por meio da mentira e da manipulação significa que é quase sempre difícil de ser superado.

A tragédia é que o comportamento controlador não significa amor; em vez disso, impõe nele uma barreira. O controle exige que tanto os homens quanto as mulheres mintam para seus parceiros e os manipulem, mas tal comportamento não combina com o amor, porque é um obstáculo ao respeito e à confiança. De acordo com a teórica feminista bell hooks [em letras minúsculas, mesmo], o respeito e a confiança são duas dimensões do amor: para abraçar o amor, devemos abraçar o cuidado, o comprometimento, a responsabilidade, a confiança, o respeito e o conhecimento.[220]

De acordo com hooks, esse abraço só é possível se rompemos com o patriarcado e reconhecemos nossos parceiros como iguais. Bella e Edward iniciam esse rompimento quando ela questiona a motivação dele para mantê-la longe dos lobisomens:

> As palavras saíram sem pensar. "Isso tem mesmo a ver com a minha segurança?"
> "O que você quer dizer com isso?", perguntou, ofendido.
> "Será que você..." A teoria de Angela parecia ainda mais boba do que antes. Era difícil concluir o raciocínio. "Quero dizer, acho que você não iria ficar com ciúmes, não é?"
> Ele levantou uma sobrancelha. "Não iria?"
> "É sério."
> "Eu sei – não há nada remotamente engraçado nisso."
> Demonstrei suspeita. "Ou... será que tem a ver com outra coisa completamente diferente? Alguma besteira do tipo vampiros-e-lobisomens-são-sempre-inimigos? Não teria a ver com a testosterona –"
> Havia fogo nos olhos dele. "Isso só tem a ver com você. Tudo o que me importa é mantê-la em segurança".[221]

---

220. Ela não põe letras maiúsculas em seu pseudônimo "bell hooks". Costuma estar certa com relação a tanta coisa que provavelmente está certa também com relação às letras maiúsculas.
221. *Eclipse*, p. 143.

Mas, apesar da afirmação, uma semana depois Edward muda de ideia. Quando volta do fim de semana de caça, descobre que seu plano em que Alice manteria Bella prisioneira foi bem-sucedido apenas em parte – Jacob resgatou-a na garupa de sua motocicleta na saída do colégio e passaram o dia juntos em La Push. Ao contrário das outras ocasiões em que Bella passou o tempo com Jacob, Edward não perde a cabeça. O que mudou?

> "Decidi que você estava certa. Meu problema de antes tinha mais a ver com... meu preconceito contra lobisomens do que qualquer outra coisa. Vou tentar ser mais sensato e confiar no seu julgamento. Se você diz que é seguro, então acredito em você."
>
> "Uau".
>
> "E ... o mais importante... Não estou disposto a deixar que isso crie um fosso entre nós".[222]

Em sua decisão de confiar no julgamento de Bella, Edward decide tratá-la como uma pessoa com habilidade de tomar decisões sensatas; ele decide tratá-la como igual. Não a enxerga mais como uma fraca garota humana cujas decisões são necessariamente dúbias; em vez disso, passa a vê-la como uma pessoa cujos raciocínios e decisões devem ser levados a sério e respeitados – mesmo que discorde deles. Além do mais, Edward reconhece que se mover em direção à igualdade é importante para preservar o relacionamento. Ele reconhece que suas tentativas de mantê-la longe de Jacob – tentando controlar suas ações – apenas a afastam dele, tanto de forma literal quanto figurativa.

A decisão de confiar no julgamento de Bella com relação aos lobisomens certamente não é o fim do comportamento controlador de Edward. Afinal, como ele diz a ela da primeira vez que vão até a campina, ele é apenas humano. As estruturas de dominância não são descartadas assim de uma hora para outra, com uma simples decisão. Mas Edward continua cada vez mais a confiar nas decisões de Bella, mesmo que às vezes seu progresso seja aos trancos e barrancos (lembra-se das conversas deles sobre sexo?) e que às vezes até retroceda (lembra-se de como ele deseja intensamente que ela faça um aborto?). Entretanto, ele melhora. Aprende a negociar com ela quando ambos discordam. Ao final de *Eclipse*, ele finalmente reconhece a forma como seu comportamento anterior era ruim: "Me agarrei com uma obstinação cretina à minha ideia do que é melhor para você, embora isso tenha lhe feito mal. Fez tão mal, tantas e tantas vezes. Não confio mais em mim. Seja feliz como quiser".[223]

---

222. *Eclipse*, p. 190.
223. *Eclipse*, p. 617.

Comunicação e amor

Essa qualidade emergente intensifica a já intensa intimidade de Bella e Edward. Libertos da necessidade de mentir um para o outro e manipularem-se mutuamente, adquirem maior capacidade de falar honestamente sobre seus medos, expectativas e desejos. Tal honestidade é o primeiro passo no processo do amor, conforme sugere hooks: assinala confiança e respeito, rompendo assim com o patriarcado e o controle.[224] Ponto para Bella e Edward.

O segundo passo no processo do amor, segundo hook, é a comunicação.[225] A comunicação é importante porque, por um lado, permite que vivenciemos nossa cara-metade na forma de uma pessoa como nós (com medos, esperanças e ambições semelhantes); essa experiência dificulta participar de relacionamentos baseados em dominância e subordinação. Por outro lado, a comunicação é importante porque nos dá conhecimento sobre nossos parceiros, conhecimento este que ajuda a saber como amá-los melhor.

Mas, apesar d, raramente temos exemplos na mídia e na ficção de amantes que se comunicam um com o outro. As comédias românticas não têm muita honestidade comunicacional, e mesmo os clássicos parecem dar pouca ênfase à importância da comunicação na construção do amor (é de você mesmo que estamos falando, Shakespeare!). Romeu e Julieta têm muito pouco a dizer um ao outro, exceto o quanto se amam – o que é espantoso, considerando que sabem quase nada um do outro. E nas manchetes? Bem, estamos ocupados demais vibrando com os relacionamentos entre celebridades para nos perguntar sobre em um relacionamento verdadeiramente igual e amoroso; estamos mais interessados nas estranhas metamorfoses metafísicas de pessoas separadas que acabam fundidas em "Bennifers" e "Brangelinas".

Esses exemplos nos levam a crer que é possível amar a alguém sem de fato falar com ele ou ela – sem de fato conhecer a pessoa. Somos levados a crer que uma atração física ou o destino é tudo o que precisamos para amar. Acabamos até acreditando que conhecer o parceiro tornaria o amor menos interessante, menos romântico.

Mas Bella e Edward têm um relacionamento que age como antídoto a essas concepções equivocadas quanto ao amor e à necessidade da comunicação para nutri-lo. O relacionamento deles é até *mais estranho* do que o romance normal entre vampiros e seres humanos, porque quase tudo o que Bella e Edward fazem é conversar, conversar, conversar. Podemos aprender muito sobre como se desenvolve o amor e como ele dura a partir dessas conversas.

---

224. hooks, *All About Love*, p. 157.
225. Ibid.

É claro que Bella e Edward *sentem* atração à primeira vista. Para Edward, o aparecimento de Bella na aula de Biologia muda sua definição da palavra *sedento*; e, a partir de seu primeiro almoço em Forks High, Bella fica atordoada pela beleza de Edward. Mas sua atração é apenas o começo da história.

No início, Edward deseja matar Bella para sugar seu sangue, mas não demora muito para que se sinta atraído por mais do que o cheiro dela; Bella o intriga. Ela não age como os outros seres humanos: ela nunca diz aos outros o que aconteceu de verdade no dia em que o caminhão de Tyler quase a esmaga; ela desistiu de uma vida feliz em Phoenix, cidade de clima ameno, para ir viver em Forks, lugar frio, onde chove e que ela claramente odeia; e ela se aproxima o suficiente para notar coisas com relação a Edward – o modo como a cor de seus olhos muda, por exemplo. Mas, pelo fato de que ele não pode ouvir o que ela está pensando, terá que conversar com ela para melhor entendê-la.

No início, Bella acha que Edward é simplesmente um adolescente misteriosamente lindo, mas não demora muito para que ela se pergunte se não há mais na história dele. Afinal, ele não age como os outros seres humanos. Ele parece odiá-la sem razão aparente; ele surge do nada para salvar a vida dela; seus olhos mudam de cor todos os dias; ele tem um jeito antiquado de falar; e é simplesmente lindo *demais*, gracioso demais. Mas, para resolver o enigma, ela terá que conversar com Edward.

Qualquer um que acredita que a comunicação torna o amor menos interessante nunca ouviu as conversas que Bella e Edward têm na hora do almoço, nem sua discussão no jantar em Port Angeles, nem os espiou na campina. Durante essas conversas, eles finalmente começam a ver um ao outro como realmente são, e gostam do que veem: Edward, o vampiro que não quer ser monstro ("ele é até mais inacreditável *por trás* do rosto"), e Bella, a humana vulnerável e corajosa praticamente sem instinto de autopreservação. Por fim, Bella consegue compreender a luta de Edward e enxergar sentido nas mudanças de humor dele – ele *não* tem distúrbio de personalidade múltipla. Edward começa a ver que Bella é mais resistente do que parece – e não irá sair correndo e gritando para longe dele.

O conhecimento que um tem do outro não fecha as portas do amor; pelo contrário, permite que elas se abram. Por um lado, as conversas os ajudam a entender *como* amar ao outro: o quanto de contato físico podem suportar o coração de Bella e o autocontrole de Edward. Por outro lado, essas conversas iniciais fazem com que eles passem a olhar além das categorias "vampiro" e "humano" (leia-se "dominante" e "subordinado"). Assim que Bella percebe que Edward é um vampiro e decide que esse fato não importa, e assim que Edward aceita que Bella gosta tanto dele quanto ele dela, então por um tempo eles conseguem simplesmente aproveitar a sorte de terem encontrado um ao outro: dando as mãos, beijando, divertindo-se um com o outro.

Risco e transformação

Mas as coisas logo mudam assim que o relacionamento começa a ficar arriscado. Quando o coven de James reconhece que Bella é humana e Edward se movimenta para defendê-la, é aí que o jogo começa (literalmente). Repentinamente, as diferenças entre Bella, a humana, e Edward, o vampiro, ficam no centro do palco, e essas diferenças são rapidamente consideradas desigualdades. Bella é fraca, frágil e vulnerável; Edward é forte, rápido e letal. Conforme essas desigualdades são enfatizadas, as conversas outrora frequentes e íntimas entre os dois diminuem notavelmente – Edward decide ir embora de Forks sem nem discutir o fato com Bella. Uma vez que a comunicação dificulta participar de um relacionamento baseado em dominância e subordinação, talvez não surpreenda que Bella e Edward parem de falar um com o outro. Na verdade, só depois de Bella salvar Edward dos Volturi, equilibrando as coisas, é que começamos a ver o tipo de conversa que presenciamos anteriormente.

É nesses diálogos pós-Itália sobre sexo e casamento, almas e vampiros, segurança e lobisomens, Victoria e os Volturi, que Bella e Edward reconhecem sua diferença para além de uma contagem cromossômica. Mas também é nesses diálogos que vemos se aprofundar o amor entre eles, que se torna mais duradouro também. Ao explorarem seus diferentes desejos e necessidades, mostram-nos que a comunicação, mesmo face à discordância e à dor, pode aproximar as pessoas. Edward e Bella aproximam-se parcialmente, conforme aprendem a tratar-se como iguais: é como resultado dessas conversas que Edward começa a perceber que sua atitude com relação a Bella e os lobisomens é equivocada; e que podem aprender a negociar o que irão comprometer. Também é na conversa que desvendam o emaranhado de questões sobre sexo, casamento e a existência vampiresca.

Bella e Edward emergem de *Amanhecer* diferentes da forma como começaram em *Crepúsculo*. Mas o que faz diferença não é tanto o veneno que transforma Bella em vampira, mas sim honestidade cada vez maior e comunicação entre eles. É claro que eles não têm um relacionamento perfeitamente igual – Edward pode ainda ser controlador e Bella realmente precisa ver-se mais claramente –, mas é a partir dessas imperfeições que essa inacreditável história fica mais acreditável; e são as constantes tentativas de resolver essas imperfeições que nos dão esperanças para nossos próprios relacionamentos.

13

O perigo "real": fato e ficção para um público formado por garotas

Rebecca Housel

A manchete de jornal grita: "Garota de 18 anos é assassinada pelo marido após dar à luz". Conforme você continua lendo, descobre que a garota havia sofrido lavagem cerebral por um estranho culto de bebedores de sangue que se autointitulava "família", embora nenhum dos membros tivesse de fato parentesco de sangue. O marido da jovem era bem mais velho do que ela e tinha um histórico de violência. Na verdade, você descobre que o marido costumava persegui-la antes do casamento, vigiando-a escondido no bosque perto de sua casa e escalando uma janela destrancada para vê-la dormir sem que ela soubesse. Assim que a jovem, então com 17 anos, foi iniciada em um relacionamento com o homem e sua "família", foi encorajada a casar-se logo após a formatura do colegial. A jovem relatou sérios hematomas cobrindo todo o seu corpo logo depois da lua de mel, quando ela, ao que se sabe, ficou grávida. O marido não ficou feliz com a gravidez e quis que ela abortasse. Ela se recusou, levando-o, no fim, a arrancar a criança de seu ventre e drená-la de todo o seu sangue, até que acabou parando de respirar.

Parece torturante e doentio, não? Mas, na verdade, esse é o argumento base do fenômeno literário *Crepúsculo* para pré-adolescentes. Pintado com as cores românticas e ficcionais da caneta de Stephenie Meyer, o que na verdade seria um relato horrendo de violência contra a mulher, torna-se uma fantasia perigosamente romantizada para uma audiência composta principalmente de jovens mulheres.

E o que exatamente confronta esse público na saga de Meyer? As estatísticas atuais de violência contra as mulheres nos Estados Unidos e em outros países contam uma história verdadeiramente terrificante – e também sugerem que a publicação desse tipo de ficção é algo perigoso, talvez irresponsável. Utilizando as teorias de Jean Baudrillard (1929-2007) sobre os efeitos da simulação de realidades, assim como as teorias da psicóloga contemporânea Jean M. Twenge sobre o que ela denomina "Geração Eu" (qualquer um nascido no começo dos anos 1970 até os anos 1990), poderemos entender melhor como e onde a cultura popular de *Crepúsculo* dialoga com a filosofia. Talvez, e apenas talvez, a razão poderá arrancar os dentes da maluquice vampiresca pop, salvando milhões de adolescentes da vitimização enquanto entram em uma busca impossível atrás de seus próprios Edwards.

Só os fatos, dona

Quem será que a audiência feminina encontrará de verdade na busca por Edward, depois que separar os fatos da ficção? Eu garanto que não será um vampiro lindo e rico buscando sua alma-gêmea. Na verdade, ele será um perseguidor possessivo e perigosamente violento – o mesmo tipo de homem que perpetua as estatísticas como essas que surgem todos os anos nos EUA:

• 85% das mulheres perseguidas conhecem seu perseguidor; 76% das mulheres assassinadas por parceiros íntimos também foram perseguidas por estes.[226]

• De acordo com o Departamento de Justiça dos EUA, Secretaria de Violência Contra a Mulher, o relatório mais recente sobre as Vítimas de Perseguidores mostram que em um período de 12 meses um número estimado de 3,4 milhões de mulheres acima de 18 anos foram vítimas de perseguição; apenas 60% relataram a perseguição à polícia.[227]

Há estatísticas ainda mais difíceis de acreditar com relação à epidemia conhecida como violência contra a mulher [nos EUA, "violence against women", ou a sigla "VAW"]. A Organização Mundial da Saúde (OMS) completou um estudo em dez países que descobriu que 71% das mulheres relataram violência física ou sexual por parte do marido ou parceiro, observando que a violência contra as mulheres é "um grande problema de saúde pública e de violação dos direitos humanos", e que "a violência praticada

---

226. Das estatísticas do National Center for Victims of Crime [Centro Nacional para Vítimas de Crime (EUA)], www.ncvc.org.
227. Ver o site www.ovw.usdoj.gov.

por um parceiro íntimo é uma das formas mais comuns de violência contra as mulheres".[228]

Mas o que significa "perseguição"? O que exatamente significa "violência contra a mulher"? O Departamento de Justiça dos EUA define como perseguição dois ou mais dos seguintes comportamentos:

• Telefonemas, cartas ou *e-mails* invasivos à vítima;
• Aparecer em lugares onde o perseguidor não tem motivo para estar, só para ver, vigiar ou seguir a vítima, ou então tentar conversar com ela;
• Esperar pela vítima em casa, na escola, no trabalho, no mercado e outros lugares que ela frequenta;
• Deixar itens indesejáveis para a vítima;
• Seguir a vítima ou espiá-la.

Edward Cullen é culpado de pelo menos três dos critérios acima; pouco importa que Bella Swan aprecie tais atenções – isso só indica a ingenuidade dela e sua falta de experiência. Qualquer homem que escale a sua janela à noite para ver você dormir é um perseguidor por definição. Observe que as definições utilizam a palavra "vítima". Isso é porque na vida real Bella seria considerada *vítima* de perseguição, comportamento criminoso que normalmente termina em violência ou mesmo morte contra a vítima – e as audiências veem isso com Bella e Edward, mas por meio de uma visão cor-de-rosa trazida pela versão romantizada de Stephenie Meyer.

Em 2005, ano em que *Crepúsculo* foi publicado pela primeira vez, 1.181 mulheres foram assassinadas nos EUA por um parceiro íntimo – uma média de três mulheres por dia. As jovens, como Bella, são vitimadas pela violência doméstica de forma desproporcional. Mais de dez anos após o Ato Contra a Violência à Mulher [em inglês, "Violence Against Women Act", VAWA] de 1994, as estatísticas de 2005 ainda mostravam que um terço de todas as mulheres assassinadas (três por dia!) são mortas por um parceiro íntimo. É simplesmente absurdo. Quando examinamos a forma como os livros de Meyer têm influenciado milhões de adolescentes e pré-adolescentes do sexo feminino, podemos teorizar que, se não houve um aumento, certamente não houve diminuição nas estatísticas de violência contra a mulher, conforme o público da saga vai ficando adulto e passa a ir atrás do "homem de seus sonhos", cuja ideia é parcialmente formada pela imagem de Edward. Ainda não se convenceu? Há mais.

O Departamento de Justiça dos EUA define como violência contra a mulher, que também é chamada "violência doméstica", tudo o que inclua abusos físico, sexual, emocional, econômico ou psicológico. Sabemos que Bella fica com hematomas por todo o corpo após seu primeiro encontro sexual com Edward. Também sabemos que, por causa de seu relaciona-

---

228. Ver o site www.who.int/mediacentre/factsheets/fs239/en/.

mento com ele, a vida dela sempre corre risco e resulta em outros cortes, hematomas e até ossos quebrados.

O estresse de estar nessa situação pode causar danos psicológicos até em personagens ficcionais. O Departamento de Justiça define o abuso psicológico como medo e intimidação por meio da ameaça de violência física a uma pessoa, seu parceiro, seus filhos ou amigos e outros familiares, assim como forçar seu isolamento da família, dos amigos, dos colegas de trabalho ou da escola. Se formos leitores honestos, que não se deixaram levar pelo romance, não é isso que acontece com Bella? Ela não começa a se sentir isolada dos amigos e da família? Na verdade, seu relacionamento com Edward requer que ela morra para poder viver com ele. Em outras palavras, é preciso que ela mude completamente a pessoa que é, o lugar em que mora e quem são seus amigos. Ela muda de planos para a faculdade e se isola dos amigos e da família.

O abuso emocional que ela sofre é a sabotagem do valor que dá a si mesma como ser humano; ela deseja, e até implora, pela morte. Sim, na cabeça de Bella, a morte será transformadora e a ligará para sempre a Edward. Mas, na realidade, a morte não é assim. É irreparável, permanente. Muitas mulheres que vivenciam a violência doméstica por parte de um parceiro íntimo não relatam o abuso ou violência porque, assim como as vítimas de sequestro que desenvolvem a Síndrome de Estocolmo, elas gostam de seus algozes. Uma vez que a relação já é de intimidade ou de "amor", as mulheres também estão vulneráveis ao que o Departamento de Justiça chama abuso econômico. Bella também é vítima disso.

O abuso econômico ocorre quando o abusador tenta tornar (ou torna) a vítima dependente financeiramente dele, que mantém o controle econômico. Bella não vem de uma família rica; Edward, sim. Ele lhe compra carros novos e roupas de grife, leva-a em viagens caras sem nem pensar no custo e oferece-se para pagar o custo de sua educação universitária em uma universidade renomada, entre outras coisas. Ao mesmo tempo em que parece generoso, porque é tudo amainado pela compreensão deste homem de quase cem anos de idade de que Bella tem que morrer, a "generosidade" torna-se parte de uma tentativa de isolar Bella, fazendo-a sentir-se completamente dependente de Edward.

Mesmo a tentativa que ele faz de cometer suicídio se encaixa na definição de abuso emocional e é parte de uma violência generalizada contra Bella, jovem garota mortal de classe social menos favorecida, vinda de um lar com pais divorciados com pouca supervisão de adultos – a vítima perfeita. Mas Bella é também uma vítima de sua geração.

Bella e a Geração "Eu"

Em seu livro *Generation Me* [Geração Eu], Jean M. Twenge discute uma série de estudos psicológicos que demonstram uma mudança no "ethos" social (o ethos é uma cultura ou filosofia universalmente aceita) das pessoas nascidas nos anos 1970 até os anos 1990, às quais ela se refere como "Geração Eu", ou "GenMe".[229] Da forma como Twenge enxerga, os GenMe põem o eu acima de tudo. Stephenie Meyer, nascida em 1973, está no início da GenMe; mas também foi influenciada de forma semelhante pelo esforço social arquitetado, do qual ela hoje também é parte, para focar em como o indivíduo é especial, desde o currículo escolar do pré até a cultura pop que nos cerca, incluindo os livros *Crepúsculo* de Meyer e a consequente franquia de filmes. Então o que há de errado em se sentir especial e se colocar em foco?

Bem: assim que os GenMe atingem a maioridade, ou começam a reconhecer a maioridade nos anos da pré-adolescência e adolescência, o resultado é sentirem-se péssimos. A pesquisa de Twenge sugere que os GenMe compõem o maior número de indivíduos que tomam antidepressivos quando ainda são jovens e também têm os maiores índices de suicídio.[230] Os GenMe também têm maior tendência ao narcisismo, conexão pertinente e intrigante com Bella.

O narcisismo, termo originalmente criado por Sigmund Freud (1856-1939), descreve uma disfunção ou síndrome psicológica de amor-próprio excessivo. A doença tem esse nome por causa do mito de Narciso, que olhava seu reflexo em um lago com tal concentração e interesse que não conseguia fazer mais nada. Não é preciso dizer que ele morre.[231] Freud acreditava que uma certa quantidade de amor-próprio era saudável, mas o narcisismo infere uma falta de empatia pelos outros, um senso exagerado de achar que tem direito a tudo e um egoísmo excessivo. Apenas o eu importa, e nada mais. Bella demonstra o narcisismo clássico em suas escolhas

---

229. Jean M. Twenge, *Generation Me: Why Today's Young Americans Are More Confident, Assertive, Entitled — and More Miserable than Ever Before* [Geração Eu: Por que os Jovens Americanos de Hoje São mais Confiantes, Assertivos, Autossuficientes – e mais Infelizes do que Nunca] (New York: Free Press, 2006). Observe que outro apelido dado às pessoas nascidas depois de 1963 até o início dos anos 1970 é "Geração X". Os Gen X são conhecidos por gostarem de ser bem-sucedidos, mas ao mesmo tempo não apreciam trabalhar. Exemplo: a Gen X é geralmente associada à explosão das empresas ponto.com de internet, que tiveram sucesso inicial estrondoso mas que logo depois faliram. Em essência, as primeiras populações GenMe nascidas no final dos anos 1960 e começo dos anos 1970 ficam no limite confuso entre Gen X e GenMe. Por experiência própria, eu diria que parece que obtivemos o melhor de dois mundos.
230. Ibid., p. 104.
231. Narciso, depois de morrer, é transformado em uma flor de mesmo nome; deve-se notar, entretanto, que existem muitas versões da história de Narciso, com variações sobre o mesmo tema do amor-próprio e da morte que resulta deste.

ao longo da série, mostrando que sua personalidade não apenas reflete a GenMe, mas também expressa o cerne do problema GenMe: preocupados apenas consigo mesmos e seus próprios desejos, os GenMe tornam-se seriamente desiludidos quando a realidade corrige sua autoimagem inflada. Os GenMe não sentem necessidade de aprovação, pois acreditam ser garantidamente "especiais". Infelizmente, o resto do mundo nem sempre concorda com as percepções dos GenMe, o que resulta em decepção profunda, depressão e, ironicamente, insegurança.

Twenge argumenta que a geração *baby-boomers* (aqueles nascidos entre 1945 e 1963), que já foram eles mesmos chamados de "geração eu", têm uma visão bem diferente do eu. A autoimagem que os *boomers* tinham de si mesmos não era construída por pais, professores ou parentes, mas obtida com esforço e trabalho: "Escrevo bem porque trabalhei nisso e depois meu texto foi publicado em uma revista famosa", em oposição ao ponto de vista dos GenMe: "Escrevo bem porque sou especial e não importa o que os outros pensam; não tenho de publicar nada de sucesso para saber que sou bom".

O divórcio é parte da transição pela qual passa o *ethos* social em direção à individualidade e para longe do dever abstrato: "Meu comprometimento com o casamento não é mais importante que a minha felicidade". Para os filhos do divórcio, o resultado é tanto uma doce recompensa quanto uma punição amarga. Os pais que tentam "normalizar" a vida de um filho do divórcio normalmente farão o oposto – ambos mimando a criança na tentativa de fazê-la sentir-se especial apesar do estado da família dela –, criando uma contradição única. A mãe de Bella, Renée, certamente a ama, mas faz escolhas que excluem a filha. Para que Bella continue se sentindo especial, como indivíduo, ela precisa acabar se mudando para uma outra região do país, para longe de casa, da escola e dos amigos. Para continuar a sentir-se especial, apesar de ser rejeitada por um dos pais e forçada a abandonar tudo aquilo que ela sabe reforçar seus sentimentos de autovalorização, Bella é obrigada a criar uma nova rede social entre pessoas que nunca viu antes (o que não é fácil) ou encontrar um jeito de se separar da multidão – e é exatamente isso que ela faz em seu relacionamento com Edward.

Então, como é que Bella é narcisista, se ela parece sempre afirmar que é desastrada, comum e desinteressante? (Embora esteja claro para o leitor que ela é exatamente o oposto, considerando a atenção que recebe dos vários garotos de sua nova escola – tanto os vivos quanto os mortos.) Ela pode até estar focando em quão comum ela parece ser, mas o ponto é que ela está *sempre* focando em si mesma. Sua escolha de estar com Edward é para alimentar sua curiosidade, a qualquer custo. Muito cedo no romance ela percebe que Edward é perigoso, mas continua a gravitar em torno dele porque ela *quer*. Mesmo após o episódio mais fatal com James, Bella continua a preferir o que os psicólogos denominam "relacionamento tóxico" com

Edward, porque é o que ela *deseja*. Seu pai não aprova Edward. Mesmo sua excêntrica mãe fica preocupada, e os amigos da garota são cautelosos. Mas Bella continua, de qualquer forma. Ela começa a procurar Edward. Quando descobre que ele tem entrado no quarto à noite para vê-la dormir, em segredo, sente-se lisonjeada – as ações de Edward alimentam o foco e as tendências narcisistas da GenMe em Bella. E esse tipo de vulnerabilidade é o problema com o narcisismo.

O excesso de amor-próprio e autoindulgência pode levar a escolhas perigosas, e até mesmo fatais, no que tange buscar *fazer simplesmente o que se quer fazer*. Não há sentimento de dever para com a família, nem se pensa em como os outros irão se sentir, ou em como certas decisões alterarão para sempre as vidas das pessoas a quem Bella supostamente ama. Os únicos pensamentos que ela tem são o desejo por uma pessoa (Edward) e como obter o que ela quer (ficar com Edward para sempre). Ao buscar a imortalidade, privilégio ao qual ela se sente no direito simplesmente porque o quer, Bella justifica seus desejos por meio da crença de que a morte simplesmente a deixará mais especial.[232] É o GenMe clássico: "Estou prestes a morrer, mas tudo bem, pois serei ainda mais especial do que já sou e isso é tudo que importa". É claro: o fato de ser especial *não* é tudo que importa, e é aí que a realidade dá um tapa na cara do GenMe.

Consideremos as ideias de Jean Baudrillard sobre os perigos de simular a realidade.

Crepúsculo no deserto do real

Um simulacro é uma falsa imagem ou representação artificial traduzida da realidade para um meio como literatura, filmes, televisão, arte, música, rádio ou outro. Grande parte da nossa cultura popular não passa de uma coleção dessas representações da realidade, ou simulacros. A simulação da realidade leva ao simulacro, que por sua vez confunde os limites entre o que é real e o que acreditamos ser real.[233] Sim, o GenMe também se encaixa totalmente nisso. Na verdade, tanto o GenMe de Twenge quanto o simulacro de Baudrillard provêm de uma mudança universal no pensamento social na transição do modernismo para o pós-modernismo. A ideia básica é que o modernismo se originou de um consenso social de que havia uma verdade, enquanto o pós-modernismo baseia-se na crença de que

---

232. Meyer faz questão de que Bella questione seu destino por toda a saga de *Crepúsculo*; ela frequentemente acredita-se destinada a morrer jovem e usa essa falácia lógica repetidamente para persuadir Edward a matá-la. Sua crença de que seu destino é morrer jovem é só isso: uma crença. Não é base para nada real fora da preferência da personagem por estar no lugar errado na hora errada – fato que se deve em muito a seu relacionamento com Edward.
233. Jean Baudrillard, *Simulacra and Simulation,* trad. para o inglês por Sheila Faria Glaser (Ann Arbor: University of Michigan Press, 1994), p. 80-81.

todas as perspectivas não só têm valor como são todas válidas – verdades múltiplas que são hoje em dia aceitas e aceitáveis. Considere isso com relação às ideias de Twenge sobre os *baby-boomers* em comparação com os GenMe. Os *boomers*, nascidos no final da Segunda Guerra Mundial, eram parte de um *ethos* social que acreditava no dever para com o todo, o foco na comunidade, ao passo que o GenMe é focado no eu, na validade e no valor de sua própria perspectiva única.[234]

Crepúsculo é parte do simulacro perpetuado por meio da cultura popular. Os personagens simulam adolescentes, pais, vizinhos, amigos e parentes típicos. Com cenários reais, como o Arizona, Washington ou a Itália, o público compra ainda mais a simulação de realidade. Mesmo os relacionamentos entre os personagens parecem continuamente acreditáveis, ou reais. Mas a simulação não é de nada real – e é aí que está o problema. Não existem vampiros. Não existem lobisomens. Não existem perseguidores ou assassinos bonzinhos. O simulacro é uma cópia sem um original. Baudrillard avisa que o simulacro aceita uma realidade "liquidada" – e ele não é o único a fazer o alerta.[235]

O livro *The Copycat Effect: How the Media and Popular Culture Trigger the Mayhem in Tomorrow's Headlines* (2004) [O Efeito Imitação: como a Mídia e a Cultura Popular Disparam o Caos nas Manchetes do Dia Seguinte], de Loren Coleman, discute vários fenômenos incluindo seitas, suicídios de adolescentes e atiradores nas escolas que seguem a ideia do "se sangra, então é legal", apontando ao que Coleman se refere como "Orientação para a Morte" na mídia.[236] *Crepúsculo* encaixa-se no perfil pró-morte do "se sangra, então é legal". É claro, a série é suavizada pelo romance adolescente e pelo atrativo dos vampiros. Mas é a simulação da história, particularmente poderosa na telona, que faz com que a audiência jovem compre a ideia de que de fato existem "bons" relacionamentos abusivos. Um simulacro do amor emerge, e a realidade desaparece. A realidade de uma relacionamento com um homem "real" como Edward, como visto nas estatísticas estarrecedoras de violência contra a mulher, está longe da "verdade" apresentada em *Crepúsculo*. Não existe romance na perseguição. Não existe amor em hematomas. Não há nada remotamente romântico ou amoroso em ser assassinado.

---

234. Deve-se notar que os pais da geração GenMe são *baby-boomers* típicos; entretanto, as crianças nascidas no final dos anos 1980 podem ser os filhos de indivíduos GenMe. Mas foram os *boomers* que inicialmente criaram a assistência social, que Twenge cita como a principal razão para a autoimportância dos GenMe. Sob esse mesmo aspecto, o leitor deve atentar para o fato de que os estudos se baseiam apenas em uma porcentagem de qualquer população e não representam de forma acurada cada indivíduo associado a uma geração em particular.
235. Baudrillard, *Simulacra and Simulation*, p. 2.
236. Loren Coleman, *The Copycat Effect: How the Media and Popular Culture Trigger the Mayhem in Tomorrow's Headlines* (New York: Pocket Books, 2004), p. 7-11.

Eu adoro uma boa ficção tanto quanto qualquer pessoa: meu enguiço aqui não é com a criação de livros como *Crepúsculo* ou de filmes com temas similares, mas com a audiência feminina deixando-se levar pelas ideias de realidade representadas nos livros e nos filmes. Não é de hoje que se reconhece o poder dos livros e filmes; ambos vêm sendo usados para perpetuar ideias sociais, e mesmo políticas. Os primeiros cineastas que deram início aos estúdios de Hollywood, como Paramount e MGM, deliberadamente incluíam ideias relacionadas à aceitação e assimilação, para a audiência das massas, na esperança de criar a aceitação por parte destas.[237] Livros como *Sex, Drugs and Cocoa Puffs* [Sexo, Drogas e Cereais Matinais], (2004) de Chuck Klosterman, ilustram a forma como astros como John Cusack tornaram-se simulacros, representações do que um namorado "de verdade" deveria ser para as mulheres da Geração X e do início da Gen-Me.[238] O livro de Twenge sobre a GenMe discute com detalhes como é que a mídia e a cultura popular podem influenciar audiências tão jovens de até 18 meses de idade. É importante não assumir de cara que as meninas que formam o público mais jovem de *Crepúsculo* estejam de fato engolindo a simulação não só como simulação, mas como algo alcançável, algo real. Entretanto, a esperança nos filmes é eterna; há esperança para o público jovem feminino!

Lua nova surgindo?

As questões que cercam o fenômeno *Crepúsculo* quase sempre têm a ver com Bella ser ou não uma heroína feminista: estaria ela sendo assertiva, indo atrás do que quer, ou estaria sendo submissa ao poder de um homem mais velho, um predador em todos os sentidos? Ou então por que ela deveria escolher Jacob Black, ou por que Edward seria a melhor escolha. Tais questões, entretanto, são irrelevantes sem primeiro compreendermos o que está por trás do conceito de *Crepúsculo*.

Antes de olharmos para Bella como um indivíduo, devemos estudar de onde ela vem, e como o todo social contribuiu para a formação do indivíduo – e, uma vez que Bella é um personagem de ficção criado por Stephenie Meyer, faz sentido traçar as atitudes sociais que formaram a própria individualidade de Meyer. Malcolm Gladwell chama essa ideia "o Poder do Contexto", no livro *O Ponto de Desequilíbrio* (2000). Ao mostrar como as pequenas ideias tornam-se fenômenos sociais com um "ponto de desequilíbrio" definido, em que a ideia "pega" na sociedade mais ampla, Gladwell discute como a compreensão do contexto, ou da história, de uma

237. Ver Neal Gabler, *An Empire of Their Own: How the Jews Invented Hollywood* [Império Particular: Como os Judeus Inventaram Hollywood] (New York: Anchor Books, 1989).
238. Ver a autobiografia de Chuck Klosterman, *Sex, Drugs, and Cocoa Puffs* (New York: Scribner, 2004) para saber mais.

ideia, pessoa ou situação é poderosíssima em termos da compreensão das tendências sociais.[239] De todas as formas possíveis, o conceito de *Crepúsculo* e de seus livros, filmes e produtos subsequentes tinha um ponto de desequilíbrio que os levou a uma incrível popularidade.

Meyer criou, na figura de Edward, o exemplo perfeito da fantasia feminina, um "garoto" que é na verdade mais velho e bem mais maduro do que parece; que ama Bella por quem ela é, e não por sua aparência; que quer dormir com ela, mas não de forma sexual; que é protetor e muito, muito rico, com uma família amorosa que o apoia e aceita Bella totalmente, independentemente das diferenças educacionais e econômicas. De fato, como não gostar disso? É a razão pela qual as garotas e mulheres dos oito aos 48 anos são loucas por Edward. Mas existe um perigo inato em se comprar a versão romantizada do homem "ideal" como descrito por Meyer. O personagem de Edward se encaixa na descrição daquilo que, na vida real, representaria um verdadeiro perigo às mulheres: perseguidores possessivos que perpetram atos extremamente violentos contra as mulheres no mundo inteiro.

Em qualquer outro mundo que não seja o mundo fantástico criado por Meyer, Edward estaria na prisão. O pai de Bella, que é chefe de polícia, teria emitido ordem de detenção contra Edward, que chega até a seguir a psicologia dos abusadores, com períodos de plena felicidade seguidos de períodos de cruel abuso: ele tem que ser cruel com Bella para que ela entenda o que ele quer que ela entenda; ele é obrigado a tentar o suicídio quando acha que Bella desistiu dele; ele não consegue evitar os hematomas infligidos na garota durante o primeiro encontro sexual; ele tem que matar Bella depois que ela tem o bebê para conseguir salvá-la. No contexto do universo de Meyer, as ações outrossim ilegais e imorais de Edward são justificadas, mas o público dessa fantasia precisa entender que, na realidade, Edward não é o namorado-amante ideal. Na verdade, este seria Jacob.

Jacob encoraja Bella a ser ela mesma, independentemente de como isso o afetará e do que ele mesmo quer. Ele a respeita como ser humano e realmente quer vê-la feliz, mesmo que isso signifique vê-la tornar-se o bichinho de estimação de um vampiro e de sua família. Ele é o único que fica ao lado dela quando ela arrisca sua vida atrás de Edward, arriscando a amizade que Jacob valoriza mais do que qualquer outra coisa, porque ele é, *de fato*, amigo de Bella.[240]

---

239. Malcolm Gladwell, *The Tipping Point: How Little Things Can Make a Big Difference* [O Ponto de Desequilíbrio: Como Pequenas Coisas Podem Fazer uma Grande Diferença], (Boston: Little, Brown and Company, 2000).
240. Pelo fato de que o *yin* e o *yang* confluem um no outro, mesmo quando Jacob discute ou fica bravo, é apenas uma extensão natural daquele fluxo; em outras palavras, todo *yin* tem um pouco de *yang*, e vice-versa. Os dois são inseparáveis em sua coexistência. Nunca poderão existir um sem o outro. Ver o capítulo 18, "O Tao de Jacob", para saber mais.

Garotas: *esse* é o tipo de pessoa que vocês precisam encontrar! A busca por Edward trará apenas hematomas, estupro, tortura e possivelmente até a morte. Considerem uma Bella na vida real, que encontrou um Edward "real" – vocês não irão querer isso. O que vocês querem é respeito, apoio, amizade – tudo isso se soma em amor de verdade. Por sorte o meu Edward não foi bem-sucedido em sua tentativa de me matar, e eu consegui achar meu Jacob. Não se deixem enganar pelo brilho e beleza oferecidos no simulacro *Crepúsculo*. Não deixem que um bando de publicitários e diretores de marketing em busca de um ponto de desequilibrio influenciem sua definição de realidade. Entendam o poder do contexto por trás de *Crepúsculo* e sua autora. Como membro da geração GenMe, eu entendo que é muito fácil ser enganada pela satisfação de nossos próprios desejos de como gostaríamos que a vida fosse. Tendo a sorte de ter sobrevivido aos 18 anos, ostentando orgulhosamente minha mortalidade, não hesito em dizer enfaticamente que viver uma vida longe é bom; vivê-la com um Jacob é ótimo. Quer algo ainda melhor?

Esforçar-se e ganhar o apoio e a aprovação de alguém que acha você especial é muito mais satisfatório do que você possa imaginar. A fantasia apenas provê a fachada de ser especial. Aposte no brilho "real"; você não precisa ter pele perfeita para isso. Você não precisa ter roupas de grife, nem carros caros. Precisa apenas de um desafio a vencer.

E agora você tem um.

Parte Quatro
Amanhecer

14

O crepúsculo de um ídolo: nossa atração fatal por vampiros

JENNIFER L. MCMAHON

Crepúsculo, como alguns dos melhores exemplos de ficção vampiresca, ao mesmo tempo celebra e critica a criatura sobre a qual se concentra. É fácil ver o que há de errado com os sugadores de sangue, mas o que os torna tão atraentes? A resposta é simples: desejo de realização. O desejo humano é a base do encanto dos vampiros. Ainda que estes permaneçam horrendos por causa de seus atos transgressores, nós ainda assim desejamos ser como eles. Mas qual a razão? Como veremos, a filosofia existencial oferece uma explicação para nossa fascinação com os vampiros e sugere que este é um tipo de amor que talvez queiramos enterrar.

Desejo imortal

O filósofo existencialista Martin Heidegger (1889-1976) argumentava que o que o ser humano mais teme é a morte. Embora haja outras coisas que nos possam inspirar medo, nada nos deixa mais aflitos do que nossa própria mortalidade. De fato, Heidegger sugeria que grande parte dos medos comuns derivam de nossa morte, e são substitutos psicológicos desta.[241] De acordo com o filósofo, os seres humanos demonstram uma preocupação única pela existência que brota primariamente do fato de sabermos que

---

241. Martin Heidegger, *Being and Time*, trad. para o inglês por Joan Stambaugh (Albany: State University of New York Press, 1996), p. 177.

somos finitos. Essa percepção é o fundamento da "raiva" existencial.[242] Por toda nossa vida buscamos a "fuga da morte", ou ao menos uma "tranquilização com relação à morte", e a ansiedade que nossa mortalidade nos causa inspira o desejo de imortalidade.[243] Esse é o apelo dos vampiros: eles são imortais e personificam nosso desejo de enganar a morte. O sangue é um potente símbolo da vida, e os seres que ingerem sangue são figuras que controlam a vida e simbolizam os deuses imortais que, segundo Jean Paul Sartre (1905-1980), todos nós queremos ser.[244]

Crepúsculo ilustra claramente nossa ansiedade com relação à mortalidade; no fim do livro, quando Edward Cullen salva Bella Swan, ela lamenta que ele não tenha deixado que o veneno de James a transformasse em vampira. Embora fique feliz por ter escapado de uma morte violenta, desespera-se porque o resgate de Edward é temporário. Ao salvá-la, ele a condena a uma morte que ainda virá. Ela chora: "Eu vou morrer (...) a cada minuto do dia fico mais perto".[245] Embora Edward e Jacob Black tentem convencê-la de que a morte é natural, ela declara: "Eu mal podia esperar para trocar a mortalidade pela imortalidade".[246] E pergunta: "O que a mortalidade tem de legal?", e lamenta que Edward esteja agarrado a uma ideia "tão estúpida quanto deixar que [ela] permaneça um ser humano".[247] Ela descreve a transformação em vampiro de forma positiva – e até religiosa –, como uma "conversão que [a] libertará de [sua] imortalidade".[248]

Embora nossa própria mortalidade tenda a ser de grande importância para nós, sofremos com a mortalidade dos outros também. Tanto pelo fato de que a morte deles causaria dor e porque queremos que vivam "uma longa vida plena", desejamos sua imortalidade.[249] Esse desejo de estender a imortalidade aos outros também é demonstrado em *Crepúsculo*. Carlisle Cullen cria os membros dessa família não só para ter companhia, mas para salvá-los do "horrível (...) desperdício" que seria uma morte prematura.[250] Ele trabalha como médico não só por remorso, mas para diminuir a fatalidade humana.[251] Da mesma forma, a agonia de Bella com relação ao "crescimento acelerado" de Renesmee expressa seu temor de que a morte lhe roube a criança.[252] Bella descreve sua felicidade indescritível ao descobrir que a filha

---

242. Ibid., p. 232.
243. Ibid., p. 35, 235.
244. Jean-Paul Sartre, *Being and Nothingness* [O Ser e o Nada], trad. para o inglês por Joan Stambaugh (New York: Washington Square Press, 1984), p. 796.
245. Stephenie Meyer, *Twilight* (New York: Little, Brown and Company, 2005), p. 476.
246. Stephenie Meyer, *Eclipse* (New York: Little, Brown and Company, 2007), p. 109, 269.
247. Stephenie Meyer, *New Moon* (New York: Little, Brown and Company, 2006), p. 10, 521.
248. *Eclipse*, p. 74.
249. Stephenie Meyer, *Breaking Dawn* (New York: Little, Brown and Company, 2008), p. 7.
250. *Eclipse*, p. 161.
251. *Twilight*, p. 339.
252. *Breaking Dawn*, p. 673.

não vai morrer e que ambas e Edward "estarão para sempre (...) juntos".[253] E é claro que Edward e Bella buscam o amor um do outro não até que "a morte os separe", mas para sempre. Os vampiros claramente personificam nosso desejo de pouparmos do horror da morte não só a nós mesmos, como também nossos entes queridos.

Transformações mortais

O apelo dos vampiros não é simplesmente função da imortalidade deles. Estão compensando por outras ansiedades. Uma é o envelhecimento: embora este seja temido como arauto da morte, causa ansiedade por si mesmo. Sartre examinava a ansiedade que os indivíduos sentem com relação à sua corporalidade, ansiedade baseada no fato de que o ser humano é tanto consciência quanto corpo. Ele explicava que "o corpo é uma característica necessária" da consciência, mas argumentava que a consciência "parece separada do corpo".[254] Na verdade, a consciência não coincide com nada; tal fato faz com que a percepção e a liberdade sejam possíveis, mas também faz com que a consciência pareça separada de seu corpo. O corpo está sujeito não apenas à mudança, como também à decadência. A mente, como proverbial fantasma na máquina, nada pode fazer a não ser testemunhar ansiosamente o envelhecimento progressivo do corpo e a concomitante deterioração de sua própria função. Isso gera o sentimento de "náusea" e também de terror.[255]

O envelhecimento acentua a ansiedade não só porque está fora do controle consciente e significa menor desempenho, mas também porque idealiza a juventude. Odiamos o envelhecimento porque ele nos leva para longe de nosso estado ideal, em direção a um fim indesejável. Conforme afirmou Albert Camus (1913-1960) tão maravilhosamente: "Chega o dia em que um homem percebe (...) que pertence ao tempo, e, pelo horror que o arrebata, ele reconhece seu pior inimigo".[256] A marcha do tempo é particularmente desagradável, porque hoje a "juventude não é mais vista como estado transitório (...) mas como aspiração, uma condição exibicionista na qual as pessoas escolheriam, se fosse possível, permanecer eternamente".[257]

---

253. Ibid., p. 741.
254. Heidegger, *Being and Nothingness*, p. 409, 429.
255. Ibid., p. 445, 463.
256. Albert Camus, "An Absurd Reasoning", in *The Myth of Sisyphus and Other Essays* ["Um Raciocínio Absurdo", in *O Mito de Sísifo*], trad. para o inglês por Justin O'Brien (New York: Vintage International, 1991), p. 13.
257. Joseph Epstein, "The Perpetual Adolescent", in *The Writer's Presence*, ed. por Donald McQuade e Robert Atwan (New York: Bedford, St. Martin's Press, 2009), p. 368.

Crepúsculo expressa nossa preocupação quanto ao envelhecimento e nosso desejo de escapar ao processo. E já que Bella busca um relacionamento longo com um vampiro imortal, ela demonstra mais preocupação quanto a envelhecer do que a maioria dos adolescentes. Ela afirma que "envelhecer é um assunto delicado", e, quando descobre que Edward, sua família e Jacob não passam por isso, grita furiosamente: "'Não (...) envelhecem? É alguma piada?' Lágrimas – lágrimas de raiva – encheram meus olhos (...) 'Será que sou a única que tem que ficar velha? Fico mais velha a cada droga de dia que passa! (...) Droga! Que tipo de mundo é esse? Onde está a justiça?'".[258]

A ansiedade de Bella quanto ao assunto se mostra novamente em um sonho que ela tem em *Lua Nova*. O sonho começa com Bella imaginando sua avó Marie conhecendo Edward. O sonho se transforma em um "pesadelo" quando Bella percebe que ela é a "anciã enrugada e acabada" próxima ao vampiro eternamente jovem.[259] Ela acorda do sonho aterrorizada e descreve o tempo como um ladrão "espreitando para lançar a emboscada".[260] Ela chora: "Eu consegui sentir – eu estava mais velha. A cada dia ficando mais velha (...) e pior".[261] Para Bella, a idade é sinônimo de "apodrecimento".[262] Isso faz com que Bella expresse "horror"[263] com o prospecto de vir a ter trinta anos, e diga a Edward que ficar para sempre congelada no tempo é o sonho "de toda mulher".[264] Ao final da saga, Bella é transformada em vampira e isenta da indignidade do envelhecimento. Claramente, o papel dos vampiros não é só o da imortalidade, mas também o de serem eternamente jovens.

Invencível

A mortalidade e o envelhecimento não são os únicos problemas que as pessoas têm com a corporalidade. O corpo tem outras "fraquezas" que buscamos superar.[265] Apesar de suas muitas habilidades maravilhosas, é ainda vulnerável a ferimentos, extremos de frio e calor, quedas que podem quebrar ossos, pequenos acidentes que podem exigir cuidados de emergência. Nossa suscetibilidade aos ferimentos cria um desejo pelo corpo super-humano que os vampiros possuem.

---

258. *Eclipse*, p. 119, 121.
259. *New Moon*, p. 6.
260. Ibid.
261. Ibid.
262. Ibid.
263. Ibid., p. 517.
264. *Breaking Dawn*, p. 27.
265. *Breaking Dawn*, p. 430.

Crepúsculo expressa a ansiedade que temos com relação ao corpo, ansiedade que nos faz simpatizar com Bella, a encantadora, mas desastrada, adolescente.[266] Conforme Edward e Jacob fazem questão de lembrá-la a todo momento, ela é "incrivelmente quebrável".[267] A moça concorda plenamente, e declara várias vezes que "é perigoso demais ser humana".[268] *Crepúsculo* contrasta, em várias cenas, a suscetibilidade humana ao ferimento com a invulnerabilidade dos vampiros. O ferimento causado por James em Bella,[269] o corte quase fatal em seu dedo na festa de aniversário[270] e os hematomas não intencionais que Edward lhe causa na lua de mel expressam a vulnerabilidade humana tão claramente quanto a noção geral de que os humanos são "presas".[271]

Ao personificarem a "indestrutibilidade completa",[272] os vampiros da saga ilustram nosso desejo arraigado por corpos menos suscetíveis. Enquantos os seres humanos são compostos de carne "frágil"[273], "quente e destrutível"[274], a pele dos vampiros é "dura"[275], fria e comparável a "pedra"[276] e "aço"[277]. Os vampiros não estão sujeitos aos ferimentos: eles os causam. O contato com um vampiro facilmente fere a pele humana, quebra ossos e até arranha o metal. Embora não sejam imunes à destruição, há "pouquíssimas formas de se matar um [vampiro]".[278] De fato, eles, e os lobisomens, são praticamente indestrutíveis.

Especiais até demais

O que nos atrai nos vampiros não é só a indestrutibilidade, mas também os poderes especiais. Assim como os super-heróis da Marvel, os vampiros de *Crepúsculo* têm superforça e supervelocidade. Podem nadar pelo oceano centenas de quilômetros com facilidade. Pulam por cima de cânions com graciosidade felina e facilmente esmagam pedras até virarem pó. Uma vez que personificam nossos desejos, Bella quer trocar seu corpo "fraco e humano" por um com "superpoderes".[279] Ela anseia pelos sentidos

---

266. *Twilight*, p. 46.
267. Ibid., p. 310, e *Breaking Dawn*, p. 190.
268. Ibid., p. 92, e *New Moon*, p. 539.
269. *Twilight*, p. 450.
270. *New Moon*, p. 29.
271. *Eclipse*, p. 109.
272. *Breaking Dawn*, p. 8.
273. Ibid., p. 293.
274. Ibid., p. 22.
275. *New Moon*, p. 382.
276. *Twilight*, p. 277.
277. *Breaking Dawn*, p. 422.
278. *Twilight*, p. 337.
279. *Breaking Dawn*, p. 466.

expandidos, a "mente [infalível]" e os "dons" únicos de cada vampiro.[280]
Um desses dons especiais é a beleza. Talvez nada seja tão enfatizado de
forma mais consistente na saga *Crepúsculo* do que a atratividade física
de Edward. Volta e meia ele é descrito como "devastadoramente" lindo.
E Edward não é o único. A beleza é uma característica comum entre os
vampiros, aos quais somos atraídos porque incorporam o ideal de beleza
a que aspiramos, ideal este que exerce sobre nós considerável influência.
Bella quer tornar-se vampira em parte porque sabe que sua transformação
a tornará "inumanamente linda". Nós amamos os vampiros porque exem-
plificam um padrão de beleza ao qual aspiramos, "um ideal tão distante de
nossa realidade cotidiana que os exemplares dessa beleza parecem perten-
cer a outra espécie".[281]

Há outra forma pela qual os vampiros alimentam nossa ânsia por
sermos especiais. Sartre e seus colegas existencialistas concordam que a
maior causa da ansiedade humana é nossa falta de necessidade. Vemos
preocupação com relação ao sentido, em *Crepúsculo*, quando Bella nega
ter habilidades especiais e ri da ideia de que possa ser objeto de um amor
imortal. Apesar disso, ela captura o coração de Edward, comandando sua
afeição de forma tão poderosa que, assim como Romeu, ela declara que
não pode viver sem ela. Além do mais, ele acaba sendo figura central na batalha épica, além de salvar, espantosamente, os vampiros dos Volturi. Bella
expressa seu próprio desejo latente de fugir da anonimidade e ascender ao
estado de significância suprema.

Lobos solitários

Embora não tão óbvia quanto nosso desejo de evitar ferimentos ou a
obscuridade, outra fraqueza que os indivíduos procuram evitar é sua vulnerabilidade aos outros. Tanto Heidegger quanto Sartre ressaltaram que
os seres humanos são fundamentalmente sociais. Embora Heidegger ar-
gumentasse que normalmente buscamos conforto junto aos outros, Sartre
alertava para o potencial que têm nossos relacionamentos para criar ansiedade. Os relacionamentos interpessoais causam ansiedade por causa do
perigo que os outros representam e da dependência única que as pessoas
têm uma da outra.[282] As outras pessoas podem nos ferir física e psicologica-
mente; podem tomar o que queremos ou interferir em nossos planos. Não
sabemos quem representa um perigo porque não sabemos o que os outros
estão pensando.

---

280. Ibid., p. 398, 610.
281. Daniel Harris, "Celebrity Bodies" [Corpo de Celebridade], in *The Writer's Presence*,
ed. por Donald McQuade e Robert Atwan (New York: Bedford, St. Martin's Press, 2009),
p. 427.
282. Ibid., p. 367.

Os filósofos dão a isso o nome de problema das outras mentes. As pessoas podem até nos dizer o que estão pensando, mas nem sempre o fazem. E não gostamos disso! Os vampiros, entretanto, podem ler mentes. Os vampiros da saga *Crepúsculo* derivam uma atratividade especial dessa habilidade. Embora estejam sujeitos a algumas limitações, são capazes de ver as mentes dos outros, com uma exceção: Bella. A mente da personagem opera como um escudo. Em combinação, Bella e os vampiros articulam um desejo compreensível no que diz respeito às pessoas comuns: gostaríamos de poder saber o que os outros estão pensando – entretanto, não queremos que eles sejam capazes de ter o mesmo poder.

É claro, não é só a mente alheia que desperta preocupação. Os outros também nos causam ansiedade devido à dependência que temos deles. Os existencialistas prestam atenção especial a essa dependência e à preocupação que ela desperta. Sartre argumentava que uma das coisas que nos fazem depender dos outros é nossa própria identidade. Desafiando a tradicional noção do eu, ele explicava como nossas relações com os outros estimulam a autorreflexão, que é pré-requisito da identidade pessoal. Também examinava a forma como a identidade pessoal é inicialmente estabelecida por meio da internalização, e mais tarde por meio da apropriação crítica, das caracterizações objetivas trazidas pelos outros.

Nossa dependência dos outros não seria tão perturbadora se não fosse pela natureza da consciência, que é a de não se sentir idêntica a nada. A habilidade de dissociar daquilo que percebemos como o fundamento da subjetividade e ação humanas; entretanto, quando alguém nos caracteriza como atrapalhados ou talentosos, em forma ou gordos, caracterizam-nos como algo fixo, e não livre. Obviamente as pessoas não podem evitar isso: interagem conosco por meio do corpo que temos. Mas, pelo fato de que a consciência tende a resistir a qualquer caracterização objetiva que não escolheu conscientemente, o fato de que os outros nos julgam "objetos ordinários" é fonte de irritação e ansiedade.[283]

Crepúsculo expressa essa ansiedade de forma clara. A ansiedade social adolescente de Bella, sua preocupação constante com a forma como os outros irão enxergá-la como estranha ou feia, é uma representação exagerada da preocupação relacionada aos outros que a maioria das pessoas vivencia por toda a vida. Através da agonia por ser a nova forasteira de Forks ou dos tropeços na aula de ginástica, Bella reconhece que sua autoestima pendura-se no reconhecimento ou na validação dos outros, e sente-se frágil por causa dessa dependência.

Parte significativa da fascinação que temos com os vampiros vem do fato de que seu relacionamento difere radicalmente do nosso. A maioria dos vampiros é solitária; não precisam dos outros da forma como precisamos. Mas os vampiros precisam dos seres humanos – precisam deles para

---

283. *Breaking Dawn*, p. 320.

se alimentar. Conforme Bella nota após sua transformação, sua necessidade urgente por Jacob "havia sido (...) uma fraqueza humana".[284] Os vampiros personificam o desejo de ascensão a "outro plano de existência" onde não mais seremos afetados pela "preocupação constante" por causa das outras pessoas.[285] Os outros são reduzidos a meios, ou melhor, a *refeições*. Os vampiros não precisam reprimir seus desejos para ganhar aceitação social. Em vez disso, incorporam nosso desejo pela "liberdade absoluta", nosso desejo de sermos os "donos da situação", de "dominar outra pessoa e a reduzir a sujeito (...) da minha própria liberdade".[286]

Sedes tortuosas

Morder seres humanos e beber seu sangue são ações que nos apetecem por motivos ainda menos respeitáveis do que o controle social. Embora a obtenção violenta de sangue humano seja a base do horror que associamos aos vampiros, é também elemental à atração que exercem sobre nós. Ao violarem tabus sociais relacionados a assassinato e canibalismo, os vampiros personificam nosso desejo de total rendição ao instinto. Embora esse desejo pareça inconsistente com o desejo de controle, Sartre argumentava que essas necessidades divergentes estão ancoradas na natureza infeliz da consciência humana. Segundo o filósofo, a posse de uma consciência reflexiva coloca os seres humanos em uma posição única com relação a seus instintos. Embora não sejamos mais do que animais altamente desenvolvidos, afetados por impulsos naturais, nossa consciência nos dá a habilidade de decidirmos se iremos agir de acordo com esses impulsos ou não. Essa liberdade representa ao mesmo tempo um fardo, para nós.

Pelo fato de que os seres humanos experimentam frequentemente a liberdade como angústia, é comum que tentemos escapar de nossa natureza tentando ser puramente sujeitos ou objetos, agente livre ou coisa determinada. Sartre chama esses esforços de "má-fé". Nosso desejo pelo controle absoluto expressa o desejo de ascender a um nível de subjetividade pura. Nosso desejo de nos rendermos ao instinto expressa o desejo de escaparmos de nossa liberdade.

Os vampiros empolgam porque personificam ao mesmo tempo o comando e a rendição. Eles representam tanto a "dependência quanto a voracidade".[287] São ao mesmo tempo mestres dos outros *e* sujeitos de sua própria sede. Em seu abandono absoluto ao apetite, os vampiros expressam nosso desejo latente de cedermos ao instinto. Incorporam nosso desejo de

---

284. Ibid., p. 430.
285. Ibid., p. 393, 394.
286. Ibid., p. 355, 477, 480.
287. Susan Sceats, "Oral Sex: Vampiric Transgression and the Writing of Angela Carter", in *Tulsa Studies of Women's Literature* 2, no. 1 (primavera de 2001): 107.

cedermos aos impulsos agressivos, saciar fome e sede e, é claro, "perder-mo-nos" em prazeres como o sexo sem o horrível peso na consciência.[288]

Há prazeres que causam culpa, certamente; mas nem todos os prazeres de *Crepúsculo* são assim.

Crepúsculo e os prazeres que não causam tanta culpa

Os vampiros da saga desviam-se do arquétipo vampiresco de várias formas. Não são afetados por alho e têm invulnerabilidade a estacas no coração. Não dormem em caixões – na verdade, não dormem. Além disso, a luz do dia não é mortal para eles – na verdade, ela faz com que brilhem. E o mais importante: não são exatamente monstruosos. Os Cullen e os Denali são vampiros mais gentis e bondosos. O que os distingue da maioria dos sanguessugas estereotípicos é o fato de que reprimem sua sede natural por sangue humano. Isso faz com que os vampiros de *Crepúsculo* sejam especialmente atraentes, porque possibilita que não sejam assassinos (o que nos faz sentir menos culpados com relação a nossa atração por eles), e porque permite que personifiquem a ambivalência que temos com relação a nossos apetites.

Como já argumentaram filósofos do tempo de Platão, os apetites têm o potencial de comprometerem a função da razão. Sartre dizia que nossos apetites e desejos são aspectos essenciais de nosso ser, mesmo que a consciência não se identifique normalmente com eles. Em vez disso, ela tende a vê-los como forças alienígenas que ameaçam sua autonomia por dentro. Tememos perder a nós mesmos e à nossa humanidade em prol dos impulsos corporais.

Os vampiros cativam porque retratam nosso desejo de dominar o impulso e, ao mesmo tempo, nosso desejo de nos rendermos ao impulso. Os vampiros claramente articulam a ansiedade que temos com relação a nossos apetites; são criaturas definidas pela sede, e sua sede lhes tira sua humanidade. Se cedem aos impulsos, tornam-se monstros e personificam nosso medo latente de que render-se ao apetite irá comprometer nosso ser e pôr em perigo outras pessoas.

Crepúsculo ilustra esse medo de duas formas: no perigo que o vampiro representa para os seres humanos e na preocupação de Edward e Jacob quanto à transformação de Bella. Menos preocupada com a morte do que com o desejo, Bella teme que sua transformação a tornará "prisioneira da sede".[289] Ironicamente, ela já está presa ao próprio desejo. Ela sempre cai vítima de sua sede bastante humana por Edward, atirando-se nele a todo momento. Nós, leitores, ficamos agoniados ao mesmo tempo em que

---

288. Sartre, *Being and Nothingness*, p. 491.
289. *Eclipse*, p. 74.

nos deliciamos com esse abandono dela. Ao mesmo tempo, ficamos empolgados com o autocontrole de Edward. Apesar de seu poderoso desejo por Bella, ele exerce o que afirma ser uma disciplina da "mente sobre a matéria".[290] Edward, em vez de ser um cativo de seus impulsos, incorpora nosso desejo de sujeitarmos nossos apetites ao controle racional.

Considerando que os Cullen demonstram essa autodiscipina e se esforçam para não matar seres humanos, somos capazes de amá-los com menos culpa; entretanto, nossa culpa nunca é de todo absolvida. *Crepúsculo* não só mostra o encanto vampiresco sobre nós como também articula a ambivalência que temos com relação a eles. Meyer usa vários meios para alcançar esse fim. Como nas obras clássicas de ficção vampiresca, ela usa imagens góticas, caracterizações negativas e violência gráfica para jogar suspeita em seus reluzentes sujeitos. Logo de cara, Forks é descrita de forma agourenta. A própria palavra "fork" [" garfo" ou "bifurcação", em inglês] alude tanto ao utensílio de cozinha capaz de furar a pele quanto a um ponto em que uma escolha precipitada tem de ser feita – Forks é apresentada negativamente como um lugar irrevogavelmente sinistro afetado por uma "sombra onipresente".[291]

Similarmente, embora os vampiros sejam descritos como belos, sua beleza é inumana. Embora sejam bastante atraentes fisicamente, também são personificações perturbadoras da morte. Sua compleição é "doentia", "branca como giz", e eles têm marcas escuras debaixo dos olhos parecidas com hematomas.[292] Sua pele pálida lembra cera e remete à "rigidez cadavérica".[293] O coração deles não bate e eles não respiram; são cadáveres ambulantes. *Crepúsculo* nos faz lembrar que os vampiros são tão sombrios quanto são glamurosos, ao fazer com que personifiquem a morte e serem os causadores desta. Uma das cenas mais perturbadoras da saga ocorre em *Lua Nova*, em que os turistas são conduzidos para a morte como ovelhas ao matadouro. É nesse ponto que o nosso horror aos vampiros ressuscita, horror este que já havia sido quase todo eliminado pela ênfase romântica que Meyer dá a Edward. A autora também questiona o encanto dos vampiros ao descrever vampiros que odeiam a si mesmos; Edward declara-se uma "criatura deplorável" e grita: "Eu não quero ser um monstro".[294] Rosalie concorda, aconselhando que Bella permaneça sendo humana. E Bella também expressa dúvida. Sua preocupação é a de que possa virar um monstro, e essa percepção reforça a noção de que a vida de um vampiro não é assim tão saborosa.

---

290. *Twilight*, p. 300.
291. Ibid., p. 3.
292. Ibid., p. 10, 19, 180.
293. Ibid., p. 137.
294. *Twilight*, p. 187, 277.

Uma vez mordido, duas vezes mais tímido: uma grande preocupação com os vampiros vegetarianos

Do ponto de vista existencialista, o questionamento do encanto exercido pelos vampiros que ocorre em *Crepúsculo* é incrivelmente positivo. Embora sejam absolutamente compreensíveis as ansiedades essenciais ao poder de atração vampiresco, o desejo de deixar de lado a própria humanidade não seria endossado pelos existencialistas. Como reconhece Alice Cullen, de forma existencialista, ser um humano tem seus problemas: "Não dá para voltar a ser humana novamente (...) Essa escolha só se faz uma vez na vida".[295] Embora a existência nos confronte com desafios que evocam uma poderosa ansiedade, esse é, entretanto, "um presente perfeito dado de graça", uma completude que "o homem nunca deveria abandonar".[296] Ao invés de trabalhar para diminuir o apelo dos vampiros, ressaltando sua inumanidade, *Crepúsculo* afirma a superioridade deles. Em *Amanhecer*, as preocupações iniciais de Bella quanto ao vampirismo são descartadas. Ela acorda como vampira, "maravilhada", em um "mundo de contos de fadas", com seus sentidos e poderes ampliados.[297] É capaz de correr o dia inteiro e fazer sexo a noite toda. Em vez da sede torturante, Bella experimenta o "êxtase em sua nova vida".[298] Ela afirma: "Eu estava tão pronta para seguir com minha vida humana finita (...) Eu deveria ter imaginado (...) [ser vampira] é melhor".[299]

O estado de ser vampira oferece a Bella a completa realização de seus desejos, particularmente o escape à condição de fraca e humana e aos "anos de mediocridade" que ela acredita fazerem parte da condição humana.[300] Ela alcança vida e amor eternos. Ela tem uma filha e salva a espécie. Suas habilidades são iguais ou superiores às de todos os outros vampiros que costumavam personificar os desejos dela. Ela responde igualmente ao amor imortal de Edward e supera o autocontrole de Carlisle, a devoção maternal de Esme, a beleza de Rosalie, a força de Emmett, a lealdade de Alice e os poderes que Jasper tem sobre os outros. Ela não sente necessidade de matar humanos, então nem monstro ela é. Olhando para Bella, pareceria não haver nada errado em trocar nossa humanidade por dentes afiados.

Da perspectiva existencialista, o problema é o prazer que Bella expressa em tornar-se vampira. É um romance, não uma história de horror. Com sua cativante história sobre dois seres feitos um para o outro, ela nos seduz a ponto de amarmos os vampiros mais do que deveríamos. Ela

---

295. *Eclipse*, p. 311.
296. Camus, *Nausea*, p. 131, 133.
297. *Breaking Dawn*, p. 386, 479.
298. Ibid., p. 527.
299. Ibid., p. 482.
300. Ibid., p. 523.

apresenta Edward como um Romeu inocente e solidário, em vez de um monstro que, embora seja atraente, não deixa de ser violento. *Crepúsculo* faz a balança pesar em favor dos vampiros e alimenta um desprezo pouco saudável pela vida humana, em vez de equilibrar os dois.

Então o que há de errado em gostar de vampiros? Afinal, eles não são reais. Não mordem de verdade. Se nossa interação com um romance vampiresco não só entretém como também ajuda a afastar a ansiedade, então só deve ser para o bem. Mas será que *Crepúsculo* nos ajuda a controlar a ansiedade, ou será que a reforça? As ansiedades que temos sobre nossa condição são naturais, mas a decisão de Meyer de celebrar o desprezo de Bella pela humanidade reforça a noção de que a condição humana é falha. Ao contrário de outras obras que enfatizam a desesperada solidão e a corrupção moral dos vampiros, *Crepúsculo* as romantiza. Em vez de estimular a "excitação ambivalente" que a filósofa contemporânea Cynthia Freeland descreve como tendo o potencial para inspirar um exame crítico de nossa fascinação com monstros, *Crepúsculo não* deixa um gosto amargo na boca.[301] Em vez de nos encorajar a apreciar o que temos e realizar mudanças que estejam dentro do nosso poder, a saga encoraja uma fantasia escapista que degrada a existência humana.

O filósofo existencialista Friedrich Nietzsche (1844-1900) argumentava que a tendência a desprezar a existência vem de um "cansaço da vida", de um "instinto de vingança" sobre aquilo que nos fatiga.[302] Embora a vida nos possa cansar, quando esse cansaço é expresso na forma de "hostil[idade]", ergue-se em perigosa "oposição à vida".[303] Nietzsche argumentava que precisamos afirmar a vida, ao invés de nos opormos a ela. *Crepúsculo* é problemático porque diminui a vida em troca de sonhos impossíveis que têm o potencial de custar as nossas vidas. Não de forma violenta, é claro. Esses sonhos nos causam uma hemorragia que faz com que paremos de apreciar a vida que temos. Em vez de aliviarem a ansiedade, agravam-na, encorajando que sejamos cativados por ideais inalcançáveis.

Ao contrário de Bella, não temos a opção de acordar para uma vida eterna ou vivenciar um amor imortal. Até onde sabemos, temos apenas uma vida, e a vida das pessoas que amamos é dolorosamente finita. Por essa razão, pode ser mais inteligente abandonarmos nossos desejos de vida e amor eternos e percebermos que os aspectos da condição humana que às vezes nos fazem sofrer vêm das mesmas coisas que nos tornam o que somos. Apreciamos o tempo porque não temos tempo suficiente, somos sensíveis por causa de nossa vulnerabilidade, temos compaixão por causa

---

301. Cynthia Freeland, "Realist Horror", in *Aesthetics: The Big Questions*, ed. por Carolyn Korsmeyer (Oxford: Blackwell Publishing, 1998), p. 287.
302. Friedrich Nietzsche, *Twilight of the Idols: or How to Philosophize with a Hammer*, trad. para o inglês por Duncan Large (New York: Oxford University Press, 1998), p. 29, 68.
303. Ibid., p. 49, 129

de nossa dependência, e somos fortes porque somos frágeis. É certo que podemos ser monstros, mas somos mais monstruosos quando ignoramos nossa humanidade do que quando a aceitamos. Os vampiros humanistas de *Crepúsculo* excitam e exacerbam nosso apetite pela inumanidade, e por esse motivo são mais profundamente sedutores e, no fim das contas, mais perigosos do que os vampiros verdadeiramente viciosos.

15

A semiótica vampiresca de Bella

DENNIS KNEPP

Crepúsculo é muitas coisas. É uma história de vampiro. É uma história de amor. Mas também é uma história de descobertas. Quando Bella Swan descobre que Edward Cullen é um vampiro, ela descobre um mundo oculto.

Assim como os autores de ficção científica, os filósofos frequentemente escrevem sobre mundos ocultos. A filosofia do aprendizado, da descoberta e do conhecimento é chamada *epistemologia*. E a *semiótica* é a parte da epistemologia que olha para os diferentes tipos de pistas usadas para descobrir coissas escondidas. A semiótica é, no fim das contas, um estudo dos signos, porque as pistas são sinais que apontam para além de si mesmos para dar-nos informações. Bella, é claro, aprende a ler os sinais que indicam *vampiro*.

Os sinais em torno da *van* azul de Tyler

No capítulo 3 de *Crepúsculo*, "Fenômeno", a *van* azul-escura de Tyler Crowley anda pelo gelo no estacionamento e quase mata Bella. De alguma forma, Edward a salva, mesmo estando a "quatro carros de distância, olhando para mim horrorizado".[304] É um mistério: como é que ele conseguiu salvar Bella? Ela descobre várias pistas para esse mistério. Percebe que Edward é frio: "Minha cabeça bateu no asfalto congelado, e senti algo sólido e frio me prendendo no chão".[305] "Tentei me levantar, mas a mão fria de Edward empurrou meu ombro para baixo".[306] Então ela vê a marca da mão de Edward na lateral da *van* que vinha em direção a ela: "Duas mãos

---

304. Stephenie Meyer, *Twilight* (New York and Boston: Little, Brown and Company, 2005), p. 56.
305. Ibid., p. 56.
306. Ibid., p. 58.

grandes e brancas surgiram protetoramente à minha frente, e a *van* brecou a meio metro da minha cara, as enormes mãos encaixando-se providencialmente em um amassado na lateral do veículo".[307] "Quando me levantaram e levaram para longe do carro, eu já tinha visto o amassado no para-choque do carro – um amassado bem distinto que se encaixava no contorno dos ombros de Edward... Como se ele tivesse se jogado contra o carro com força suficiente para danificar a placa de metal."[308] Ela ouve Edward lhe pedindo que não pergunte como foi que ele a salvou: "Seus olhos dourados queimavam. 'Por favor, Bella'".[309] Ela ouve a confusão de Tyler quando diz a ele que Edward a salvara: "Cullen? Eu não o vi... uau, foi tão rápido, acho. Ele está bem?"[310] Essas pistas fazem com que Bella acredite que Edward não é exatamente como os outros garotos. Depois de um tempo, ela descobre que a frieza, a marca da mão e as palavras são todas sinais que indicam *vampiro*.

A frieza, o amassado na *van* e os pedidos de Edward não são eventos aleatórios. São sinais que apontam para além de si mesmos, dando a Bella informações sobre um mundo oculto de vampiros. De fato, seguem um padrão ordenado: um, dois e três.

Esses sinais seguem a tríade do ícone, índice e símbolo. O ícone é o sinal mais simples, o sentimento mais imediato: Edward é frio. O índice é o resultado da interação física: a marca da mão de Edward na *van*. E o símbolo é um sinal que adquire significado porque alguém faz a conexão com aquele sentido: as palavras de Edward e Tyler.

1. Ícone: sentimento simples – frieza.
2. Índice: interação entre duas coisas – os ombros de Edward deixando um amassado na *van*.
3. Símbolo: palavras que adquirem significado a partir de quem interpreta – "Por favor, Bella".

O filósofo da primeiridade, segundidade e terceiridade

Talvez o maior teórico da semiótica tenha sido o filósofo americano Charles Sanders Peirce (1839-1914).[311] Peirce teria estado mais à vontade

---

307. Ibid., p. 56.
308. Ibid., p. 59.
309. Ibid., p. 58.
310. Ibid., p. 60
311. Desde os anos 1980, o Peirce Edition Project [Projeto de Edição Peirce] vem trabalhando cuidadosamente em uma edição cronológica em conjunto com a Indiana University Press que será o padrão para todos os estudiosos de Peirce. Mas, depois de vinte anos, publicaram apenas sete dos 30 livros previstos. Isso deixa de fora várias coisas de seus últimos anos de vida. Felizmente, eles publicaram uma coleção de dois volumes, menor e mais fácil de usar. Usarei o segundo volume: *The Essential Peirce: Selected Philosophical Writings:* Volume Two (1893-1913), editado pelo Peirce Edition Project (Bloomington and Indianapolis: Indiana University Press, 1998), especialmente o ensaio de 1894 chamado "What Is a Sign?", p. 4-10.

no livro *Entrevista com o Vampiro*, de Anne Rice, do que em *Crepúsculo*, de Stephenie Meyer.[312]

Isabella Swan e Charles Peirce não poderiam ser mais diferentes um do outro. Por exemplo: Bella parece ter pouco ou nenhum interesse em roupas e festas (não quer ir nem ao baile de formatura!). Mas Peirce vestia-se com "roupas bonitas" e viajava pela Europa inteira, mesmo sem dinheiro.[313] Bella considera que o uso de remédios para gripe como sedativos é um uso extravagante das drogas farmacêuticas. Por contraste, Peirce fazia uso regular de morfina, éter, ópio e cocaína (todas drogas legais, na época) para combater uma série de doenças mentais, como o distúrbio maníaco-depressivo.[314] Bella, apesar dos eventos sobrenaturais de sua vida, não tem qualquer problema em encarar as exigências do colegial. Mas Peirce era regularmente expulso, tendo se formado como um dos últimos da classe, e era incapaz de se manter em um emprego regular de professor, apesar das conexões que sua família tinha.[315] Por toda sua vida, Peirce teve dificuldades de se conformar com a moralidade convencional; e, durante a convencional Era Vitoriana, sua reputação de "imoral" vira e mexe o colocava em situações complicadas.

Mas, apesar dessas diferenças, a teoria de Peirce sobre semiótica é útil para descrever a descoberta de Bella. E ainda bem que a teoria de um filósofo é julgada por si mesma, e não pela vida dele. Então, mesmo que a vida de Peirce não tenha sido particularmente bem-estrutura, sua semiótica pode muito bem sê-lo. E se é uma boa teoria sobre as relações entre os signos, então deve aplicar-se também à leitura que Bella faz dos sinais:

• Um ícone é uma primeiridade. É a experiência mais simples – a cor, o cheiro, o gosto de algo. É o sentimento sem qualquer reflexão. Peirce escreveu que os ícones servem para "representar ideia de coisas que eles representam simplesmente através da imitação destas".[316] É a cor do céu, o cheiro de uma rosa.

• Um índice é uma segundidade – envolve a interação entre duas coisas. Uma biruta revela a direção do vento porque o vento a está empurrando. Um termômetro revela a temperatura porque a temperatura expande e contrai o mercúrio dentro do tubo. Apontar o dedo para a Lua é uma conexão entre duas coisas. E os pronomes demonstrativos ("isto", "aquilo")

---

312. A melhor biografia de Peirce é de autoria de Joseph Brent: *Charles Sanders Peirce: A Life* (Bloomington and Indianapolis: Indiana University Press, 1998). Todo o material biográfico deste ensaio vem do livro de Brent.

313. "Contanto que tivesse dinheiro para tal, ele sempre se vestia com elegância incomum. Henry James, ao escrever a seu irmão William, de Paris, em 1875, expressou sua opinião sobre o estilo pessoal de Peirce com uma frase perfeitamente econômica, em que ele dizia haver conhecido 'o sr. Chas. Peirce, que veste lindas roupas, etc.'" Brent, *Charles Sanders Peirce*, p. 25.

314. Ibid., p. 14.

315. Ibid., p. 19-20.

316. Peirce Edition Project, p. 5.

também são. Um olho roxo é sinal de briga porque – bem, você entendeu a ideia.

• Um símbolo é uma terceiridade. Aqui, um sinal (1) indica um objeto (2) porque alguém (3) fez aquela conexão. Um pedaço de metal vermelho na forma octogonal com as letras P-A-R-E não tem qualquer sentido até que alguém o leia e pare o carro. Você tem que conectar aquele sinal com o sentido "pare". O símbolo deve ter um leitor que conecte o sentido ao signo. As palavras são os melhores exemplos disso, mas há outros. Se você vê uma pessoa pálida usando roupas pretas, batom vermelho forte e esmalte preto, além da franja cobrindo um dos olhos, provavelmente pensaria: "Gótica". Por quê? Porque você é capaz de conectar os sinais (roupa preta, pele pálida, batom vermelho, etc.) ao sentido (gótica). Esse tipo de vestimenta não significa por si só "gótico" – é preciso fazer a conexão.

O sinal da cruz

Às vezes, o mesmo objeto pode ser todos os três tipos de sinais. O melhor exemplo em *Crepúsculo* é a cruz que Edward mostra a Bella na casa dos Cullen. Primeiro, é um ícone – cor distinta da madeira, "a pátina escura contrastando com o tom claro da parede".[317] Segundo, é um índice – aponta para a Igreja Anglicana de 1630, de onde ela veio. Terceiro, é um símbolo, e não apenas dois pedaços de madeira. A cruz é o símbolo do Cristianismo. Peirce nos disse que "os símbolos crescem", e esse é um ótimo exemplo.[318] A cruz cristã tem vários significados e associações. Os vampiros normalmente têm medo das cruzes cristãs. Então o fato de que esses vampiros exibem abertamente uma cruz em casa diz a Bella que não são vampiros típicos. Além do mais, o fato de que essa cruz em particular era da igreja do pai de Carlisle dá a Bella ainda mais informações sobre esses vampiros – eles têm uma herança cristã.

Sinais de um vampiro bom

Peirce ficava doido com as tríades. Ele dividiu sua tríade original (ícone, índice, símbolo) em outras tríades. Por exemplo, um símbolo pode ser subdividido também em *palavra*, *frase* e *argumento*. A melhor palavra para *Crepúsculo* é "vampiro". E a melhor frase para *Crepúsculo* é "Edward é um vampiro". O melhor argumento para *Crepúsculo* é o raciocínio de Bella de que Edward deve ser um vampiro bom, porque ele tenta salvá-la.

Mas não é o suficiente. Peirce foi ainda mais longe com as tríades. Ele escreveu que um argumento podia ser subdividido em três tipos: *hipótese*,

---

317. *Twilight*, p. 330.
318. Peirce Edition Project, p. 10.

dedução e *indução*.[319] A hipótese é uma suposição – uma possível explicação para estranhos eventos. Bella supõe que Edward é vampiro. Mais especificamente, ela supõe que Edward é um vampiro bom. Isso explica eventos que de outra forma seriam bem estranhos. O argumento hipotético de Bella segue essa forma:

• Edward age como vampiro, mas por alguma estranha razão ele não me ataca.
• Se Edward for um vampiro bom, então não é estranho que ele não me ataque.
• Portanto, há boas razões para supor que Edward seja um vampiro bom.

Note que esse argumento não inspira muita confiança. É simplesmente uma suposição. O seu professor de lógica provavelmente o descartaria como um argumento ruim, porque a premissa não apoia de fato a conclusão. Poderia haver outras suposições: talvez Edward não tenha estado muito faminto recentemente. Mas tudo bem. Uma hipótese não tem que ser 100% acurada. É só uma hipótese. Precisa de mais provas.

O segundo tipo de argumento, a dedução, determina o que deveriam ser essas provas. Você usa uma dedução para determinar o que segue a partir da hipótese. Poderíamos pensar que Bella fez as seguintes deduções enquanto viajava para Port Angeles:

• Se Edward é um vampiro bom, então ele me salvaria de agressores.
• Se Edward é um vampiro bom, então ele diminuirá a velocidade quando estiver dirigindo para não me assustar.
• Se Edward é um vampiro bom, então ele me dará alimento quando eu estiver com fome e vai me deixar dormir quando eu estiver cansada.

As afirmações "se-então" seguem a hipótese de Bella segundo a qual Edward é um vampiro bom. Agora ela sabe que tipo de prova precisará para confirmar ou negar essa hipótese.

O último tipo de argumento, a indução, confirma ou nega as deduções da hipótese. Edward de fato salva Bella de seus agressores em Port Angeles. Edward a leva para um restaurante quando ela está com fome. Ele diminui a velocidade ao dirigir quando ela diz que está assustada. E ele a deixa dormir quando ela está cansada. Tudo isso confirma a hipótese de que Edward é um vampiro bom.

---

319. Ibid., p. 287-288.

Semiótica vampiresca não é garantia...

Perceba que essa confirmação não significa que a hipótese seja 100% acurada. Sempre existe a possibilidade de que se possam encontrar outras informações que vão contra a hipótese. As provas podem ter outra explicação. Pode ser tudo um truque. Edward pode estar apenas brincando com Bella. Tentando fazê-la baixar a guarda para que ele possa atacá-la em alguma outra vez. Bella poderia estar errada. Peirce dá a isso o nome de *falibilidade*: aceitar o fato de que até uma hipótese bem confirmada possa acabar se mostrando falsa.[320]

Bella aprende isso da pior forma ao final de *Crepúsculo*. Enquanto ela se esconde em Phoenix com os irmãos de Edward, recebe um telefonema do maligno vampiro perseguidor James. O processo de raciocínio segue o padrão um, dois, três da semiótica de Peirce:

1. Primeiro o ícone: a voz soa feminina.
2. Em seguida, o índice: é a voz da mãe de Bella. Acrescente-se a isso a afirmação, feita pelo vampiro maligno, de que capturou a mãe dela. Isso direciona os pensamentos de Bella para sua mãe, muito mais do que apontar o dedo para esta.
3. Finalmente há os símbolos, que são as palavras ditas de fato. Ela compreende as sentenças ameaçadoras do vampiro. E formula um argumento sobre o que fazer.

Seu argumento sobre o que fazer é subdividido em três categorias. Primeiro a hipótese: (1) Minha mãe está com problemas. (2) Se eu me entregar, então minha mãe não estará com problemas. Então preciso me entregar.

Então vêm as deduções. São as afirmações se-então que se seguem à hipótese dela. Se Bella quer salvar sua mãe, então deve ir ao estúdio de dança sozinha. Se é preciso que vá sozinha, então precisa fugir dos irmãos de Edward. E se pode fugir deles e ir ao estúdio sozinha, então sua mãe será salva. Essas deduções conduzem Bella a um curso de ação – agora ela sabe o que fazer.

As induções acabam não funcionando tão bem, entretanto. Embora tente confirmar as deduções a partir de sua hipótese (devo me entregar para salvar minha mãe), Bella descobre que é um truque. A voz da mãe dela era na verdade uma gravação. Era uma armadilha! Então as evidências vão contra a hipótese dela, e o resultado é que ela se entregar não salvará sua mãe. A semiótica não dá garantias da verdade. Ela pode levar pelo caminho errado.

---

320. "Assim, o Inquisidor científico deve estar sempre pronto para imediatamente abandonar de forma sumária todas as teorias do estudo ao qual se tenha devotado talvez por muitos anos." Peirce Edition Project, p. 25.

A valsa da semiótica: *um*, dois, três, *um*, dois, três, *um*, dois, três

Uma vez que você pega o jeito da valsa da semiótica, é fácil ver os padrões de terceiridade no mundo. Pai, Filho, Espírito Santo. Passado, presente, futuro. Mãe, pai, filho. Localização, velocidade, aceleração. Humano, vampiro, lobisomem.

Mas é difícil ver qual o ponto de tudo isso. Não podemos simplesmente dividir o mundo em quatros? Ou cincos? O filósofo alemão Immanuel Kant (1724-1804) dividia o mundo em 12 categorias, e Aristóteles (384-322 a.C.), filósofo grego da Antiguidade, tinha dez. Então o que faz do três um número mágico?

Peirce lutava sempre com a questão, tentando provar que três era o número mágico. Confesso que não me impressionei com os argumentos dele, e não os colocarei aqui. Sugiro que a primeiridade, segundidade e terceiridade são apenas hipóteses – suposições. Devemos descobrir quais são as deduções e testar as induções. Ou seja: a partir dessas suposições, devemos descobrir o que segue e então testar se o seguimento é verdadeiro. E devemos ser falibilistas dispostos a rejeitar a hipótese, caso os testes deem errado. Peirce nunca iria querer que aceitássemos sua teoria cegamente.

Então experimente. Faça seus testes. Forneci aqui três exemplos de *Crepúsculo*. (Por que três? Não é óbvio?) Mas existem três outros livros. Escolha uma cena em que Bella esteja descobrindo ou aprendendo algo e tente determinar se aquilo se encaixa no padrão de ícone, índice e símbolo.

16

Espaço, tempo e ontologia vampiresca

PHILIP PUSZCZALOWSKI

Quem não iria querer ser um dos vampiros de *Crepúsculo*? Imagine as coisas que você poderia ver e fazer se não tivesse que se preocupar com a morte. Escalar uma montanha? Claro! Saltar das cataratas do Niágara sem um barril? Não tem galho! Pular de um avião sem paraquedas? Fácil! Ser vampiro é o sonho de todo viciado em adrenalina. Você poderia trapacear a morte em todas as oportunidades, e vivenciar coisas extraordinárias. Mas existe um pequeno problema com esse cenário.

Em *Crepúsculo*, descobrimos que os vampiros são "congelados" no estado em que morreram. Então como é que eles conseguem correr a velocidades incomuns e levantar o carro de alguma doce garota adolescente? De onde vêm as habilidades sobrenaturais? Afinal, os seres humanos não são capazes dos incríveis feitos realizados pelos vampiros.

A ontologia é o ramo da filosofia relacionado à natureza do ser, ou a existência. Quando nos perguntamos o que singifica ser um vampiro, estamos fazendo uma pergunta ontológica. Queremos saber o que faz de um vampiro um vampiro. Como distinguir um vampiro de um ser humano? Existem diferenças físicas óbvias, como a pele pálida, a beleza absurda e a necessidade de beberem sangue para sobrevivência, mas só isso não basta para diferenciar um vampiro de um ser humano. Afinal, todo mundo conhece alguém com essas características. Embora elas nos ajudem a fazer a distinção, temos que examinar mais profundamente se queremos explicar a força e a velocidade naturais deles.

Espaço e tempo kantianos

Em *Crítica da Razão Pura*, Immanuel Kant (1724-1804) argumentava que o conhecimento pode ser dividido em dois tipos diferentes: *a priori* e *a posteriori*. Este último é o conhecimento adquirido pela experiência; a cor de um objeto é um tipo de conhecimento *a posteriori*. Sabemos que o carro de Edward é um Volvo cor prata porque já o vimos. O carro dele poderia ser muito facilmente azul, entretanto. A cor é uma propriedade acidental, o que significa que a cor do carro não tem efeito no carro. Podemos imaginá-lo com qualquer cor que desejarmos, mas ainda continuará sendo o carro de Edward.

O conhecimento *a priori* é aquele que temos independentemente da experiência. Se separarmos todas as propriedades desnecessárias do carro de Edward, como cor, forma, resistência, etc., ficaremos, no final, com uma propriedade inseparável: extensão. Isso apenas significa que não importa qual seja a aparência do carro, ou o tamanho, etc., ele obrigatoriamente ocupa um espaço. É impossível imaginar um objeto físico que não ocupe uma certa quantidade de espaço. A extensão, portanto, é uma forma de conhecimento *a priori* para Kant. Sabemos que os objetos devem ocupar um espaço sem termos que verificar todos os objetos possíveis. Isso significa que precisamos ter a noção de espaço *antes* de qualquer percepção de um objeto.

Assim como o espaço, o tempo também é uma questão de conhecimento *a priori*. O tempo tem, é claro, lugar central em conceitos como sucessão e movimento. Quando Bella Swan dirige da casa de Charlie até a escola, a viagem que ela faz pode ser dividida em partes sucessivas. Primeiro, ela está na casa de Charlie; depois, está a um quarteirão de distância, depois a dois, e assim por diante, até que ela chega à escola. Essa progressão só faz sentido se compreendermos os termos "mais cedo" e "mais tarde" (ou seja, em termos de tempo). Da mesma forma, o movimento é a mudança de lugar ao longo do tempo. Obviamente não se pode mudar de localização se não houver tempo para fazê-lo. Assim como o espaço, não podemos imaginar a ausência de tempo. Podemos imaginar um período de tempo sem quaisquer objetos, mas não é possível imaginar um objeto sem o tempo (um objeto não existiria se não existisse por um tempo qualquer). Portanto, assim como o espaço, o tempo é algo que trazemos ao mundo para conseguir dar sentido a ele.[321]

Kant revolucionou a forma como pensamos no espaço e no tempo, argumentando que eles não são parte do mundo, mas, em vez disso, são parte da mente. A forma como percebemos o mundo é resultado de como o cérebro é estruturado para compreendê-lo, e não de como o mundo é de fato estruturado. Quando Bella ainda é humana, sua percepção de mundo é

---

321. Para uma explicação mais aprofundada, ver *Crítica da Razão Pura*, de Immanuel Kant.

limitada. Entretanto, depois que ela se transforma, passa a perceber o mundo de forma diferente. Seus sentidos ampliados permitem que veja fragmentos individuais de poeira e ouça rádios de carros na rodovia a quilômetros de distância. O mundo em si não mudou. A poeira e o som existem quando Bella é humana e permanecem os mesmos quando ela vira vampira, mas Bella mudou. As limitações físicas típicas que ela vivenciava como humana foram removidas.

Kant, Drácula e os vampiros de *Crepúsculo*

> O que significa um ano para alguém que é imortal?
>
> Bella, *Lua Nova* [322]

Os vampiros da série *Crepúsculo* diferem dos vampiros tradicionais em muitos aspectos, mas, em vez de examinar cada uma das lendas, falaremos do personagem que se tornou o modelo das histórias vampirescas: o Conde Drácula. Drácula foi baseado nas lendas de vampiros europeias, e, uma vez que muitos dos vampiros atuais são baseados em Drácula, ele se presta bem ao nosso propósito aqui.

Drácula tem muito em comum com os vampiros de *Crepúsculo*: imortalidade, necessidade de sangue para sobreviver, força física tremenda.[323] Não se sabe se o Conde era mais forte do que Emmett Cullen, mas se os dois fizessem queda de braço, eu apostaria em Emmett. Drácula também tem o poder de hipnotizar suas vítimas, poder este que Edward Cullen também parece ter.

Há, entretanto, algumas diferenças notáveis entre o Conde e os vampiros de *Crepúsculo*, como a aversão do primeiro aos crucifixos e objetos santos que não têm qualquer efeito sobre Edward e os vampiros de seu tipo. Mas o ponto em que os vampiros de *Crepúsculo* mais diferem dos outros vampiros é na habilidade de sair durante o dia. A luz do dia apenas enfraquece o Drácula, mas esse enfraquecimento é acentuado nos mitos modernos de vampiros, tornando a luz do sol fatal para eles.[324] Pouco tempo depois que Edward resgata Bella em Port Angeles, descobrimos que a maioria das lendas de vampiros são apenas mitos. E só quando Edward leva Bella à campina secreta é que nos é revelado o verdadeiro efeito do sol sobre essa espécie: em vez de se consumir em chamas, a pela vampírica fica reluzente sob a luz solar. Essa diferença com relação ao mito moderno vampiresco cria uma interessante distinção entre a ontologia dos vampiros de Meyer e a ontologia dos vampiros-Drácula arquetípicos.

Embora Drácula não envelheça, ainda assim é afetado pela passagem do tempo. Os vampiros-Drácula não podem sair durante o dia sem se

---

322. Stephenie Meyer, *New Moon* (New York: Little, Brown and Company, 2006), p. 57.
323. Ver *Drácula*, de Bram Stoker [Madras Editora].
324. É só ver as novas séries de TV como *Buffy the Vampire Slayer*, *Angel* e *True Blood*.

enfraquecerem ou explodirem em chamas. Os vampiros de *Crepúsculo* não estão limitados pelo sol, e, portanto, não existe divisão temporal para eles entre dia e noite. A vida deles não corre perigo por estarem sob o sol. Eles o evitam porque desejam manter sua existência em segredo; ficar longe do sol é uma limitação autoimposta (embora seja uma obrigação imposta pelos Volturi). Não é uma limitação ontológica. Assim, os vampiros de *Crepúsculo* são seres bem mais atemporais do que os vampiros-Drácula. Será que a ausência de restrições ao tempo externo explicaria a característica do não envelhecimento? Talvez, mas, considerando o fato de que não podemos pensar fora do espaço e do tempo, podemos apenas especular.

Não só o tempo, mas o espaço também é praticamente irrelevante para os vampiros de Meyer. A velocidade sobrenatural permite que viagem grandes distâncias muito rapidamente. Pelo fato de que não precisam respirar, são excelentes nadadores. E sua força incrível lhes permite pular sobre (ou mover) qualquer obstáculo que esteja em seu caminho. Como ser humano, Bella tem limitações de espaço; ela leva bastante tempo para viajar grandes distâncias a pé. Edward, em contraste, é capaz de atravessar distâncias curtas em um piscar de olhos. Pensa na vez em que ele impediu que Bella fosse esmagada pela *van* de Tyler Crowley. O espaço externo é comprimido ao ponto de tornar-se irrelevante.

Habilidades além do espaço e do tempo: Alice, Edward e Aro

Muitos dos vampiros de *Crepúsculo* possuem aptidões especiais. Alice Cullen, por exemplo, pode ver o futuro. Além do destino de humanos e vampiros, ela pode prever os índices da bolsa de valores. (Parece ótimo, não?) Uma coisa é ter velocidade e força sobrenaturais, mas como é possível ter habilidades como essa?

A capacidade de Alice de ver o futuro depende do espaço e do tempo. Quando ela enxerga um evento futuro possível, duas coisas estão acontecendo. Primeiro, ela vê um evento futuro no presente, o que significa que está vivenciando o futuro sobreposto ao presente. O tempo se dobra, de forma que o período entre presente e futuro é eliminado. Segundo, ela vê um evento espacial em um espaço atual diverso. Quando Alice e Jasper Cullen levam Bella ao hotel para escondê-la de James, Alice, "vê" James no estúdio de balé enquanto ainda está no hotel. Assim como acontece com o tempo, ela vivencia um evento espacial sobrepondo-se a outro, porque a distância entre os dois espaços sucumbe. Ao suspender o espaço e o tempo, Alice desfaz os limites entre presente e futuro.

A habilidade que Edward tem de ler mentes também manipula o espaço. Em vez de estar confinado dentro de sua própria mente, Edward é capaz de ouvir os pensamentos alheios. Seu dom funciona a distância, e ele pode tanto ouvir os pensamentos de gente na mesma sala como os de pessoas a alguns quilômetros de distância. Em essência, Edward faz ruir o espaço entre sua mente e a mente dos outros.

Aro, um dos líderes dos Volturi, tem uma versão mais poderosa dessa habilidade. Ele é capaz de ouvir qualquer coisa dentro da mente de uma pessoa simplesmente pelo toque. Ele não apenas ouve o que a pessoa está pensando, mas tudo o que ela já pensou. Ao passo que Alice pode prever o futuro de alguém, Aro pode ver o passado dessa pessoa. Ele desfaz os limites entre passado e presente, enquanto Alice os desfaz entre presente e futuro.

Uma vez que passado, presente e futuro não têm significado face à eternidade, e o presente não representa um obstáculo, temos aqui uma boa pista para compreender a ontologia vampiresca: os vampiros não existem no espaço e no tempo da mesma forma como nós existimos.

Quando mundos colidem

> Você atrai problemas.
>
> Edward, *Crepúsculo*[325]

Um dos temas centrais da série *Crepúsculo* é o conflito entre os mundos de Edward e Bella. O mundo dele faz sentido antes de conhecer a garota, e o mundo dela, mesmo cinzento, faz sentido para ela antes de conhecer Edward. É só quando ambos tentam iniciar um relacionamento que aparecem os problemas para ambos. Edward existe em um mundo que é perigoso para os humanos, enquanto Bella existe em um mundo que não imagina a existência dos vampiros. Mas talvez os problemas que Bella encontra devido aos vampiros perigosos como James e Victoria sejam apenas manifestações de um problema mais profundo: o conflito entre a imposição kantiana espacial de Bella e a suspensão espacial de Edward.

Considere a forma como Bella aparece desajeitada e desastrada, enquanto Edward e sua família são atléticos e graciosos. Alice sempre parece estar dançando quando se move, enquanto Bella luta para não tropeçar nos próprios pés. Mesmos os hábitos de direção refletem o conflito: Bella dirige uma caminhonete vagarosa, enquanto os Cullen adoram dirigir carros caros a velocidades perigosas. Bella parece totalmente limitada pelo espaço, enquanto os Cullen o transcendem.

Bella percebe essa disparidade, pois sempre nota que o tempo parece voar quando ela está com Edward, resultando em um limite confuso entre tempo e lugar. É como se a velocidade do mundo dela aumentasse quando está com ele, e diminuísse quando se separam. Esse sentimento é bastante comum, especialmente quando dirigimos. Pense em alguma vez em que

---

325. Stephenie Meyer, *Twilight* (New York: Little, Brown and Company, 2005), p. 174.

você não percebeu como estava dirigindo rápido até que saiu da rodovia e diminuiu a velocidade. O mesmo acontece com Bella: quando está com Edward, ela não percebe o tempo passar. Mas, quando se afasta dele, retorna à velocidade "normal", e parece que tudo diminuiu e ficou vagaroso. Ter uma nova paixão certamente ajuda a explicar essa experiência, mas também pode ser resultado do limitado mundo de espaço e tempo de Bella interagindo com o de Edward. O conflito entre esses mundos toma um rumo perigoso, é claro, em um dos mais importantes pontos da trama: a gravidez de Bella.

Anteriormente, a luta entre os mundos de Bella e Edward nunca se manifestava em conflito real. Sim, Bella estava sempre em perigo por causa de seus encontros com o mundo vampiresco, mas o mundo dela poderia permanecer separado do de Edward. Quando ele e sua família saem de Forks no começo de *Lua Nova*, Bella fica completamente devastada, mas não está em perigo. A vida de ambos continua. Uma vez que ela engravida, entretanto, o conflito entre o mundo kantiano suspenso de Edward e o mundo de Bella já não é mais superficial. Sua gravidez cria um conflito direto de ordem física, biológica e ontológica entre o mundo dos humanos e o mundo dos vampiros, ameaçando sua vida. Se ela tiver a criança, provavelmente irá morrer. Infelizmente, os seres humanos e os vampiros parecem incompatíveis, ao menos de início.

A confluência entre os mundos de Edward e Bella cria novas possibilidades que não existem no mundo dela. Quando engravida, a gravidez chega ao fim em semanas, em vez de meses. Para os seres humanos, a gravidez leva nove meses, e grandes e rápidas mudanças podem fazer mal à saúde da mãe e do bebê. Não surpreende, então, que quando a gravidez de Bella chega ao fim, Renesmee comece a feri-la por dentro, quebrando os ossos da mãe. O mundo de Bella de espaço e tempo kantianos está em uma luta mortal com o mundo vampiresco, e, como sabemos, o mundo de Bella acaba perdendo. Apenas se transformá-la em vampira, removendo as limitações de tempo e espaço, é que Edward conseguirá salvá-la.

Como vimos, se a ontologia dos vampiros envolve a suspensão do espaço e do tempo kantianos, os seres humanos estão em desvantagem significativa. E acaba que Bella estava certa de insistir em tornar-se vampira!

17

Pela força de Bella?
Meyer, os vampiros e o
Mormonismo

Marc E. Shaw

Stephenie Meyer e eu temos algo em comum: ambos estudamos na Brigham Young University na mesma época; ambos nos formamos em Língua Inglesa lá; e ambos, por um período de tempo, carregamos o mesmo tipo de panfleto que cabia no bolso. Assim como todos os jovens ativos da Igreja de Jesus Cristo dos Santos dos Últimos Dias (SUD ou Igreja Mórmon), Meyer aprendeu, a partir de um livreto entregue a todos os jovens, chamado "Pela Força da Juventude", o que deveriam ou não fazer aqueles que tentam viver de acordo com sua fé.[326] O livreto dava conselhos sobre uma variedade de tópicos, incluindo namoro, música, honestidade, pureza sexual, servir aos outros, gratidão, educação, o dízimo, amigos e a observância do dia do Sabá.

O que tem a religião a ver com isso?

Mas, antes de entrarmos de fato nos detalhes doutrinários, talvez você esteja se perguntando o que a religião pessoal de Stephenie Meyer tem a ver com o romance *Crepúsculo*. Afinal, Bella e a maioria dos personagens da saga não têm religião. Bella explica:

---

326. Ver "For the Strength of Youth" [Pela Força da Juventude], www.lds.org/youthresources/pdf/ForStrengYouth36550.pdf.

Religião era a última coisa que eu esperava, considerando-se tudo. Minha vida era bastante desprovida de crenças. Charlie se considerava um luterano, seguindo a preferência dos pais dele, mas aos domingos ele fazia seu culto indo ao rio pescar. Renée frequentou uma igreja por um tempo, mas, assim como fazia com as práticas de tênis, cerâmica, ioga e aulas de francês, ela desistiu assim que percebi sua nova mania.[327]

As ações dos personagens na série não são motivadas pelo fervor religioso, mas a "biografia não oficial" de Meyer no stepheniemeyer.com ressalta o fato de que pertence à Igreja Mórmon. Ali ela conta que sua religião "teve grande influência em quem eu sou e em minha perspectiva de mundo, e, portanto, no que eu escrevo (embora já tenham me perguntado mais de uma vez: 'Por que é que uma boa garota mórmon como você está escrevendo sobre vampiros?')".[328] Mas a distância entre os ensinos da fé mórmon e os vampiros e mortos-vivos não é assim tão grande. Assim como o mundo ficcional de Meyer, o Mormonismo fala da proximidade entre os reinos dos vivos e dos mortos, dos mortais e dos imortais.

Para a SUD, os recém-falecidos vivem temporariamente em um mundo dos espíritos, que é outra dimensão desse mesmo mundo dos vivos em que estamos. De fato, os mórmons vivos fazem batismos dos ancestrais mortos que nunca aceitaram a fé quando estavam vivos. E talvez o mais pertinente quanto a *Crepúsculo* seja que a SUD acredita em casamento eterno – ou seja, se você casou no lugar certo pelas mãos da autoridade correta, seu casamento terreno será honrado na vida e na morte. Isso significa que o amor não precisa morrer nunca (e, nas eternidades, os amantes também não precisam morrer). Como mórmon, Meyer acredita que um dia seu corpo será imortal e todo-poderoso, ressuscitado em uma forma perfeita junto de seu marido e de seus filhos para sempre. Parece um pouco a transformação de Bella e Edward Cullen em vampiros imortais e poderosos, não é?

A religião de Meyer e seu contexto filosófico

A série *Crepúsculo* é uma renovação textual da fé de Meyer e de seu comprometimento, que está ligado ao ensinamento no livreto "Pela Força da Juventude" que eu e ela recebemos enquanto jovens que iam à igreja. Tal renovação daquela fé fica a cargo de Bella. No começo da série, Meyer a coloca em uma nova localização geográfica; ela tem um novo começo na nova bifurcação de sua vida representada por Forks. Qual caminho ela escolherá para sua vida, agora que está longe da mãe e à beira de virar ela mesma uma mulher adulta?

---

327. Stephenie Meyer, *New Moon* (New York: Little, Brown and Company, 2006), p. 36.
328. Stephenie Meyer, "Unofficial Bio", stepheniemeyer.com.

Em certo sentido, Meyer faz o papel de Mãe Divina para sua filha ficcional Bella. No ensinamento mórmon, os mortais saem do estado preexistente – um mundo anterior a este em que cada espírito decide vir à Terra para ser testado na carne. De acordo com os mórmons, Deus nos coloca aqui nesta vida e nos dá liberdade para escolhermos nosso caminho e para sermos responsabilizados por nossas escolhas. Essa liberdade e responsabilidade é conhecida como *agência*, na fé mórmon, e é uma das primeiras ideias explicadas no livreto. É claro que há consequências, às vezes eternas, de nossas ações terrenas.

Os pensadores da SUD não são os criadores da ideia de agência, entretanto. Ela é, em vez disso, uma ideia central na filosofia cristã que remete à época de Santo Agostinho (354-430 d.C.), ou até antes – Agostinho dava a ela o nome de "livre-arbítrio". Ao passo que o livre-arbítrio é um presente de Deus, infelizmente todos nós acabamos não fazendo bom uso desse presente. Bella reforça sua agência quando diz a Edward de forma clara que suas escolhas e as consequências destas são responsabilidade dela, apenas:

> Isso tem que parar agora. Você não pode pensar nas coisas dessa forma. Não pode deixar que essa... essa *culpa*... domine a sua vida. Você não pode se responsabilizar pelas coisas que acontecem comigo aqui. Nada disso é sua culpa, é apenas parte de como a vida *é* para mim. Então, se eu tropeço na frente de um ônibus, ou seja o que for da próxima vez, você tem que perceber que não é sua função tomar a culpa para si. Não pode simplesmente ir correndo para a Itália porque se sente mal por não ter me salvado. Mesmo se eu tivesse pulado do alto daquele despenhadeiro para morrer, teria sido minha escolha, e *não sua culpa*. Eu sei que é da sua... da sua natureza querer se responsabilizar por tudo, mas você realmente não pode deixar que isso o faça agir de forma tão extrema![329]

Apesar disso, não podemos culpá-lo por tentar salvar Bella. Ao longo de *Crepúsculo*, Bella passa a impressão distinta de que necessita de Edward, o salvador, quando suas escolham a colocam em perigo: "Tudo o que eu queria era estar a sós com meu herói perpétuo", diz ela.[330] Assim como uma figura de Cristo, que paga pelos pecados daqueles que ama, Edward não consegue evitar de agir quando a amada está em apuros. Bella quase prova o argumento de Santo Agostinho, que diz que nossas próprias ações humanas nunca são boas o suficiente; às vezes, para sermos salvos, precisamos da ajuda de um poder maior.

---

329. *New Moon*, p. 507.
330. Stephenie Meyer, *Twilight* (New York: Little, Brown and Company), 2005, p. 166.

Meyer faz da agência uma questão que concerne também a Edward. Ele se depara com uma encruzilhada quando tenta lutar contra sua predestinação vampiresca:

> A maioria dos membros da nossa espécie está bastante contente com seu quinhão – essa maioria também se pergunta como viver. Mas perceba: não é só porque recebemos... certas vantagens... que não temos a opção de nos elevar acima dos limites do destino que nenhum de nós desejou. A opção de retermos o máximo de humanidade essencial que pudermos.[331]

Ironicamente, esse personagem mais-que-humano quer reforçar ainda mais sua humanidade. Está determinado a lutar contra qualquer senso de predestinação.

Pactos eternos, promessas obrigatórias

Edward não é um mero mortal sujeito a falhas, e, embora pareça o galã do baile de formatura do colegial, já está na Terra há muito mais tempo, o que faz dele maduro e estável. Edward não está de brincadeira. Não diz nada impensado, e suas palavras se tornam ações. Logo após o primeiro beijo de Edward e Bella e de sua primeira (casta) noite juntos, segue-se o seguinte diálogo:

> "Eu amo você", sussurrei.
> "Você é minha vida, agora", ele respondeu simplesmente.
> Não havia mais nada que eu pudesse dizer naquele momento.
> Ele nos balançava para frente e para trás, enquanto o quarto ficava mais claro.[332]

Nesse momento romântico com Bella, as palavras de Edward *são* uma ação. Quando ele diz: "Você é minha vida, agora", há uma união criada por essa frase. Assim como quando um árbitro de baseball grita: "Você está fora!" e o corredor das bases está fora, ou quando um padre diz: "Eu os declaro marido e mulher", as palavras do emissor literalmente desempenham uma ação. A partir do momento daquela ação, o futuro muda por causa da fala do emissor. Palavras também podem ser ações.

Essa ideia vem do filósofo J. L. Austin (1911-1960); ele classificaria a frase de Edward "Você é minha vida agora" como um ato de fala performativo. Em *How to Do Things with Words* [Quando Dizer é Fazer – Palavras e Ação], Austin acrescenta que quando você sabe exatamente o que a fala está realizando (ou o que as palavras estão fazendo), a parte "performativa"

---

331. *Twilight*, p. 307.
332. *Twilight*, p. 314.

é "explícita".[333] As falas "explícitas" e "performativas" no quarto de Bella soam como algo obsceno? Tenho certeza de que nem Austin nem Edward tiveram tal intenção ao pronunciá-las. Pelo contrário: as palavras colocam Edward e Bella num juramento de consagração um ao outro. As palavras emitidas por Edward na metade de *Crepúsculo* ainda mantêm o mesmo sentido ao final de *Amanhecer*.

União eterna de corpo e espírito

Como mórmon que acredita estar casada com seu marido por toda eternidade, Meyer se identifica com essa promessa sem fim. Os mórmons tornam-se "selados" aos membros de sua família e acreditam que na próxima vida irão se unir aos parentes. Bella e Edward obviamente desejam tal união. Embora ele acredite ser amaldiçoado por ser vampiro, Bella é incapaz de se imaginar no pós-vida sem seu companheiro: "Além do mais, o único tipo de céu que *eu* apreciaria teria que incluir Edward".[334] E ele se sente da mesma forma, conforme ela descreve: "Ele realmente me queria da forma como eu lhe queria – para sempre. *Foi* apenas o temor pela minha alma, pelas coisas humanas que ele não queria tomar de mim, que o tornava tão desesperado por deixar que eu continuasse mortal".[335] Vemos essa união de forma diferente, na alegria que Bella sente constantemente quando Edward a carrega para todos os cantos com seu corpo forte. Ela não pode evitar de ficar feliz, mesmo quando ambos são engolfados por outras circunstâncias negativas.

A união do corpo e do espírito não é nova para a religião e para a filosofia. Entrando momentaneamente no "erotismo", o diálogo de Platão (428-348 a.C.) chamado *Simpósio* apresenta um mito que explica a criação do amor na Terra. No início, havia três tipos de pessoas, todas as quais tinham duas cabeças e quatro braços e pernas (oito membros, no total). Os três tipos de pessoas eram masculino/masculino, feminino/feminino e masculino/feminino. Naquele tempo não havia necessidade do amor no mundo, porque todos estavam completos e contentes. Mas Zeus, sentindo-se ameaçado por essa completude, atirou raios que dividiram as pessoas no que hoje chamamos humanos. E o amor foi originado para que os que haviam sido separados pudessem encontrar sua outra metade.

A visão liberal que Platão tem do amor e da sexualidade claramente não se encaixa na visão conservadora da SUD sobre sexualidade e parcerias matrimoniais em potencial. Os ensinamentos mórmons permitem o casamento apenas entre um homem e uma mulher. Mas é interessante notar que, no perfil que publicou sobre Meyer na revista *Time*, Lev Grossman

---

333. J. L. Austin, *How to Do Things with Words* (Oxford, UK: Clarendon Press, 1962).
334. *New Moon*, p. 37.
335. *New Moon*, p. 527-528.

observou que o próximo romance da autora, *A Hospedeira* – que não está relacionado a *Crepúsculo* –, é

> contado em um futuro próximo na Terra, conquistada por alienígenas parasitas que tomam o corpo dos seres humanos, aniquilando a personalidade de seu hospedeiro. Uma hospedeira resiste; ela vive como uma voz na cabeça que compartilha com o alienígena. Quando a hospedeira e sua parasita (chamada Wanda) encontram-se com o antigo namorado da hospedeira – um refugiado na luta da resistência –, a alienígena se apaixona por ele e une-se aos humanos. É um triângulo amoroso de duas faces, um *ménage à deux*. Assim como *Crepúsculo*, *A Hospedeira* tem um cenário sensual – duas garotas em um corpo! –, mas a história que nele se desenrola é absolutamente limpa.[336]

O *Simpósio*, de Platão, parece ter se inserido nos escritos de Meyer, no fim das contas. Ou talvez a inspiração tenha vindo de algum antiquado programa de TV sobre o fundamentalismo mórmon, como *Amor Imenso* [série de TV do canal americano HBO que conta a história de uma família mórmon poligâmica].

Perto, mas nem tanto: o erotismo da abstinência

Meyer brinca com os limites entre sexo e não sexo em sua série *Crepúsculo*. Os livros são eróticos, perigosos e descritivos. Edward tem de resistir não só ao corpo de Bella, mas ao sangue dela. Ao contrário de outras heroínas adolescentes, ela se arrisca a mais do que a gravidez: seu amante pode destruí-la completamente. No perfil da *Time* sobre Meyer, Grossman declara que a série *Crepúsculo* é repleta de "abstinência erótica" porque Bella e Edward ficam próximos, mas nunca próximos *demais* – ao menos não até mais tarde na série, quando o par se casa. O casal evita fazer aquelas coisas que a religião de Meyer proíbe antes do casamento, como estabelecido em "Pela Força da Juventude". Devido à castidade pré-marital dos dois, as livrarias pertencentes à SUD, da rede Deseret Book, deram aos livros de Meyer destaque nas vitrines de suas lojas espalhadas pelos Estados Unidos. Mas mais recentemente, por causa da natureza erótica da abstinência de Bella e Edward, alguns membros da SUD pediram à livraria que removesse a série de Meyer das lojas. A Deseret Book se comprometeu a vender os livros, mas só sob encomenda especial.[337]

---

336. Lev Grossman, "Stephenie Meyer: A New J. K. Rowling?" [Stephenie Meyer: Uma Nova J. K. Rowling?] *Time*, 24 de abril de 2008, p. 34-35.
337. "Deseret Book pulls 'Twilight' series from shelves" [A Deseret Book Tira *Crepúsculo* das Prateleiras], www.ksl.com/?nid=148&sid=6243225.

Então será que o famoso casal é casto? Nos longos beijos descritos por Meyer em detalhes, a lei escrita e o espírito da lei divergem entre si. Grossman ressalta uma cena "na metade de *Crepúsculo* em que, pela primeira vez, Edward se aproxima e sente o aroma do pescoço exposto de Bella. 'Só porque estou resistindo ao vinho não significa que não possa apreciar o buquê', diz. 'Você tem um cheio floral, de lavanda... ou frésia'".[338] Grossman argumenta que, embora Edward "mal toque" Bella, "há mais sexo naquele parágrafo do que em todos os beijos de *Harry Potter*".[339]

Mas Laura M. Brotherson escreve no *Mormon Times* (publicado pela *Deseret News*, de propriedade dos mórmons) que Edward é "guardião e protetor. É como um leão que se apaixona por um carneirinho. Para sorte de Bella, Edward vem de uma família que não só lhe ensinou a controlar seus apetites mortais, como também lhe ajuda nesse controle".[340] Valores familiares vampirescos! Brotherson tece elogios "ao autossacrifício e à autodisciplina" de Edward, "especialmente por irem tão contra o que ele está naturalmente programado para fazer".[341] A habilidade que Edward tem de resistir é "atraente a ponto de tirar o fôlego" e dá a Bella confiança de que encontrou o (super-)homem certo: "Não surpreende que quando ele pergunta a Bella 'Você confia em mim?' não há hesitação. Como seria possível não lhe entregar sua vida e tudo o mais que ele deseja, sabendo muito bem que ele nunca tomaria nada de você, nem faria nada que a ferisse?".[342] Mas Bella não *sabe* totalmente, na verdade, e isso é parte do perigo e do erotismo criados por Meyer.

Retornando o olhar

Meyer se concentra no aspecto carnal, em vez do espiritual, com suas longas descrições da aparência de Edward. Uma vez que quase toda a série é contada do ponto de vista de Bella, e uma vez que Meyer se concentra em Edward, *Crepúsculo* retorna o olhar que é normalmente lançado pelos homens às mulheres. A filosofia feminista argumenta, em grande parte, que os homens normalmente controlam as "lentes do olhar": seja na fotografia, nos filmes, no teatro ou mesmo na ficção (por meio de descrições em romances e outras formas de narrativas). É comum que o autor/diretor faça com que seu público olhe para a mulher com desejo sexual. Meyer, entretanto, faz com que olhemos através dos olhos de Bella para a beleza

---

338. Grossman, p. 34.
339. Ibid., p.34.
340. Laura M. Brotherson, "Edward, Self-Mastery and the Marital Fire", MormonTimes. com, 17 de janeiro de 2009.
341. Ibid.
342. Ibid.

de Edward. Ele é objetificado, continuamente avaliado como um pedaço de carne no mercado.

Não é simplesmente uma questão de tornar o homem um objeto sexual (para variar). Também estamos cientes de que Edward retorna esse olhar: "Edward me olhava [...] Eu olhei de volta, surpresa, esperando que ele desviasse o rosto rapidamente. Mas, em vez disso, ele continuou fixando os olhos nos meus com intensidade exploratória".[343] Várias vezes em *Crepúsculo,* Bella olha para Edward e ele retorna o olhar. Em vez de um olhar unidirecional que faz da outra pessoa mero objeto de desejo, *Crepúsculo* oferece um olhar dialogante, aconchegante e bidirecional entre os jovens amantes.

Garotas mórmons boazinhas e vampiros sensuais

É preciso concluir com a pergunta: será que *Crepúsculo* é propriamente mórmon? Assim como acontece com qualquer texto, existem múltiplas formas de ler e interpretar *Crepúsculo*. E nem todos os críticos de Meyer (tanto profissionais quanto amadores; mórmons e não mórmons) acreditam que a saga sustenta os padrões corretos de comportamento. Espero que este capítulo tenha convencido você de que é ao menos possível para as garotas mórmons boazinhas escreverem sobre vampiros sensuais.

---

343. *Twilight*, p. 73.

18

O Tao de Jacob

REBECCA HOUSEL

> O Tao é vazio
> Quando usado, não está cheio
> Tão profundo! Parece ser a fonte de tudo
>
> Lao Tzu, *Tao Te Ching*[344]

As coisas não são fáceis para Jacob Black. Ele ama uma garota que está apaixonada por um vampiro rico, lindo, inteligente, talentoso e imortal. Isso mesmo: um vampiro. Quem poderia competir com isso? Bem, Jacob pode, graças à sabedoria dos antigos mestres. Embora ele tenha 15 anos quando nos é apresentado pela primeira vez – está longe de ser antigo e com certeza não é nenhum mestre –, mostra uma maturidade crescente, comum a pessoas jovens que já passaram por dificuldades. Ao contrário do típico adolescente de 15 anos, nada vem muito fácil na vida dele. Como Quileute, ele vive em uma reserva e já conhece o isolamento social conectado à diferença social; o pai de Jacob, Billy, vive em uma cadeira de rodas e depende de Jacob não só para as tarefas domésticas, mas sempre que precisa se movimentar.

O *Tao Te Ching* descreve um "caminho", ou "trilha", (o Tao) pavimentado com as virtudes da humildade, compaixão e moderação. Tendo desenvolvido sua inteligência emocional por meio das dificuldades, Jacob demonstra todas as três virtudes.

Como texto principal do Taoísmo, o *Tao Te Ching* foi escrito por Lao Tzu há 2.500 anos, e foca-se no conceito de Tao: as "três joias" – compaixão, moderação e humildade – guiam-nos pelo caminho taoísta.[345] Mesmo

---

344. Lao Tzu, *Tao Te Ching* , trad. para o inglês por Derek Lin (Woodstock, VT: Skylight Paths, 2006), p. 4.
345. Alguns estudiosos teorizam que o *Tao Te Ching*, mesmo tendo sido começado por Lao Tzu, recebeu adições por outros autores anônimos ao longo dos séculos.

sem considerarmos a habilidade que Jacob tem de se transformar em lobo, embora ele seja (bem) mais jovem que Edward, possui as três joias. E embora seja verdadeira a lenda da criação Quileute sobre um antigo licantropo que vira lobo e se torna o primeiro homem daquela tribo, não é desses antigos que estamos falando aqui.[346]

A referência de Lao Tzu aos "mestres antigos" no *Tao Te Ching* pode ter sido alusões aos dois "mestres antigos" que influenciaram originalmente o Taoísmo: Huang Ti (pronuncia-se *Huangdi*) e Fu Hsi (pronuncia-se *Fu Shi*). Ambos governaram a China há aproximadamente 4.700 anos, ou 2.200 anos antes de Lao Tzu nascer.[347] Huang Ti é associado a algumas das primeiras formas de Taoísmo, enquanto acredita-se que Fu Hsi tenha criado o conceito de *yin-yang*.[348]

O momento mais escuro é sempre antes do amanhecer

Um dos símbolos mais potentes do Taoísmo é o círculo branco e preto conhecido como *yin-yang*. *Yin* é passivo, frio, escuro e macio. *Yang* é ativo, quente, leve e duro. Mesmo assim, ambos não são completamente opostos – um flui para o outro, e cada um tem seu lugar no outro, o que é demonstrado por um ponto branco na parte escura e um ponto escuro na parte branca. No mundo de *Crepúsculo*, Jacob é *yin*. Ele sabe que Bella Swan está mais interessada em um relacionamento com Edward Cullen do que com ele. Embora Jacob demonstre ciúme, ele nunca se torna ameaçador. Ao afirmar constantemente que não importam as escolhas que Bella faça, ele sempre será amigo dela, Jacob acaba provando sua amizade. Com compaixão e humildade sendo as bases de sua inteligência emocional, Jacob lida consigo e com os outros como um verdadeiro taoísta.

Edward, em contraste, é *yang*. Lao Tzu disse: "Riqueza e posição social trazem arrogância".[349] Edward tem uma atitude distante, "superior" aos que o cercam. Ele exibe sua riqueza dirigindo carros caros, usando roupas de grife e esnobando posses mais humildes, como a caminhonete de Bella. Por outro lado, quando Bella traz duas motos do ferro-velho para Jacob, convencendo-o a consertá-las em troca de ficar com uma delas, Jacob se delicia. Não importa para ele que as motos não sejam novas ou caras. Pelo fato de ele se basear na humildade e viver uma vida de moderação,

---

346. Ver "Quileute Tribe: Legends, Myths, and Folklore" [A Tribo Quileute: Lendas, Mitos e Folclore], www.quileutes.com/quileute-indian-reservation/quilayute-native-american-tribe-quileute-legends-and-quileutemonsters.html.

347. Lao Tzu, *Tao Te Ching*, p. xv-xvi.

348. O *yin-yang* descreve a forma como forças aparentemente opostas são interconectadas e interdependentes no mundo natural, dando origem uma à outra. Jacob e Edward representam perfeitamente essa ideia.

349. Lao Tzu, *Tao Te Ching* , p. 9.

está mais satisfeito com a vida em geral. Jacob compreende que não é o centro do universo, e é esperto o suficiente para não querer esse tipo de poder. Como disse Lao Tzu: "Aquele que sabe ter o suficiente já é rico".[350]

Edward não tem um fio de cabelo *yin* em seu corpo arrogante – e quem poderia culpá-lo? Foi escolhido por Carlisle Cullen para sobreviver a uma doença fatal, e não apenas sobreviver, mas tornar-se mais forte, mais rápido, mais inteligente – por toda eternidade. É comum que as pessoas que sobrevivem a uma doença fatal, como o câncer, emerjam com um senso de humildade, compreendendo que nada em uma vida mundana é garantido, pois não existe mais o mundano. A mãe de Jacob morreu quando ele era pequeno, então ele conhece a morte e a experiência lhe trouxe humildade. Além do mais, ele conhece a doença: seu pai está em uma cadeira de rodas. E, por conhecer a morte e a doença, Jacob desenvolveu a compaixão. Ele também está acostumado à moderação, pois vive em uma casa pequena na reserva Quileute e dirige o carro detonado do pai.

Jacob é um verdadeiro líder, não porque abuse de seu poder, nem porque seja rico, ou por causa de promessas extravagantes. Ele é um líder porque age responsavelmente quando necessário, independentemente de seus desejos. Ele não reclama a liderança dos Quileutes imediatamente, embora ela seja seu direito; em vez disso, Jacob cede sua liderança a Sam até que Sam comete uma falha. Assim, Jacob ilustra o conceito taoísta de *wei wu wei*, ou ação por meio da não ação. O melhor tipo de ação é quase sempre não forçar as coisas de forma agressiva, mas permitir que elas sigam seu curso. Segundo o ponto de vista taoísta, a ordem e a harmonia são o jeito natural das coisas, e devemos entrar em contato com o Tao, com a intera-ção natural entre *yin* e *yang,* para ficarmos em harmonia com a natureza e o cosmos. Mas é necessário dizer que o Taoísmo não é completamente passivo. Ele não sugere que devamos simplesmente aceitar as injustiças que aparecem em nosso caminho. Existem tempos de agir, mas é preciso escolher as batalhas cuidadosamente.

Quando Jacob descobriu sua habilidade de mudar para a forma de lobo, poderia ter facilmente ido caçar Edward – mas ele não fez isso. Mes-mo quando fica sabendo que Bella está se casando com Edward, e que ela logo irá morrer, apesar de seus próprios sentimentos, Jacob vai ao casa-mento – o que não é tarefa fácil. Ele alerta Bella com relação a Edward e lhe diz para tomar cuidado com as decisões que está tomando – assim, ele arrisca a amizade entre ambos. Jacob toma essas atitudes porque isso é o que os bons líderes fazem: eles não fazem necessariamente o que é popu-lar, ou o que tornará os outros felizes. Mesmo que signifique abalar uma amizade ou afastar uma pessoa que ele ama, um bom líder age a partir de sua consciência.

---

350. Ibid., p. 33.

Quando Edward recorre a Jacob em desespero, pedindo-lhe que tenha filhos humanos com Bella, Jacob não se atira à oportunidade. Ele a reconhece como uma chace de estar com a pessoa que ama, mesmo de forma imperfeita – mas fica mais do que aliviado quando a oportunidade demonstra não ser mais uma opção. Na verdade, Jacob sabe que seu relacionamento com Bella é tóxico para ele, então tenta separar-se dela várias vezes ao longo da saga na tentativa de curar a si mesmo e deixar que Bella viva sua vida. Em contraste, quando Edward deixa Bella por razões "altruístas", está sendo cruel com ela, magoando-a profundamente. É Jacob quem lhe ajuda a aprender a viver novamente por meio de uma amizade saudável que a encoraja não apenas a ser ela mesma, mas também a tomar as rédeas da própria vida ao tentar coisas novas. Jacob não pede a Bella que esta mude. Ele não julga as roupas dela, nem sua caminhonete ou a escolha que ela faz de amigos (exceto por Edward e os Cullen, e com boas razões!). Ele está ali para ela, dando-lhe respeito e apoio – um verdadeiro amigo.

Edward, por outro lado, pelo fato de não poder ter Bella (com a escolha *dele* de rejeitá-la em um esforço de "salvá-la"), tenta o suicídio. Ele toma esse tipo de escolha e age sempre de forma irresponsável porque não conhece a humildade; a arrogância é a sombra de Edward. Como disse Lao Tzu, "Correr e caçar faz de uma pessoa um selvagem de coração".[351] Edward literalmente corre e caça – move-se ultrarrápido e precisa caçar regularmente para se manter vivo. Lao Tzu diz que a habilidade de ver, ouvir e provar tudo o que se deseja torna aquela pessoa cega, surda e incapaz de sentir os sabores.[352] Essa é a base da falta de humildade de Edward, sua fraqueza, e também a causa da força de Jacob. Meyer parece ter desejado criar Edward e Jacob como o clássico par de opostos campbellianos, quase como dois lados da mesma moeda, um par *yin* e *yang*.[353] Mesmo que Jacob mereça reconhecimento como líder, pelo fato de ser humilde, irá sempre se retirar da liderança, mantendo o que Lao Tzu chama de "Tao do Céu". O Tao do Céu é a luz no fim do escuro túnel de Jacob.

Não há boa ação que não tenha punição

J. K. Rowling também cria o par *yin* e *yang* para conduzir suas histórias. Pense em Harry Potter e Draco Malfoy. Ambos contrastam bastante, mas não são completamente opostos. Como sempre, há um pouco de *yin* no *yang*, e um pouco de *yang* no *yin* – o verdadeiro equilíbrio. Malfoy não

---

351. Ibid., p. 12.
352. Ibid., p. 12.
353. Joseph Campbell refere-se à necessidade de um par de opostos que o herói deve transcender para conseguir obter a necessária transformação de consciência. Ver *O Herói de Mil Faces*, de Joseph Campbell.

é necessariamente uma pessoa má, e Harry de vez em quando faz coisas más. Da mesma forma, Edward pode não ter qualquer humildade, mas ele não é completamente mau. E embora falte a Jacob um pouco de arrogância, ele também comete seus erros. A diferença é que Edward leva toda a consideração; da mesma forma como acontece com as pessoas famosas, brilhantes e bonitas da sociedade, como as celebridades, as transgressões de Edward são perdoadas, e ele chega até a ser recompensado por elas. Jacob representa o clássico renegado: não importa quanto bem ele faça e os sacrifícios que empreende, será sempre punido. O clichê "Não há boa ação que não tenha punição" infelizmente se aplica a Jacob. Mas não é de fato culpa dos outros personagens. Podemos seguramente culpar a autora por isso. Rowling recompensa seus personagens conscienciosos; Meyer não.

A vida de Jacob é intrigante sob muitos aspectos. Ele está isolado da sociedade em geral, pois vive em uma reserva. Por ser descendente dos índios Quileute, Jacob sofre o peso da responsabilidade adicional de tornar-se lobo – ele, assim como outros da tribo, é obrigado a se transformar, por causa da existência de Edward e sua família, que atraem ainda mais vampiros para Forks. A mãe de Jacob morreu e seu pai não pode andar, o que coloca ainda mais responsabilidades nos ombros de Jacob, incluindo os afazeres domésticos que tipicamente ficam a cargo de outros familiares – mesmo ao ser motorista de seu pai, Billy, Jacob assume um papel mais adulto. Ainda assim, Meyer decide escrever um outro livro, *Sol da Meia-Noite*, narrado sob a perspectiva de Edward. Por quê? Edward consegue tudo o que quer. Jacob não. Mesmo assim, Jacob tem um *imprint* com Renesmee no livro final da saga *Crepúsculo*; mas, para aqueles que prestam atenção, isso não é nenhuma vantagem. Devemos culpar Meyer por ela não dar a devida atenção a Jacob?[354]

Por sorte, Lao Tzu tem a resposta: "Acabe com a sagacidade; abandone o conhecimento; o povo se beneficiará cem vezes mais".[355] Essa foi a

---

354. "Rowling e Meyer, elas falam diretamente ao público jovem. A verdadeira diferença é que Jo Rowling é uma escritora magnífica, enquanto a escrita de Stephenie Meyer não vale um tostão. Ela não é muito competente." Essa é uma citação, considerada infame, do autor Stephen King. King já vendeu mais de 350 milhões de cópias de seus mais de 60 romances, coleções de contos e outros livros. Comemorou há pouco o trigésimo quinto aniversário de seu primeiro romance, *Carrie*, em abril de 2009. Quando Stephen King fala, o mundo literário escuta. King classifica a si mesmo como o equivalente literário de um "Big Mac com fritas" – reconhecendo o apelo comercial de seus livros fáceis, mas envolventes. Meyer também escreve livros comerciais fáceis de ler e envolventes. Rowling, que aparentemente é mais rica do que Oprah Winfrey, é claramente muito boa no que faz. Entretanto, não é responsabilidade de Meyer escrever bem ou não. É responsabilidade dos leitores decidirem como investir seu tempo e dinheiro. Meyer não podia prever a popularidade de seus livros para medir a potencial influência que teriam, mas deve reconhecer esse fator agora. E quando se trata de personagens fictícios, o limite é sempre o autor. Ver Brian Truitt, "It's Good to be King" [É bom ser King], *USA Weekend*, 6 de março de 2009, p. 6-9.
355. Lao Tzu, *Tao Te Ching*, p. 19.

forma de Lao Tzu dizer às pessoas que nem tudo é buscar conhecimento nos livros, há conhecimento na própria vida. Meyer recompensa a arrogância e pune a humildade – o que se assemelha muito à vida real. Parte da filosofia taoísta é reconhecer que o conhecimento vem de muitas fontes diferentes. Não cabe a nós julgar o que é bom conhecimento e o que não é.

Dobre-se para não quebrar

"Ceda e continue inteiro; dobre-se e permaneça reto", é o conselho de Lao Tzu sobre o que fazer em qualquer conflito.[356] Isso parece ir contra a intuição, mas o que Lao Tzu quis dizer é que é preciso ter mais coragem para ceder, mais força para se dobrar contra seus próprios desejos, do que para se agarrar firmemente a uma posição, apenas para chegar a um ponto em que quebrar é inevitável. Quando um indivíduo é capaz de fazer isso em um conflito, é recompensado por um coração aberto. Jacob está muito infeliz com as escolhas de Bella relativas a Edward, embora seja verdade que muito dessa infelicidade venha do próprio desejo de Jacob pelo amor de Bella. Mas a maior infelicidade para Jacob vem do pensamento de um mundo sem Bella como ela é. A maioria dos membros de sua matilha já teve *imprints* com companheiras. E Jacob sente como se estivesse perdendo a única pessoa no planeta com a qual poderia ser feliz, quando Bella escolhe Edward, escolhendo, por tabela, a morte. Assim que ela virar uma vampira, uma Cull-en,* Jacob e ela virarão inimigos jurados. A situação parece desesperadora e sem saída. Mas, em meio a todo esse conflito, pelo fato de amá-la de verdade e de querer que ela seja feliz, não importa o que isso signifique para ele, ele começa a ceder e a dobrar-se.

Jacob faz uma visita a Bella quando ela e Edward retornam de sua lua de mel, e a encontra sofrendo com a gravidez acelerada, que a está, literalmente, matando. Jacob esperava vê-la morta, ou melhor, morta-viva – mas ao menos parte dela ainda existiria. A situação que se apresenta para ele quando vê a barriga inchada de Bella é um cenário completamente novo: Bella vai *mesmo* morrer.

Mas as três joias do Taoísmo vêm bem a calhar para Jacob, uma vez mais. Sua compaixão pela situação de Bella o ajuda a não julgá-la, e sua moderação no fim lhe permite ficar perto dela e vigiar a casa dos Cullen para proteger Bella e Renesmee dos Volturi, que estão vindo acusar Bella e Edward de conceberem uma criança imortal, o que é proibido no mundo dos vampiros. Mais tarde é revelado que a situação de Bella e Edward não é tão única como todos imaginavam: um vampiro sem clã na América do Sul também engravidava suas amantes humanas. As crianças nascidas dessas

---

356. Ibid., p. 22.
*N.T.: Trocadilho entre Cullen e "cold one", que quer dizer "aquele que é frio", em inglês.

uniões eram como Renesmee, híbridos humano-vampiro – e não as aberrações que os Volturi haviam proibido –, em que uma criança humana transformada pelo veneno de um vampiro seria para sempre congelada na forma de criança, e seria, portanto, ainda mais perigosa do que os vampiros adultos.

Quando Jacob vê Renesmee pela primeira vez, pelo fato de ter a força para ceder e dobrar-se ao conflito interior com Bella, seu coração se abre e ele é capaz de ter um *imprint*. Isso foi bastante conveniente para Meyer, que sem dúvida quis dar a Jacob algum tipo de prêmio de consolação por sua incrível paciência. Renesmee tem a vantagem do crescimento acelerado, mas levará anos até que ela e Jacob possam estar juntos de forma romântica. Nesse meio-tempo, Jacob se torna babá da menina e fonte principal de sangue para ela na hora das refeições. Como licantropo, Jacob tem fator de cura acelerado, de forma que Renesmee, ao tomar o sangue dele, não o fere como faria a um ser humano comum. A situação de Jacob em *Amanhecer* vai muito além da compaixão, da moderação e da humildade; mas, uma vez que ele está disposto a dobrar-se, o leitor sabe que ele não irá quebrar.

O amanhecer de uma nova era

É claro que Lao Tzu nunca imaginou que um personagem fictício em um futuro distante iria exemplificar o Tao. E a própria Meyer provavelmente não percebeu como retratou consistentemente o personagem Jacob dentro dos moldes taoístas. Não importa se você é do time de Edward ou Jacob, deve admitir que Jacob tem atitude. Se você algum dia estiver em uma luta e precisar de um amigo para cuidar da retaguarda, Jacob é o cara (sem contar toda aquela coisa que ele tem com lobos). Leal até a medula do osso, compassivo e humilde, Jacob é um verdadeiro taoísta – mesmo a profunda conexão com a natureza é consistente com o Taoísmo. Mas o mais marcante é que ele, quase destruído pelo que está acontecendo com Bella, consegue tornar-se inteiro novamente, apesar de se lamentar profundamente: "O que os antigos chamavam 'aquele que cede permanece inteiro'. Estariam falando palavras vazias? A sinceridade torna-se a completude, e retorna a si mesma".[357]

Lao Tzu estava falando de Jacob, aqui, mesmo sem saber. Jacob cede, mas fica inteiro. Os antigos a que Lao Tzu se referia, irmãos do antigo espírito de Jacob, não falavam palavras vazias. Sempre humilde, Jacob percebe que suas opiniões são apenas opiniões. Bella não vai concordar com ele. Edward não vai desaparecer. Quando Jacob para de sentir a necessidade de ser defensivo, seu coração se abre. Ele sinceramente torna-se inteiro novamente, retornando a si mesmo. Isso lhe dá a brecha para encontrar

---

357. Ibid., p. 22.

a própria felicidade em vez de desperdiçar mais energia em algo que não pode mudar. Se todos pudéssemos ser mais como Jacob e seguir o Tao, o mundo estaria cheio de novas possibilidades.

Como disse Stephen King em suas memórias no livro *On Writing* [Sobre o Ofício de Escrever] (2000): "Lembro-me de um imenso sentimento de *possibilidade* na ideia, como se eu tivesse sido conduzido para dentro de um prédio cheio de portas fechadas e tivesse ganhado o direito de abrir qualquer uma que eu quisesse. Havia mais portas do que qualquer pessoa poderia abrir em uma vida inteira".[358] A obra de Meyer traz esse sentimento de possibilidades descrito tão bem por King – os livros e filmes são apenas o começo. Talvez Meyer leia este capítulo e decida que o mundo de Jacob é cheio de portas fechadas que ela poderá abrir para seus leitores. O universo de *Crepúsculo* tem possibilidades ilimitadas, assim como a própria Meyer. Um novo amanhecer desponta no mundo literário.[359]

---

358. Stephen King, *On Writing: A Memoir of the Craft* (New York: Pocket Books, 2000), p. 15.
359. Obrigado a Bill e Jeremy, e especialmente a Bob, que não só é o máximo como também desafia as minhas ideias – um verdadeiro Jacob. Amo vocês!

Colaboradores

Senhoras e senhores, apresentamos as estrelas de nosso show – humanos, vampiros e licantropos também

Abigail E. Myers é escritora *free-lancer* e professora nas escolas públicas da cidade de Nova York. Foi coautora de "U2, Feminism, and the Ethics of Care", com Jennifer McClinton-Temple, para o livro *U2 e a Filosofia* (publicado pela Madras Editora). Uma vez seus livros de *Crepúsculo* desapareceram por meses, "emprestados" pelos alunos da oitava série. Toda vez que ela abre seu armário de roupas, pensa que seria ótimo ter Alice por perto para dar algumas ideias.

Andrew Terjesen é professor visitante de filosofia na Rhodes College. Ele já deu aulas na Washington and Lee University, na Austin College e na Duke University. Andrew se interessa muito pelos aspectos filosóficos da empatia e tópicos relacionados, e escreveu sobre essas questões como colaborador de *The Office and Philosophy* e *Super-Heróis e a Filosofia: Verdade, Justiça e o Caminho Socrático* (publicado pela Madras Editora). Se virasse vampiro, seu "dom" seria, sem dúvida, ter algum tipo de superindiferença.

Bonnie Mann é professora assistente de filosofia na Universidade do Oregon. Ela sempre tenta ir ao Estado de Washington para tomar chá com Alice e Bella. Às vezes toma conta de Renesmee, mas só se Jacob estiver lá para alimentar a criança. Devido ao seu relacionamento com os Cullen, Bonnie pode dizer com honestidade que a casa deles é exatamente como aparece no cinema.

Brendan Shea é candidato a Ph. D. em filosofia na Universidade de Illinois, onde pesquisa questões sobre a filosofia da ciência. Dá aulas de ética, lógica e história da filosofia. Recentemente, enquanto corrigia provas, ocorreu-lhe que, se tivesse a habilidade de ler mentes, poderia medir o conhecimento de seus alunos de forma muito mais eficiente. Ele planeja implemantar esse novo procedimento tão logo quanto possível.

Dennis Knepp ensina filosofia na Big Bend Community College. Seu ensaio "Bilbo Baggins: The Cosmopolitan Hobbit" aparecerá no ainda inédito *The Hobbit and Philosophy* (2010). Ele sugere que Bella e Edward se mudem para a Bacia Oeste do estado de Columbia, onde os frequentes dias ensolarados deixariam ambos brilhando como diamantes.

Eli Fosl faz o colegial na DuPont Manual High School. Quando ele não está tendo pensamentos filosóficos sobre vampiros e lobos licantropos, adora sair com os amigos, tanto os vivos quanto os mortos. Digamos que Edward tem muita sorte por Bella não ter encontrado Eli primeiro.

Eric Silverman é professor assistente de estudos de religião e filosofia na Universidade Christopher Newport. Seus interesses incluem filosofia medieval, ética e filosofia da religião. Seu primeiro livro se chama *The Prudence of Love* e argumenta que possuir a virtude do amor promove o bem-estar daquele que ama. Entretanto, está convencido de que sair com lobisomens e vampiros tende a abalar o bem-estar de uma pessoa.

George A. Dunn, professor da Universidade de Indianápolis e do Instituto de Tecnologia Ningbo na província Zhejiang, na China, contribuiu com vários outros livros na série *Filosofia e Cultura Pop* da Wiley-Blackwell, incluindo *Battlestar Galactica and Philosophy*, *X-Men e a Filosofia* (publicado pela Madras Editora) e *Terminator and Philosophy*. Sua experiência no colegial foi incrivelmente semelhante à dos Cullen: ficava quieto no canto dele e tentava não morder ninguém.

J. Jeremy Wisnewski é *vegan*, e, portanto, não é atraído por sangue – mas adora vampiros. Ele foi coeditor de *Family Guy and Philosophy*, de *The Office and Philosophy* e de *X-Men e a Filosofia* (com Rebecca Housel). E já está trabalhado em novos lançamentos (alguém arrisca *Arrested Development and Philosophy?*). Embora tenha se sentido culpado por ter se viciado tão cedo em *Crepúsculo* (porque é metido), superou a culpa rapidinho. Os vampiros são o máximo!

Jean Kazez ensina filosofia na Southern Methodest University. Ela é autora de *The Weight of Things: Philosophy and the Good Life* (2007) e *Animalkind: What We Owe to Animals* (2010). Ela escreve uma coluna sobre artes na *The Philosopher's Magazine* e já escreveu sobre ética, religião, felicidade e paternidade para muitas revistas. Jean também gosta de passar o tempo com seus parentes vampiros, apesar de nenhum deles conhecer Bella ou Edward.

Jennifer L. McMahon é professora associada de filosofia e docente do Departamento de Língua e Linguagem Inglesa na Universidade East Central. Ela tem proficiência em existencialismo, estética e filosofia comparada. Já publicou bastante na área de filosofia e cultura popular. Suas publicações mais recentes incluem ensaios em *The Philosophy of TV Noir* (2007), *The Philosophy of Science Fiction Film* (2007) e *House and Philosophy* (2008). Ela entende por que as pessoas adoram vampiros, mas gosta mais dos cachorros.

Jenny Terjesen vive em Memphis, Tennessee. Quando não está lendo a série *Crepúsculo*, é gerente sanguessuga de recursos humanos.

Leah McClimans era filósofa de dia e caçadora de vampiros à noite, até que seu marido conspirou para que ela lesse *Crepúsculo*, esperando poder passar mais tempo com ela à noite. Agora, quando acaba de filosofar, ela passa o tempo livre fazendo campanha pelos direitos dos vegetarianos e discutindo com o marido sobre se ela poderia ou não virar uma vampira.

Marc E. Shaw é professor assistente de arte dramática na Hartwick College. Dentre suas publicações recentes, incluem-se dois capítulos em antologias: uma sobre *The Dumb Waiter*, de Harold Pinter, e outra sobre a masculinidade nas peças de Neil LaBute. Embora Marc não seja vampiro, sua palidez é tão translúcida e assustadora quanto a de Edward – e quase tão sexy. Quase.

Naomi Zack é professora de filosofia da Universidade do Oregon. Seus livros recentes incluem *Inclusive Feminism* (2005) e *Ethics for Disaster* (2009). Ela mora na região noroeste dos EUA e conhece diversas pessoas que já jantaram com Bella e Edward.

Nicolas Michaud é um filósofo itinerante. Vagueia pelo Instituto de Artes de Jacksonville, na Flórida; pela Community College, faculdade de Jacksonville; pela Universidade de Jacksonville e pela Universidade do Norte da Flórida para se alimentar de estudantes inocentes e transformá-los em filósofos. Foi inspirado a escrever sobre *Crepúsculo* por amor à esposa, Jessica Watkins. Se não fosse por ela, ele nunca teria ao menos lido os livros. Ele a chama de sua "Bella", mas Jessica é muito mais maravilhosa.

Peter S. Fosl é professor de filosofia na Universidade da Transylvania (não é perfeito?), nos EUA. Especialista no trabalho filosófico de David Hume e no ceticismo, Fosl foi coautor, junto com Julian Baggini, dos livros *The*

Philosopher's Toolkit (2003), assim como *The Ethics Toolkit* (2007). Além de seu trabalho como professor e estudioso em Transylvania, Fosl tem conduzido experimentos noturnos sobre os efeitos do conhaque no sangue humano, que parece imunizá-lo contra o veneno dos vampiros. Também escolhe pessoas a dedo para levar por uma *tour* nas criptas da universidade (é sério!).

Philip Puszczalowski é candidato ao Ph.D. em filosofia na Universidade de Calgary. Suas áreas de pesquisa incluem o existencialismo, Nietzsche e ética. Apesar do que a irmã dele pensa, um vampiro derrotaria facilmente um lobisomem em uma luta.

Rebecca Housel já foi professora de redação, cultura popular e filosofia na remota região oeste do estado de Nova York (EUA), onde trabalhou como ser humano "normal" por 15 anos. Hoje, é escritora e editora *free-lancer*, e pode trabalhar em casa em sua verdadeira forma. Ela editou a versão americana de *X-Men e a Filosofia* (com J. Jeremy Wisnewski, 2009) e já escreveu artigos sobre pôquer, super-heróis, o Homem de Ferro e Monty Python para a série. Quando não está escrevendo, vasculha as regiões montanhosas de Nova York em busca dos vampiros. Mas é vegetariana de verdade, e espera nunca encontrar nenhum deles.

Sarah Worley é professora associada de filosofia na Bowling Green State University. Publicou principalmente na área de filosofia da mente, embora nos últimos anos tenha se interessado pela filosofia da psiquiatria. Apesar de anos de tentativas, Sarah ainda não conseguiu gostar de leões da montanha. Já os ursos grizzly, ela adora.

Índice remissivo

Para aqueles que não leem pensamentos

A

B

C

D

Dalai Lama 55, 56
dedução 181
Departamento de Justiça dos EUA 150, 151
desejo categórico 82
Deseret Book 196
Deus 10, 23, 48, 63, 64, 65, 66, 67, 68, 69, 70, 71, 72, 73, 79, 93, 132, 193
direitos dos animais 37, 43
divórcio 96, 113, 154
dons 10, 43, 51, 52, 54, 59, 85, 86, 88, 168

E

elitismo 112
Emily 95, 96, 100, 101, 137, 140
empatia 57, 153, 207
Enchiridion (Agostinho)
65, 68
envelhecer 81, 97, 123, 166
erôs 24, 25, 26, 27, 28
escolha. Ver livre-arbítrio 35, 53, 57, 58, 69, 71, 72, 75, 76, 80, 83,
84, 90, 91, 96, 97, 142, 154, 157, 172, 173, 193, 202
especismo 35, 44, 45
ética do cuidado 57, 58
Eva 7, 22, 68
existencialismo 71, 209, 210

F

falibilidade 182
Fedro (Platão) 25, 27, 72
feminismo 111, 136
feminismo e 21, 26, 30, 43, 110, 112, 128, 158, 186, 197
"florescimento" 46
Francis Ford 71
Fu Hsi 200
fundamentalismo 196

G

H

I

J

O

O Morro dos Ventos Uivantes (Brontë) 136, 137
ontologia 13, 185, 187, 189, 190
On Writing (King) 206
Organização Mundial da Saúde (OMS) 150

P

patriarcado 139, 140, 141, 142, 144, 146
"Pela Força da Juventude" (Igreja Mórmon) 191, 192, 196
perfeição 11, 29, 30, 31, 133
perseguição 150, 151, 156
pessoalidade 43, 47, 48, 49
pessoalidade e 49
Platão 20, 24, 25, 26, 27, 65, 66, 72, 86, 120, 171, 195, 196
poder 10, 24, 26, 29, 37, 38, 52, 58, 59, 63, 65, 68, 73, 85, 86, 91, 96,
99, 110, 111, 112, 120, 124, 137, 139, 152, 157, 159, 169, 173, 174,
187, 193, 201, 202, 209
privacidade 89, 90, 91, 92

R

racionalidade 44, 93
Razão e Sensibilidade 127
Reforma Protestante 101
religião 13, 71, 73, 191, 192, 195, 196, 208

S

semiótica 12, 177, 178, 179, 182, 183
sexo 11, 21, 22, 27, 30, 115, 118, 120, 122, 145, 148, 151, 171, 173,
196, 197
Simpósio 25, 195, 196
Sócrates 9, 24, 25, 26, 27, 28, 29, 30, 31, 66
Spike 23
"sujeito de uma vida" 37

T

Tanya 54, 59
Taoísmo 199, 200, 201, 204, 205
Tao Te Ching (Lao Tzu) 199, 200, 203
tédio 10, 82, 123
teodiceia 64, 67, 73
Time 163, 195, 196
Tucídides 24
turistas 47, 172

U

Utilitarismo 36, 87

V

Victoria 54, 66, 67, 69, 83, 97, 135, 142, 148, 189
Volturi 25, 47, 49, 51, 52, 53, 54, 55, 57, 58, 59, 68, 71, 78, 80, 81, 82, 84, 88, 91, 97, 148, 168, 188, 189, 204, 205

W

Washington Forks 116, 140
wei wu wei 201

Z

Zeus 195

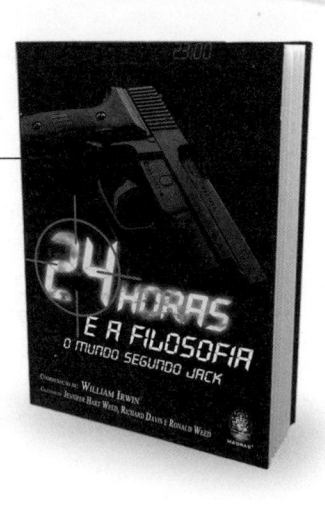

24 HORAS E A FILOSOFIA

O Mundo Segundo Jack

Coordenação de: William Irwin
Coletânea de: Jennifer Hart Weed,
Richard Davis e Ronald Weed

A Unidade Contra Terrorismo de Los Angeles (UCT) está sob alerta agora que *24 Horas e a Filosofia* foi lançado para o público. Fique atento, pois perigosos filósofos como Aristóteles, Hobbes, Kant e Nietzsche estão se infiltrando na UCT. Junte-se a eles na investigação sobre Jack Bauer, levantando as grandes questões filosóficas.

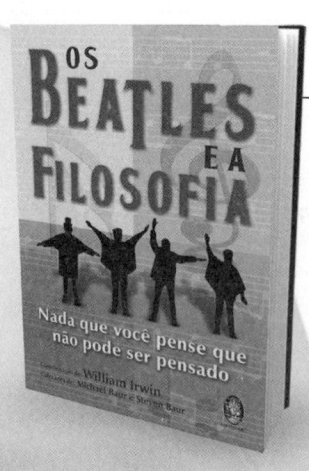

OS BEATLES E A FILOSOFIA

Nada que você pense que não pode ser pensado

Coordenação de: William Irwin
Coletânea de: Michael Baur e Steven Baur

Nessa obra, vinte estudiosos de Filosofia reuniram-se para analisar a fundo o pensamento e o comportamento dos Beatles e para levantar questões filosóficas presentes em suas músicas, como ética, cultura do consumo e ceticismo, além de tratar dos temas cotidianos nas canções sob a luz da filosofia, como amor, sociedade, política e espiritualidade.

FILOSOFIA

Um Guia para Iniciantes

Jenny Teichman / Katherine C. Evans

Essa obra tem sido utilizada como referência para estudantes universitários em muitos países, pois apresenta aos leitores a maioria ou grande parte dos temas estudados em faculdades e universidades de Filosofia.
Um guia indispensável para todo aquele que deseja enveredar no caminho da Filosofia.

FILOSOFIA MORAL E POLÍTICA

Liberdade, Direitos, Igualdade e Justiça Social

Paul Smith

ssa obra apresenta uma introdução clara e concisa à
losofia moral e política. Nela, são considerados os ar-
umentos sobre questões práticas atuais e controver-
as, como legislação contra as drogas, justificativas de
unição, pobreza global, desobediência civil e se deve-
nos obedecer à lei.

HISTÓRIA DA FILOSOFIA NATURAL

Do Mundo Antigo ao Século XIX
Edward Grant

Produto de imenso aprendizado, *História da Filosofia Natural* é uma colheita de conhecimento sobre o
desenvolvimento dessa importante disciplina. Argumentando que a união da matemática e da filosofia
natural tornou a Revolução Científica possível, Grant
claramente encadeia os desenvolvimentos modernos
iniciais com a filosofia natural aristotélica medieval.

OS GRANDES FILÓSOFOS

De Aristóteles a Foucault

Jeremy Sangroom / James Garvey

o triunvirato grego de Sócrates, Platão e Aristóteles
o teórico social Michel Foucault, *Os Grandes Filósofos*
aça os maiores pensamentos nos mais proeminentes
influentes trechos da longa caminhada da filosofia
través da História.

www.madras.com.br

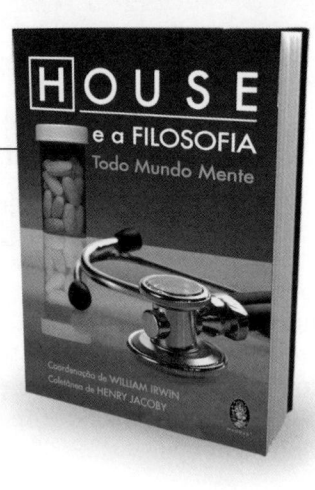

House e a Filosofia

Todo Mundo Mente

Coordenação de: William Irwin
Coletânea de: Henry Jacoby

De Aristóteles ao Zen, *House e a Filosofia – Todo Mundo Mente* faz uma análise interessante do gênio misantrópico favorito de todos da equipe médica do Dr. Gregory House, do seriado House

Introdução à Filosofia Chinesa

Confucionismo, moismo, daoismo, e legalismo

Karyn L. Lai

Essa abrangente introdução à antiga filosofia chinesa cobre uma gama de tradições filosóficas que surgiram durante os períodos da Primavera e do Outono (722-476 a. C.) e dos Reinos Combatentes (475-221 a. C.) na China, incluindo confucionismo, Moísmo, Daoísmo e Legalismo. Ela contempla conceitos, temas e métodos em períodos subsequentes, inclusive a introdução do Budismo na China.

O Livro Completo da Filosofia

James Mannion

Nesse livro, você conhecerá os grandes sábios, desde os pré-socráticos da antiga Milésia até os pensadores do século XX. *O Livro Completo da Filosofia* é um verdadeiro curso de filosofia com idéias contemporâneas, voltado para o público jovem.

LOST E A FILOSOFIA

Coordenação de: William Irwin
Coletânea de: Sharon M. Kaye

ꞁagine-se perdido, tentando esquecer o passado e
ꞁm ter certeza do que o futuro lhe reserva... Como
ꞁcê se sentiria? Se for feita uma análise séria e cuida-
ꞁsa, você, provavelmente, irá se identificar com um
ꞁs personagens de Lost, pois muitos traços psicológi-
ꞁs são retratados nessa série de televisão.

METALLICA E A FILOSOFIA

Um curso intensivo de cirurgia cerebral

Coletânea de: William Irwin

Muito mais que uma banda barulhenta, o Metallica traz
em suas músicas questões éticas, políticas e sociais do
mundo moderno. Para aqueles que não o entendem,
suas músicas não passam de ruídos desarmonizados,
mas ir a fundo no significado de suas letras é enxergar
as motivações dos integrantes e as relações discursivas
subjacentes.

OS SIMPSONS E A FILOSOFIA

O D'Oh! De Homer
Coletânea de: Aeon J. Skoble,
Mark T. Conard e William Irwim

ꞁrmidável, inusitado e altamente desafiador, Os Simp-
ꞁns e a Filosofia é um livro que mostra como a Filosofia
ꞁde residir em qualquer lugar, até mesmo em um dese-
ꞁo popular. Uma obra que alia a profundidade de uma
ꞁência tão antiga à linguagem contemporânea dos dese-
ꞁos animados, introduzindo os leitores ao pensamento
ꞁsófico pelo meio mais atrativo e agradável: o riso.

U2 E A FILOSOFIA

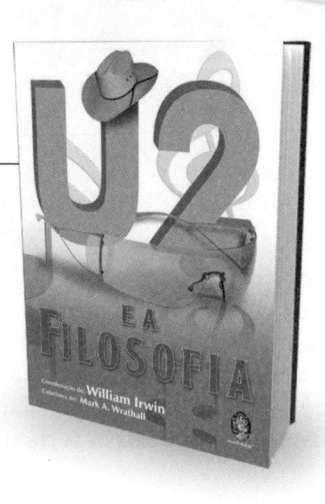

Coordenação de: William Irwin
Coletânea de: Mark. A. Wratall

Em *U2 e a Filosofia*, os autores discorrem sobre os temas filosóficos subtendidos nas canções, os quais questionam dúvidas recorrentes em todas as épocas, independentemente de crenças.
Com o U2 começou uma história que une política, religião, paixão e rock.

WATCHMEN E A FILOSOFIA

Um teste de Rorschach

Coordenação de: William Irwin
Coletânea de: Mark D. White

Se você estiver lendo Watchmen pela primeira vez ou se já for fã há mais de 20 anos, Watchmen e a Filosofia o ajudará a ir mais fundo nas questões filosóficas e na história revolucionária que mudou a ficção em quadrinhos para sempre.

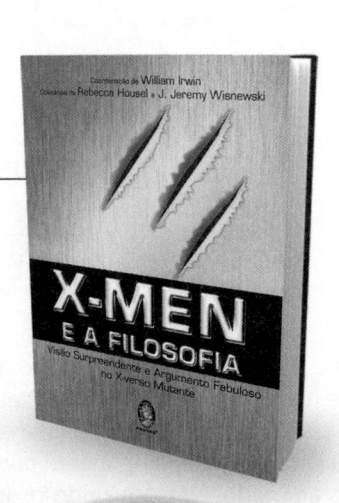

X-MEN E A FILOSOFIA

Visão Surpreendente e Argumento Fabuloso no X-verso Mutante

Coordenação de: William Irwin
Coletânea de: Rebecca Housel e J. Jeremy

Por meio de grandes filósofos como Aristóteles, Sartre, Camus, Lévinas, entre outros, *X-Men e a Filosofia* mostra como essa série notável fala não apenas a gerações de público da cultura pop, mas também ao cerne da condição humana.

MADRAS® Editora

CADASTRO/MALA DIRETA

Envie este cadastro preenchido e passará a receber informações dos nossos lançamentos, nas áreas que determinar.

Nome_____

RG_____ CPF_____

Endereço Residencial _____

Bairro _____ Cidade_____ Estado_____

CEP _____ Fone_____

E-mail _____

Sexo ❑ Fem. ❑ Masc.   Nascimento_____

Profissão _____ Escolaridade (Nível/Curso)_____

Você compra livros:

❑ livrarias   ❑ feiras   ❑ telefone   ❑ Sedex livro (reembolso postal mais rápido)

❑ outros:_____

Quais os tipos de literatura que você lê:

❑ Jurídicos   ❑ Pedagogia   ❑ Business   ❑ Romances/espíritas

❑ Esoterismo   ❑ Psicologia   ❑ Saúde   ❑ Espíritas/doutrinas

❑ Bruxaria   ❑ Autoajuda   ❑ Maçonaria   ❑ Outros:

Qual a sua opinião a respeito desta obra?_____

_____

Indique amigos que gostariam de receber MALA DIRETA:

Nome_____

Endereço Residencial _____

Bairro _____Cidade_____ CEP _____

Nome do livro adquirido: <u>Crepúsculo e a Filosofia</u>

Para receber catálogos, lista de preços e outras informações, escreva para:

MADRAS EDITORA LTDA.
Rua Paulo Gonçalves, 88 – Santana – 02403-020 – São Paulo/SP
Caixa Postal 12183 – CEP 02013-970 – SP
Tel.: (11) 2281-5555 – Fax.:(11) 2959-3090
www.madras.com.br

Este livro foi composto em Times New Roman PS, corpo 11/12.
Papel Offset 75g
Impressão e Acabamento
Prol Gráfica – Av. Juruá, 820 – Barueri/SP
CEP 06455-903 – Tel.: (011) 3927-8188 – e-mail: prolgrafica.com.br